과학기술과 제국주의

증기선 · 키니네 · 기관총

The Tools
of Empire
Technology and European Imperialism in the Nineteenth Century

과학기술과 제국주의

증 기 선 · 키 니 네 · 기 관 총

대니얼 R. 헤드릭 지음 · 김우민 옮김

모티브북

이 책은 세 가지 관심이 어우러져서 시작되었다. 프랑스, 독일, 스페인, 이탈리아, 미국에서 자라고 교육 받으면서 갖게 된 국제관계사에 대한 관심, 기술과 모든 종류의 기구류機具類에 대한 식을 줄 모르는 관심, 그리고 세 번째는 학생의 대부분이 아프리카 역사에 관심을 가진 흑인이었던 앨라배마 주의 터스키지 대학에서의 교육 경험이다.

역사에 대한 나의 오랜 관심과 학생들의 호기심 덕에 새롭게 가지게 된 아프리카에 대한 관심이 합해져서 아프리카 역사에 대해, 그리고 식민지 시기 아프리카와 유럽 강대국들의 관계에 대해 연구하게 되었다. 그런데 연구를 하기 위해 유럽의 제국주의와 식민주의에 대한 표준 저작들을 읽으면서, 그 저작들이 모두 하나의 기본 전제를 기초로 하여 쓰였음을 알고 놀랐다. 그 기본 전제란, 유럽은 마음만 먹으면 아프리카를 차지하고 중국을 무찌를 수 있으며, 유일한 문제는 그 동기動機일 뿐이라는 생각이었다.

내가 교직 생활을 시작할 당시는 베트남 전쟁이 벌어지고 있었고, 서양 우위의 전제가 더 이상 유효하지 않음이 분명해지고 있었다. 이

5

상황은 내게 19세기 유럽 제국주의의 승리는 무엇으로 설명될 수 있을까? 하는 의문을 던지도록 만들었다. 그리고 이 의문으로 발견한 대답은 화기, 수송, 통신, 약품과 같은 기술의 발전으로 인해 유럽은 아프리카와 아시아에 대해 우위를 누리기는 했지만, 그 우위는 19세기 동안에만 지속될 수 있는 일시적인 것이었다는 점이다.

2010년에 출판한 최근의 책 『Power over Peoples』에서는 1400년부터 현재까지의 서양 제국주의에서 기술의 역할 문제를 다시 끄집어내서 기술을 통해 서양인들이 아프리카, 아시아, 아메리카 원주민들에 대해 우위를 누리는 일이 때로는 성공하지만 때로는 실패하는 이유가 무엇인지를 다루었다.

그러나 『과학기술과 제국주의 : 증기선, 키니네, 기관총』은 여전히 인기 있는 책이며, 많은 나라의 언어로 번역이 되었고, 나는 이 책을 쓴 것에 자부심을 느낀다. 한국의 독자들도 이 책을 재미있게 읽기를 바란다.

2013년 10월 25일

대니얼 R. 헤드릭

3부 ● 커뮤니케이션communications 혁명

|서론|

기술, 제국주의, 그리고 역사

　19세기에는 중요한 사건이 많이 있었지만, 그 가운데 전 세계에 중대한 영향을 미친 두 사건이 있었다. 하나는 산업기술이 발전하여 영향력을 가지게 된 것이고, 다른 하나는 유럽인들이 아시아의 대부분과 아프리카를 지배하고 착취한 것이다. 역사가들은 이 두 현상을 주의 깊게 서술하고 분석해왔지만, 서로 관계가 없는 것처럼 개별적으로 다루어왔다. 이 책의 목적은 바로 이 두 큰 사건 사이의 관계를 추적하는 것이다.

　간혹 "신新" 제국주의라고 불리는 19세기 유럽 제국주의는 이전의 제국주의와는 두 가지 측면, 즉 그 규모와 유산에 있어서 달랐다. 1800년에 유럽인들은 전 세계 땅의 35퍼센트를 점령하거나 지배했는데, 이 수치가 1878년에는 67퍼센트가 되고 1914년에는 84퍼센트 이상이 유럽인들에 의해 지배되었다.1) 대영제국만 보더라도 1800년에

---

1) D. K. Fieldhouse, *Economics and Empire 1830-1914* (Ithaca, N. Y., 1973), p.3.

이미 150만 제곱마일의 땅과 2천만의 인구를 가진 강력한 제국이었지만, 그 뒤 100년 동안 그 땅은 일곱 배로, 인구는 20배로 늘었다.[2]

그러나 제국주의의 유산遺産은 측정하기가 어렵다. 오늘날의 아시아와 아프리카에서 유럽의 정치적, 종교적 이상은 사라진 제국주의 시대의 희미한 기억으로 간신히 남아 있을 뿐이다. 마치 코르도바의 이슬람 사원이나 하드리아누스의 방벽防壁같은 존재라고 할 수 있다. 유럽 문명의 진정한 승리는 백신과 네이팜, 배와 항공기, 전기와 라디오, 플라스틱과 인쇄기의 승리라고 할 수 있다. 바꾸어 말하면 이데올로기의 승리가 아니라 기술의 승리라는 뜻이다. 서양의 산업기술은 어떤 지도자, 어떤 종교, 어떤 혁명, 또는 어떤 전쟁보다도 더 크게 세계를 변화시켜왔다. 오늘날 산업 제품에 의해 삶이 변화되지 않은 사람들은 지구의 오지에 살고 있는 몇몇 부족들뿐이다. 서양의 산업기술에 의한 비서구 세계의 정복은 여전히 그 힘을 잃지 않고 계속되고 있다.

19세기에 시작된 유럽 제국들의 팽창 과정 속에서 서양의 산업기술에 의해 비서구 세계가 정복되기 시작했다. 기술과 제국주의의 관계는 제국주의의 역사와 기술사技術史, 두 측면에서 접근되어야 한다. 기술사는 제국주의의 역사보다 좀 더 대중적인 형태의 학문literature 가운데 하나이다. 전기傳記나 각 국가의 역사에 대한 책은 그다지 없는 서점에도 총, 고가구古家具, 구형 자동차, 옛날 기관차, 나치 시대의 전투기에 대한 책은 서가에 가득 진열되어 있을 것이다. 이런 책들의 대부분은 시대의 맥락을 다룬 것이 아니라 기기器機의 역사와 물건 자체에 대한 그림과 사실들을 모아놓은 것들이다. 이에 비해서

---

2) F. J. C. Hearnshaw, *Sea-Power and Empire* (London, 1940), p.179.

기술 사회사社會史의 목표는 기술 현상의 원인, 전개, 결과를 이해하는 것이다. 기술 사회사를 연구하는 학자들은 일반적으로 하나의 주어진 기술로부터 시작해서 그 기술을 여러 각도에서 따져본다. 그 예는 많은데, 다음과 같은 질문이 있다―산업혁명 기간에 면산업綿産業이 영국의 노동계에 미친 영향은 무엇인가? 화기火器는 중세 말의 전투를 어떻게 변화시켰나? 철도는 미국 서부의 정복에 어떻게 기여했나? 그런데 이런 질문들을 거꾸로 해 보는 것도 역사의 과정에 대한 이해에 기여할 수 있다. 한 특정한 역사 현상―예를 들어 신제국주의― 을 볼 때 기술의 힘은 그 역사 현상이 어떻게 전개되도록 했을까? 이러한 질문은 제국주의를 다루는 역사가들이 대답을 등한히 해 온 문제이며 우리가 마주해야만 하는 문제이다.

19세기 제국주의에 대한 연구에서 근대사 연구의 가장 활발한 논쟁 중의 한 가지가 나왔다. 그것은 유럽의 세력이 앞의 수치로 본 것처럼 19세기에 극적으로 팽창한 것을 설명하면서 나온 것이었으며, 각 역사가들은 이에 대해 많은 설명을 제시했다. 국제적 경쟁관계, 해군의 전략, 제국 변경의 불안정, 국내 문제에 대한 대중의 관심을 다른 곳으로 돌리고자 하는 국면 전환 의도, 정책 결정론자들에 대한 이익집단의 압력과 같은 정치적 동기를 강조한 사람들도 있었고, 영국의 경제학자 홉슨J. A. Hobson에 이어서 원자재에 대한 수요, 시장이나 투자처의 확보와 같은 경제적 동기를 강조해온 사람들도 있었다.3)

---

3) J. A. Hobson, *Imperialism: A Study* (London, 1902). 제국주의에 대한 논쟁은 활발하게 되어 논쟁에서 나온 명문을 모아놓은 선집(選集)과 논쟁의 사학사(史學史, historiographies)에 대한 책까지 나올 정도가 되었다. 예를 들어 Harrison M. Wright, ed., *The "New Imperialism": Analysis of Late*

우선 이 다양한 관점들은 서로 뚜렷이 다른 것처럼 보인다. 그러나 이 다양한 관점들에는 놀랍게도 하나의 공통적인 기본 요소가 깔렸다. 그것은 논쟁에 참여하는 사람들이 신제국주의의 결정적 요소를 제국주의자들의 동기에서 찾는다는 점에서 일치한다는 것이다. "19세기의 정치가, 탐험가, 무역상, 선교사, 군인들이 유럽의 영향력을 미지의 땅으로까지 확장시키기를 원하게 만든 것은 무엇이었을까?" 라는 질문 뒤에 다음과 같은 암묵적인 가정이 자리 잡고 있다는 사실이다. 즉 유럽인들이 일단 자신들의 영향력을 펼치기를 원하기만 하면 그 수단에 대해서는 걱정할 필요가 없었다는 암묵적인 가정이 자리 잡고 있는 것이다.

이제 신제국주의에 대한 논쟁을 자세히 분석하는 것보다 최근의 몇몇 중요한 연구들을 살펴보기로 하자. 이 연구들은 넓게 보아 세 범주, 즉 기술의 역할을 무시하는 연구, 기술의 역할을 경시輕視하는 연구, 기술의 역할을 가볍게 겉으로만 인정하는 연구로 나누어 볼

<hr />

Nineteenth Century Expansion, 2nd ed, (Lexington, Mass., 1976); George H. Nadel and Perry Curtis, eds., *Imperialism and Colonialism* (New York, 1964)와 Ralph Austen, ed., *Modern Imperialism: Western Overseas Expansion and its Aftermath, 1776-1965* (Lexington, Mass., 1969)를 보라. 논쟁에 대한 좀 더 분석적인 연구는 E. M. Winslow, *The Pattern of Imperialism* (London, 1948); George Lichtheim, *Imperialism* (New York and Washington, D,C., 1971); Roger Owen and Bob Sutcliffe, *Studies in the Theory of Imperialism* (London, 1972); and Benjamin Cohen, *The Question of Imperialism: The Political Economy of Dominance and Dependence* (New York, 1973)에서 찾아 볼 수 있을 것이다. 제국주의에 대한 자세한 참고문헌 목록(bibliography)은 John P. Halstead and Serafino Porcari, *Modern European Imperialism: A Bibliography*, 2 vols. (Boston, 1974)에서 찾아볼 수 있을 것이며, 특히 제국주의에 대한 사학사적 연구는 1권의 32-37쪽에서 찾아볼 수 있을 것이다.

수 있다. 첫 범주에는 로널드 로빈슨Ronald Robinson과 존 갤러거John Gallagher의 『아프리카와 빅토리아 시대 사람들Africa and the Victorians』이 있다. 이 책에서 저자들은 19세기의 마지막 몇십 년 동안의 아프리카의 정복을 다루고 있다.

왜 영국과 다른 유럽 국가의 정부가 수 세기 동안 무시해 오던 아프리카 대륙의 거의 전부를 16년 사이에 차지하기 위해 서로 쟁탈전을 벌여야만 했을까? 라는 것은 오래된 문제로 여전히 답을 찾고 있는 문제이다.…… 원인과 동기는 무엇이었을까? 무엇이 부차적 요소였고, 무엇이 결정적 요소였을까?…… 아프리카 분할에 있어서 후기 빅토리아 시대의 역할을 분석하는 일의 첫 번째 과제는 분할을 지도한 장관들의 동기를 이해하는 것이다.[4]

이런 질문들을 던지고 나서 저자들은 확실히 아프리카 분할은 정치가들의 의도와 망설임, 즉 유럽 열강들의 "정부의 뜻official mind"[5]에 의해 설명될 수 있다는 결론을 내린다.

이런 관점은 앙리 브룬슈빅Henri Brunschwig의 『프랑스의 식민주의 1871~1914, 신화와 현실French Colonialism 1871-1914, Myths and Realities』[6]

---

4) Ronald Robinson and John Gallagher with Alice Denny, *Africa and the Victorians: The Climax of Imperialism* (Garden City, N. Y., 1968), pp. 17–19.

5) 역주: 로빈슨과 갤러거가 주 4의 책에서 강력하게 주장하는 것은 19세기 말 영국은 식민지를 만들 생각도 능력도 없었다는 것이다. 저자들은 이 책에서 'office'라는 말을 많이 쓰는데 office는 영국 정부, 영국 관리들을 가리킨다. 즉 식민모국의 중심부 런던에 있던 영국 정부는 그렇게 적극적으로 식민지를 만들 뜻이 없었다는 것이다. 이러한 로빈슨과 갤러거의 입장은 이후 많은 논쟁을 불러 오기는 했지만, 이 책에 나오는 기술 개발의 면에서는 어느 정도 일리가 있기도 하다. 좀 더 구체적으로는 영국 정부가 처음부터 제국주의에 관련된 기술을 개발하거나 기술 개발을 주도하지도 않았고 식민지에 나가 있던 영국인들이나 기업들이 기술 개발을 주도하다가 문제에 봉착했을 때 영국 정부가 마지못해 끌려들어가는 일들이 많이 일어났던 점을 들 수 있다.

에도 담겨 있다. 이 책에서 저자는 프랑스가 제국이 된 주된 이유는, 프랑스—프러시아 전쟁[7]으로 인해 상처받은 자존심과 열강列强으로서의 지위와 위엄을 회복하고자 하는 심리적 이유 때문이었다고 주장한다. 필드하우스D. K. Fieldhouse는 『경제학과 제국 1830~1914Economics and Empire 1830-1914』에서 덜 유럽 중심적인 이론을 제시했다. 그에 의하면 군사적, 정치적 정복으로 정의할 수 있는 제국주의는 앞서 나간 무역상, 선교사, 기타의 유럽인들이 토착 사회들과 갈등을 일으키면서 제국의 변경에서 만들어내는 불안정의 결과였다는 것이다. 그는 "……제국주의는 식민모국이 식민지라는 꼬리에 의해 흔들리는 전형적인 경우로 볼 수도 있다"고 하기도 하고 "……유럽은 주변부의 자기력磁氣力에 의해 제국주의 속으로 끌려들어 갔다"라고 선언하기도 한다.[8] 그런데 그는 이러한 현상의 많은 예를 제시한 후에 다음과 같은 매우 흥미로운 질문에 부딪친다.

'제국주의'는 그 대부분이 같은 시간에 세계의 다양한 지역에서 일어난 인과관계가 다른 사건들을 모아 놓은 것에 불과한 것인가? 그렇다면 제국주의는 왜 1880년 이후 30년이라는 기간에 일어나게 되었는가? 다양한 위기와 그 발생 시기는 국제 관계에서의 하나의 심각한 변화를 보여주는 단순한 증상들일 뿐이었다. 세계의 위기는 사실이었으며 해결책을 찾아야만 했다. 1880년경에 이르러 유럽과 저개발 세계의 많은 지역 사이에 불균형이 깊어졌다. 이전

---

6) Henri Brunschwig, *French Colonialism, 1871-1914: Myths and Realities*, trans. William Glanville Brown (London, 1966).

7) 역주: 흔히 '보불 전쟁'이라고 불리기도 한다. 1870~1871년에 치러진 이 전쟁에서 프랑스는 참패해 국내적으로는 '파리 꼬뮌'이라는 비극적 사건을 겪고 국외적으로는 알퐁스 도데의 '마지막 수업'의 무대가 된 알자스-로렌을 내 주어야 했다. 그러나 프러시아는 이 전쟁을 통해 라인 강 지역을 얻고 독일 제국으로 출발하게 된다.

8) Fieldhouse, pp.81 and 463.

어느 시대에도 한 대륙이 다른 대륙들에 대해 그처럼 힘의 우위를 누리거나 그처럼 긴밀한 관계를 가진 적은 없었다.[9]

그렇다면 제국주의란 그 일어난 시기 때문에 한데 묶인 많은 소小제국주의를 모아 놓은 것이라고 할 수 있었다. 그리고 그 시기란 "국제관계에서의 하나의 심각한 변화", "심각한 불균형", "힘의 우위"의 산물이었다. 필드하우스는 이런 식으로 신제국주의를 하나의 단일한 변화로 설명하려는 모습을 보이다가 갑자기 모호하고 분명하지 않은 힘에 대해 이야기한다.

이제까지 위에 언급한 저작들에서 저자들은 제국주의에서의 기술 요인을 무시했다. 다른 연구가들은 기술 요인을 언급은 하지만 거부할 뿐이다. 한스-울리히 웰러Hans-Ulrich Wehler와 캐머런Rondo Cameron이 그렇다. 웰러는 자신의 책 『제국주의Imperialismus』에서,

……기술의 진보는 그 자체만으로는 제국주의적 팽창에 직접적인 영향을 미치지 않았다. 자동적인 영향조차도 주지 않았다. 단지 다른 영역에서 자극제의 역할을 했을 뿐이다. 어떤 측면에서 보면 제국주의는 영구적인 기술 혁신의 경제적 결과와 그 사회적 영향을 정치 구조 내에서 사회-정치적으로 다루어내지 못했기 때문에 생긴 것이라고 할 수 있다.[10]

라고 역설했다. 그리고 이후의 연구에서 웰러는 훨씬 더 단정적으로 다음과 같이 말한다.

기술의 진보를 팽창의 주된 요인으로 보고 이를 통해 제국주의를 기술 혁신의 피할 수 없는 "자연적인" 결과로 본다면 그것도 잘못된 것이다. 기술 혁신과 제국주의 사이에는 직접적 인과관계가 결코 없다.[11]

---

9) Fieldhouse, pp.460-61.

10) Hans-Ulrich Wehler, *Imperialismus* (Berlin and Cologne, 1970), p.13.

캐머런도 기술의 역사를 전체적으로 다룬 책에 실린 그의 "제국주의와 기술Imperialism and Technology" 이라는 글에서 같은 결론에 도달했다.

19세기 서양 기술의 급속한 발전이 제국주의의 견인차 역할을 했다고 이따금 주장 된다. ……선박, 항해 기술, 화기에 있어서 서양의 우세가 장기적으로 지속된 것은 사실이다. 그렇다고 해서 거의 한 세기 동안 유럽인들이 해외로의 팽창에 전혀 관심을 보이지 않은 뒤인 19세기 말에 나타난 팽창 열기를 설명하기 위해서 그 사실을 이용해서는 안 된다.12)

웰러와 캐머런이 기술 요인을 인정하기를 거부하고 로빈슨, 갤러거, 브룬슈빅, 필드하우스가 기술 요인을 등한시하는 것이 제국주의에 대한 연구 전체를 대표하는 것은 아니다. 최근의 제국주의 연구 저작들 대부분도 기술 요인의 중요성을 인정하기는 하지만 사실은 말 뿐이고 다른 요인을 찾기에 바쁘다. 이런 경향을 아주 잘 보여주는 예가 필립 커틴Philip Curtin과 다른 학자들이 공동으로 저술한 『아프리카 역사African History』이다. 이 책에서 저자들은 의학, 약학藥學, 제철기술製鐵技術, 화기 제조술의 발달로 인해 "아프리카에서의 정복은 그 이전보다 훨씬 비용이 덜 들어가는 일이 되었을 뿐 아니라, 인명人命과 돈에 있어서도 이후에 다시 일어날 같은 일들보다 훨씬 비용이 덜 드는 일이었다" 는 점을 인정하면서도 이러한 "기술 요인들" 에 대해서는 고작 3쪽만 할애하고 있다.13)

---

11) Hans-Ulrich Wehler, "Industrial Growth and Early German Imperialism," in Owen and Sutcliffe, pp.72-73.

12) Rondo Cameron, "Imperialism and Technology," in Melvin Kranzberg and Carroll W. Pursell, Jr, eds., *Technology in Western Civilization*, 2 vols, (New York, 1967), I :693.

13) Philip Curtin, Steven Feierman, Leonard Thompson, and Jan

결론은 분명하다. 역사가들은 현재의 논의에서 신제국주의의 원인으로 기술 요인은 거의 중요하게 다루고 있지 않다는 것이다. 19세기 제국주의에서 기술의 역할을 이렇게 부인하는 것은 같은 시기의 유럽 사회와 경제에서 기술의 변화—산업혁명으로 더 잘 알려져 있다—가 했던 중심 역할과 분명하게 비교되는 것이다. 그리고 이러한 태도는 근대 초기를 연구하는 역사가들이 대양(大洋)의 발견과 아메리카의 탐험과 정복에서 기술적인 면들을 주의 깊게 다루는 것과는 비교되는 것이다.14)

Vansina, *African History* (Boston, 1978), p. 448. 같은 접근법에 대해서는 David Landes의 "The Nature of Economic Imperialism," *The Journal of Economic History* 21(1961):511도 보라. 이 글에서 저자는 기술과 관련된 요인들의 중요성을 인정하고 있지만 설명을 하거나 자세히 다루지는 않는다. 제국주의 관련 일반 문헌에서 나온 이 예들에 더해서, 제국주의의 특수한 면을 다루는 전문적 저작들에서도 기술 요인은 나타난다. 예를 들어 Philip Curtin, "'The White Man's Grave': Image and Reality, 1780–1850," *Jounral of British Studies* 1(1961):94–110 and *The Image of Africa: British Ideas and Actions 1780-1850* (Madison, Wis., 1964); Michael Gelfand, *Rivers of Death in Africa* (London, 1964); *The Journal of African History* 12(1971)와 13(1972)에 실린 화기(火器)에 대한 일련의 논문들; Michael Crowder, ed,, *West African Resistance: The Military Response to Colonial Occupation* (London, 1971); and Herni Brunschwig, "Note sur les technocrats de l'impérialisme français en Afrique noire," in *Revue française d'histoire d'outre-mer* 54 (1967):171–87. 그러나 이런 전문적인 연구들은 귀할 뿐 아니라 저자들도 제국주의에서의 기술의 역할을 총괄적으로 살펴보려는 시도는 전혀 하지 않는다.

14) 예를 들어 Samuel Elton Morison, *The European Discovery of America: The Northern Voyages* (New York, 1971), ch. 5: "English Ships and Seamen 1490-1600"; Joseph R. Levenson, ed,, *European Expansion and the Counter-Example of Asia, 1300-1600* (Englewood Cliffs, N. J., 1967), ch. 1: "Technology"; Eugene F. Rice, *The*

기술 요인을 등한시하는 이유 가운데 하나는 산업혁명의 주요 부문 모델leading-sectors model 때문이다. 광범위하게 수용되어 온 이 모델은 경제의 나머지 부분에 강한 상승相乘 효과를 미친 가장 혁신적이고 빠르게 성장한 산업들— 섬유, 철도, 광산 기술, 야금술冶金術—의 역할에 초점을 맞추는 모델이다. 주요 부문들이 비서구 세계에서 중요하게 되는 것은 침투와 정복의 초기가 아니라 식민지 시기 말이라는 결론은 매우 합리적이다.

산업혁명의 극적인 면들이 제국의 팽창에 단지 주변적인 영향만 끼쳤다고 해서 기술이 전체적으로 제국주의의 팽창에 그다지 중요하지 않았다고 할 수는 없다. 제국의 변경에서는 어떤 발명품들이 중요했는가를 알기 위해서 우리는 유럽만이 아니라 아프리카와 아시아도 보아야 하며, 제국주의자들의 기술만 아니라 토착민들의 기술, 자연 장애도 보아야 한다.

기술의 역할을 오해하는 더욱 근본적인 이유는 역사가들의 인과관계 개념 자체 때문이다. 오늘날의 거의 모든 역사가들이 제국주의를 많은 원인의 결과로 보고 있으며, 역사가들의 해석은 각 원인에 어느 정도 비중을 두고 다루느냐에 따라 달라지는 것이다. 이러한 생각의 문제점은 한 원인의 역할을 강조하게 되면 다른 원인들의 중요성을 감소시켜 다른 해석과 충돌하게 되어 있다는 점이다. 신제국주의에 대한 논쟁도 근본적으로는 원인들에 순서를 매기는 데서 나타

Foundations of Early Modern Europe, 1460–1559 (New York, 1970), ch. 1: "Science, Technology and Discovery"; J. M. Parry, _The Establishment of the European Hegemony: 1415–1715: Trade and Exploration in the Age of the Renaissance_ (New York, 1961), ch. 1: "The Tools of the Explorers: (i) Charts (ii) Ships (iii) Guns"; and Carlo Cipolla, _Guns and Sails in the Early Phase of European Expansion, 1400–1700_ (London and New York, 1965)를 보라.

나는 갈등의 결과이다. 한 요인의 중요성을 옹호하려다 보면 결국 다른 해석과 충돌할 수밖에 없다. 기술의 몫을 강조하다보면—이 입장을 여전히 많은 사람이 정신보다 물질을 논쟁에 두는 입장이라고 생각하는데— 맨 먼저 역사는 인간이 내리는 결정들의 상호작용에서 나온다는 서양 역사 서술의 원칙을 무시하는 것으로 보이게 된다.

만약 우리가 원인을 동기와 수단으로 나누게 되면 앞에서 말한 딜레마를 많이 해결할 수 있다. 제국주의와 같은 복잡한 역사 과정은 고유한 동기appropriate motives와 적합한 수단adequate means의 결과로 발생한다. 1430년대의 중국의 인도양 원정처럼 동기가 너무 약하거나 1890년대의 이탈리아의 에티오피아 침공처럼 수단이 적합하지 않으면 제국주의 시도는 실패한다. 두 형태의 원인 모두가 중요하며 하나를 강조한다고 해서 다른 하나가 무시되는 것도 아니다.

기술적 수단을 동기와 분리해서 다루는 인과관계의 모델을 이용한다고 해서 수단과 동기가 연결되지 않는 것도 아니다. 오히려 그 반대이다. 하나의 신기술新技術의 등장은 바라던 목적을 달성 가능한 것으로 만들거나 그 비용을 받아들일 만한 것으로 만들어서 새로운 동기를 유발하거나 강화시킬 수 있다. 예를 들어, 키니네 예방법quinine prophylaxis15)으로 유럽인들은 열대 아프리카에서 살아남을 수 있었다. 반대로 하나의 동기 때문에 적합한 수단을 찾는 노력이 시작될 수도 있다. 예를 들어, 미국은 쿠바를 점령하고 나서 황열병黃熱病의 원인에 대해 연구하게 되었다. 이 두 형태의 관계를 보여주는 예들을 모두 살피다보면 우리는 두 위험한 결정론——즉 "할 수 있는 것은 할 것이다" 라고 하는 기술적 결정론과 "뜻이 있는 곳에 길이 있다" 라고 하는 심리적 결정론— 사이에서 길을 만들어 나아가야

---

15) 역주: '키니네 예방법' 은 키니네를 예방하는 것이 아니라 키니네를 복용해서 말라리아를 예방하는 방법이다.

함을 상기하게 될 것이다.

　동기와 수단 양쪽 모두에 대한 고려가 필요하다는 것을 받아들인 다면 신제국주의는 아마도 세 가지 가능한 시나리오 중에 하나로부터 나왔을 것이다. 첫째로는 적합한 수단이 이미 존재하고 있었으나 새로운 동기가 신제국주의를 유발한 경우, 둘째로는 충분한 동기가 존재하고 있었는데 새로운 수단이 작용해서 신제국주의로 이어진 경우, 마지막으로는 동기와 수단 양쪽 모두가 변해서 양쪽 모두 신제국주의를 낳은 경우 중 하나로부터 나왔을 것이다.

　첫 번째 시나리오―캐머런은 이 시나리오를 "서양의 우세는……장기적으로 지속된 사실이었다"는 말로 요약했다―는 아주 최근까지도 신제국주의의 논의의 토대가 되어왔다. 그러나 서양의 우위優位가 존재하는 동안에도 그것만으로 유럽인들의 아시아, 아프리카 정복을 다 설명할 수는 없다. 신제국주의는 단순한 우위의 산물이 아니라 최소한의 비용으로 압도적인 지배력을 행사한 결과였다. 기술의 변화가 유럽인들에 의한 정복의 시기와 장소에 영향을 미쳤다. 기술의 변화가 제국주의의 경제적 관계를 결정지었다. 그리고 지금 우리가 목격하고 있듯이 세계가 놀랍게 불균형 상태에 있게 된 것도 기술의 변화가 그 원인을 제공한 것이다.

　첫 번째 시나리오가 동기를 과대 강조했다면, 두 번째 시나리오는 기술적 요인을 실제 증거로 확인할 수 있는 것보다 더 지나치게 신뢰하는 입장이다. 유럽인들은 아시아와 아프리카에 대해 항상 동일한 관심을 가지고 있지도 않았고 역사가들이 옳게 강조한 대로 식민지에 대한 수요는 19세기 말에 들어와서 증가했다.

　19세기에 진행된 유럽의 동반구東半球 정복과 식민화의 실제를 가장 잘 반영해 주는 것은 수단과 동기 모두가 변하고 상호작용했다고 보는 세 번째 시나리오이다. 이 책의 목적도 세 번째 시나리오의 적절함을 증명하는 것이다. 기술의 변화 때문에 동기가 사건으로 이어지고, 또 기술의 변화가 동기 자체를 강화해 주는 두 가지 과정 모두를 통해서 기술의 변화가 제국주의를 발생시키는 과정을 분석함으로써 세 번째 시나리오가 맞는 것임을 보여주려고 한다.

제국주의의 목표이자 결과는 유럽에 있는 식민모국에 정치적으로 복종하고 경제적으로는 이익이 되는 식민지들을 만들어내는 것이었다. 그리고 이것은 사실 대부분의 지역에서 식민지가 해방되기 전에 달성되었다. 이를 위해 설치되었던 경제 네트워크와 식민지의 플랜테이션, 농장, 광산, 숲을 만들고 이용하는데 사용된 기술의 문제는 복잡한 주제로서 다음 기회에 살펴보아야 할 주제이다. 이 책은 그보다는 앞선 시기, 즉 제국이 팽창하던 시기에 초점을 맞춘다. 아시아, 아프리카에서의 유럽의 제국주의는 잘 진압된 식민지들을 만든다는 최종 목표에 이르기까지 많은 단계를 거쳤다. 지역에 따라 그 단계들을 거치는 시간과 방법도 달랐지만 대략 다음과 같이 그 단계들을 분류할 수 있다. 처음에는 유럽인 여행자들에 의한 침투와 탐험의 단계, 그리고 다음 단계는 토착민들을 정복하고 유럽인들이 통치하는 단계, 마지막으로 식민지가 유럽 경제의 부속물로서 가치 있는 존재가 되도록 통신과 수송 네트워크를 구축하는 단계이다.

기술의 관점에서 보면 각 단계는 차양모자에서 전함戰艦에 이르는 수백의 다양한 생산품과 과정을 수반했었다. 그러나 이 책에서는 가장 결정적인 역할을 한 것들을 중점적으로 다룰 것이다. 그 결정적인 역할이란 제국주의가 불가능했던 곳에서 제국주의를 가능하게 하거나 예산에 신경을 쓰는 정부를 향해 비용을 덜 들이고도 제국주의를 시도해 볼 만한 것으로 보이게 만든 것을 말한다.

첫 단계인 침투 단계에서는 증기선steamers과 키니네 예방법이 핵심 기술이었다. 두 번째 단계인 정복 단계에서 유럽인들은 주로 속사 소총速射小銃과 기관총에 의존했다. 세 번째 단계인 강화의 단계에서 식민지와 유럽을 연결하고 식민지의 경제적 착취를 강화한 것으로 정기 증기선 노선, 수에즈 운하, 해저 전신 케이블, 식민지의 철도가 포함된다. 이 기술 요인들이 바로 이 책의 주제이다. 기술의 변화가 몰고 온 결과는 19세기에 세계 전역에서 경험되었지만 몇몇 지역에서는 다른 지역들보다 그 결과가 더 강하게 나타났다. 특별히 인도와 아프리카가 그런 곳들이었다. 이 지역들은 유럽에 의해 정복되고 식민지가 되었기 때문에 유럽이 토착 통치자들을 통해 간접적으로 영향력을 행사했던 페르시아나 중국보다 기술의 변화가 가져온 영향을 더 깊이 받았다.16) 이런 이유 때문에 19세기 제국주의자들에게 받은 관심의 비율에 맞추어 각 지역들을 다루는 비율도 다르게 할 것이다.

그렇다고 해서 이 책이 19세기 제국주의에 대한 다른 해석들을 파기하려는 것은 아니다. 그보다는 다른 역사가들이 이미 탐구해 온 요인들에 '기술'이라는 면을 덧붙임으로써 제국주의라는 주제에 대해 새로운 시각을 제공하고 신선한 사고를 자극하고자 한다.

---

16) 라틴아메리카에 대해서 말하자면, 라틴아메리카의 19세기, 다시 말해 독립 이후나 신식민주의 시기의 역사는 미국의 팽창과 관련이 있고 2차 세계대전 이후의 아프리카, 아시아 역사와 닮은 점이 있다. 그러나 이 문제를 올바르게 다루려면 또 다른 책을 한 권 써야 할 것이다.

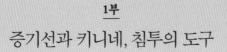

1부
증기선과 키니네, 침투의 도구

|1장|

동인도회사의 비밀 포함砲艦

　　우리에게는 힘이 있다. 도덕적, 물리적, 기술적인 힘이다. 먼저 도덕적인 힘은 성경에 근거한 것이고, 두 번째 물리적 힘은 어떠한 기후, 상황, 환경에도 놀랍게 적응해 온 앵글로 색슨족에게 있는 것이고…… 세 번째 힘은 불멸의 와트Watt에게 물려받은 것이다. 와트의 발명 덕분에 모든 강이 우리 앞에 드러났고 시간과 거리는 단축되었다. 만약 그의 영혼이 자신의 발명품이 오늘날 이 땅 위에서 성공한 것을 볼 수 있다면, 미시시피 강, 아마존 강, 니제르 강, 나일 강, 인더스 강, 갠지스 강의 엄청난 물줄기를 휘어잡으며 야만으로 가득 차 있는 암흑의 지역에 "인간을 향한 평화와 선한 의지"를 실어 나르는 수많은 증기선을 보고 가장 기뻐할 것이라고 생각한다.[1] ― 맥그리거 레어드

　강의 하류만이 아니라 상류로도 빠르게 나아갈 수 있는 증기선으로

---

1) Macgregor Laird and R. A. K. Oldfield, *Narrative of an Expedition into the Interior of Africa, by the River Niger, in the Steam-Vessels Quorra and Alburkah, in 1832, 1833, and 1834*, 2 vols. (London, 1837), 2:397-98.

인해 유럽인들은 아프리카와 아시아 깊숙이 들어갈 수 있게 되었다. 제국주의의 역사에서 19세기의 증기선만큼 중요한 발명품은 거의 없다고 할 수 있다.

증기의 힘으로 배를 나아가게 하려는 아이디어는 실제 증기 기관이 나오기 전인 17세기부터였다. 이후 18세기 말에 들어와서 프랑스, 영국, 미국의 발명가들이 증기의 힘으로 움직이는 배를 만들기 위해 실험을 했다. 대부분의 영어권 역사가들은 증기선의 시작을 로버트 풀턴Robert Fulton의 클러몬트Clermont 호로 잡고 있다. 이 배는 1807년 뉴욕과 올버니 사이의 허드슨 강을 항행했다.2) 당시 미국은 길도 없

---

2) 증기선의 초기 역사를 다룬 저작들은 그 설명들이 일관성이 없기는 하지만 많이 나와 있다. 그 중에서도 특별히 W. A. Baker, *From Paddle-Steamer to Nuclear Ship: A History of the Engine Powered Vessel* (London, 1965), pp.10-12. Ambroise Victor Charles Colin, *La navigation commerciale au XIXe siècle* (Paris, 1901), pp.37-38; Maurice Daumas, ed., *Histoire générale des techniques*, 3vols. (Paris, 1968), 3:332-33; E gene S. Ferg son, "Steam Transportation," in Melvin Kranzberg and Carroll W. Pursell, Jr., eds., *Technology in WIstern Civilization*, 2vols. (New York, 1967), 1:284-91; Duncan Haws, *Ships and the Sea: A Chronological Review* (New York, 1975), pp.100-01; F. J. C. Hearnshaw, *Sea-Power and Empire* (London, 1940), pp.190-91; George W. Hilton, R ssell C. Plummer, and Joseph Jobé, *T, ppllustoweed History of Paddle Steamers* (Lausanne, 1977), pp.9-12; George Gibbard Jackson, *The Ship Under Steam* (New York, 1928), ch.1; Thomas Main (M.E,), *The Progress of Marine Engineering from the Timand EWwet until the Present Day* (New York, 1893), pp.10-16; Michel Mollwe, ed,, *Les origines de lw navigation à(La (ur* (Paris, 1970); George Henry Preble, *A Chronological History of the Origin and Developmant of Steam Navigation*, 2nd ed. (PhiladelphiW. 1895), pp.119-25; Hereward Philip Sprwet, *The Birth of the Steamboat* (London, 1958), pp.17-40; Joannès Tramond pplluplré Re ssner, *Elémants d'histoire maritimanet coloniale (1815-1914)* (Paris,

는 거대한 땅 사이로 넓은 강들이 지나가고 있었고, 주변에는 증기선의 연료가 될 수 있는 나무들이 줄지어 서 있었다. 그렇기 때문에 미국인들은 이 새로운 발명품을 열정적으로 받아들였다. 10년도 안 되어서 허드슨 강, 델라웨어 강, 포토맥 강, 미시시피 강과 그 지류에 증기선의 운항이 정기적으로 시작되었다.

유럽인들은 새로운 기술에 덜 열광적이었는데, 전통을 중요시했고, 편리한 도로가 있었으며, 연료는 비쌌기 때문이다. 그렇지만 얼마 안 되어 이 새로운 발명품은 유럽에도 그 모습을 드러냈다. 1811년 헨리 벨Henry Bell의 코멧Comet 호는 클라이드 강에서 정기적인 증기선 운항을 시작했다. 1815년에는 클라이드 강에 열 척의 증기선이 다니게 되고, 다른 강들에도 몇 척 더 다니게 되었다. 1820년이 되면 수백 척의 증기선이 유럽의 강과 호수를 정기적으로 오르내렸으며 몇 척은 지중해, 영불해협, 아일랜드 해海까지 대담하게 나갔다. 이때부터 증기선의 역사는 새로운 전환점을 맞이하게 되었다. 작은 강에서 움직이는 증기선은 흔해서 당연한 것이 되었고, 사람들은 새로운 철도와 대양을 오가는 증기선에 주의를 기울였다.

유럽의 증기선에 대해 할 이야기가 별로 없다고 하더라도 유럽의 증기선이 다른 곳에서도 별 영향을 미치지 못했던 것은 아니다. 유럽의 증기선이 혁명적 변화를 일으킨 곳은 아시아, 아프리카에서였다. 이 배들은 유럽의 배들이 수 세기 동안 대양大洋에서 누리고 있던 힘을 아시아와 아프리카의 내륙으로 이동시켰다. 사실 단일 기구로는 무장한 경흘수輕吃水3)의 증기선, 즉 포함gunboat보다 더 가깝게 제

1924), p.50; David B. Tyler, *Steam Conquests the Atlantic* (New York, 1939), p.112; and René Augustin Verneaux, *L'industrie des transports maritimes au XIXe siècle et au commencement du XXe siècle*, 2vols. (Paris, 1903), 2:16-23.

국주의 이념에 연결되는 것도 없다.

포함이 언제부터 이용되기 시작했는지는 여전히 논쟁거리다. 포함의 시대를 연구하는 역사가들인 앤터니 프레스턴Antony Preston과 존 메이저John Major는 최초의 포함이 탄생한 시기를 크림전쟁(1853~56) 때로 보고 있다. 크림전쟁 때 수심이 얕은 흑해黑海와 발트 해에서 싸워야 했던 영국 해군이 수십 척의 포함을 주문하면서부터 시작되었다는 주장이다. 이들은 영국 해군의 포함만이 중요한 것처럼 " '포함gunboat' 이라는 말은 몇몇 소형 선박을 포괄하는 일반적인 말이었다" 라고 주장한다.4)

해군의 역사를 연구하는 제럴드 그레이엄Gerald Graham은 포함 시대의 시작에 대해 좀 더 설득력 있는 설명을 하고 있다. 19세기 초의 영국과 중국 관계에 대해서 다음과 같이 말한다.

…… 영국 해군이란, 외교적 수단으로서는 의미가 없었다. 중국이 영국 해군의 능력을 전혀 몰랐기 때문이다.…… 1820년대에 중국 황제와 조정朝廷은 실제 사정을 이해하거나 말을 들을 가능성이 보이지 않았다. 그래서 최종적으로 문제를 해결하기 위해서는 '압도적인 무력의 과시를 통해' 바다의 지배자 영국이 얼마나 막강하고 파괴적인 힘을 소유하고 있는지를 가르쳐야 한다는 생각이 영국 외무성관리들에게 점점 더 분명해지게 되었다.…… 그렇지만 무력을 과시하는 방법, 즉 해안선 안쪽으로까지 '밀고 들어가는' 방법은 1840년대 초가 되어서야 실제적인 것이 되었다. 증기선의 시대가 되어서야 중국의 강으

---

3) 역주: '흘수' 란 배의 선체가 물에 잠기는 깊이, 즉 배의 바닥에서 수면까지의 거리를 가리킨다. 흘수에 따라 특정한 배가 이용할 수 있는 하천이나 바다, 화물의 양이 결정된다. 경흘수란 수심이 얕은 곳에서도 항해가 가능한 배를 말한다.

4) Antony Preston and John Major, *Send a Gunboat! A Study of the Gunboat and its Role in British History, 1854-1904* (London, 1967), pp.3 and 191ff.

로 침투해 들어가는 것이 가능하게 되었고, 영국 군함 앞에 중국 내륙이 열렸던 것이다. 1842년에 이르면 네메시스Nemesis 같은 증기선들은 바다로부터 200마일 이상 들어가 양쯔 강 연안의 난징까지 전함戰艦을 안내하거나 끌어갈 수 있게 되었다.5)

아편전쟁은 특별히 건조建造한 포함들이 그 성과를 결정지은 첫 사건이었다. 적절한 때에 포함이 중국에 나타난 것은 우연이 아니었다. 이 포함들은 1830년대 중반의 두 역사적 세력에 의한 복합적인 창조 과정의 결과물이었다. 첫째는 증기선을 이용해서 인도와 영국 사이의 통신 속도를 빠르게 하고자 한 노력이었으며, 둘째는 세 사람—토머스 러브 피콕Thomas Love Peacock, 존 레어드John Laird, 맥그리거 레어드—의 혁신 정신이었다.

인도에서의 첫 증기선은 1819년에 아요디아oudh의 귀족을 위해 건조한 작은 유람선이었다. 콜카타calcutta의 영국인들은 이 새로운 기구가 좀 더 실제적인 데 쓰일 수 있다는 것을 알고, 1823년에 키더 포르 조선소에서 두 대의 16마력짜리 모즐리 엔진에 의해 움직이는 132톤의 외륜선外輪船을 건조했다. 이름이 다이애나였던 그 배는 대형 범선들이 기동하기가 힘들었던 콜카타 항港에서 예인선曳引船으로 쓰였다. 일 년 뒤에는 플루토 호가 그 뒤를 이었는데, 이 배는 1822년에 증기로 움직이는 준설선浚渫船으로 만들어졌다가 외륜 증기선으로 개조된 것이다.

이 두 배는 상업적으로는 실패한 경우지만 증기선 항해에 대해 엄청난 관심을 불러일으켰다. 당시 콜카타에 있던 영국인들은 본국까지 왕복 여행에 1년이나 혹은 그 이상의 시간이 소요되어 고립감을

---

5) Gerald S. Graham, *The China Station: War and Diplomacy 1830-1860* (Oxford, 1978), pp.18-19.

느끼고 있었는데, 증기선이 본국과의 교신을 촉진시킬 수단이라고 생각하게 되었다. 이들은 1825년 영국으로부터의 항해를 70일이나 그 이하로 단축시키는 첫 증기선에 대해서 상금을 주겠다고 제안했다. 이 제안으로 인해 런던의 한 증기선 애호가 집단이 엔터프라이즈Enterprize 호를 건조했다. 이 배는 크기는 했지만 엔진이 약하고 연료를 많이 소비했다. 콜카타까지 항해하는데 113일이나 소비해서 상금을 받는 데는 실패했다. 그러나 항해 자체는 몇 가지 중요한 결과를 가져왔다. 증기 기술은 아직 초보단계에 있어 대양 항해에는 상업적으로 실용적이지 못하고, 정부가 지원할 정도는 아니라는 점이 항해를 통해 나타나기는 했지만, 사람들의 관심의 방향을 다른 데로 돌려놓았다. 그 때까지는 아프리카 남단을 돌아 항해하는 힘든 "희망봉 루트Cape Route"에 관심을 가지고 있던 데서 이제는 증기를 좀 더 현실적으로 이용하는 데 관심을 가지게 되었던 것이다. 증기를 갠지스 강에서의 항행과 전투에 이용하고, 중동을 통해 영국으로 가는 "육상 루트"에 관심을 가지게 된 것이다.

1824년 12월 영국의 동인도회사와 미얀마 왕국은 전쟁을 시작했다. 미얀마와 벵갈 사이에는 접근이 거의 불가능한 산악지역이 있었기 때문에 미얀마에 이르는 유일한 통로는 랑군에서 수도 아바Ava 사이의 이라와디 강 계곡이었다. 전쟁은 2년간이나 지속되었고 양쪽 모두 심각한 피해를 입었다. 미얀마인들은 낡은 무기로 싸웠지만 이라와디 강 늪지대에서 노련한 전투 능력을 보여주었다. 영국은 인도 용병들이었던 병력의 4분의 3을 질병으로 대부분 잃었다.

이때 엔터프라이즈 호는 병력과 우편물을 콜카타에서 랑군까지 수송했으며, 플루토 호는 황동黃銅으로 만든 네 문의 24파운드 포를 장착하고 아라칸 반도 공격에 참가했다. 그런데 전쟁의 영웅은 다이애

나 호였다. 이 배를 미얀마로 가져갈 것을 역설한 사람은 해군 사령
관이자 유명한 소설가였던 함장 프레더릭 매리엇이었다. 이라와디
강에서 다이애나 호는 범선을 전투 요지로 예인하고 병력을 수송했
으며, 미얀마군 선발 부대에 대한 정찰 활동을 했다. 또한 회전포回轉
砲와 콩그리브 로켓Congreve rockets으로 미얀마의 요새들을 포격했
다.6) 다이애나 호가 전투에 가장 크게 기여한 것은 미얀마의 전투용
배인 프라우 선prau7)을 포획한 일이었다. 한 영국인 장교는 이렇게
썼다.

　　미얀마의 전투용 배들은 60이나 70개의 노를 갖추고 길이는 90피트였
는데 일반적으로 매우 훌륭한 배들이었다. 그리고 족장들은 금박을 입힌 배를
소유하고 있었다. 그들은 선수船首에 6파운드나 9파운드의 중포를 묶어 놓았는
데 조준하거나 들어 올리지 못하는 일이 허다했다. 그들의 배가 아주 많다는
말이 있었지만, 한 번에 25척이나 30척 이상은 본 적이 없다. 전체적으로 보면
하찮은 수였으며, 어떤 기계도 보지 못했다. 그 배들은 우리 측의 어떤 배보다
도 빨랐지만, 우리 증기선이 그들의 선원을 녹초로 만들어서 포로로 잡은 적이
두세 번이나 되었다. 전쟁 기간에 약 60명을 포로로 잡았다.8)

또 다른 목격자의 지적을 보아도, 다이애나 호와 프라우 선 사이
의 경쟁은 어울리지 않는 것이었다. "인간의 근육과 힘줄은 끊임없

---

6) 콩그리브 로켓은 미국인들에게 다음의 구절들(미국 국가-역주)에 대한
영감을 준 것으로 가장 잘 알려져 있다. "그리고 저 로켓의 붉은 섬광, 공중
에서 터지는 저 포탄들은 우리의 깃발이 계속 저기에 있었다는 것을 밤 내내
보여준 증거였지."
7) 역주: 프라우 선은 강에서 사용되었던 갤리선으로 두 사람이 함께 앉아
노를 젓는 쌍좌선(雙座船)이었다.
8) "Captain Chad's Remarks on Rangoon and the War in Ava
1824-1825-1826" (written June 3, 1827), in British Library Add. MSS
36,470) (Broughton Papers), pp.100-101.

이 끓는 주전자boiling kettle의 힘을 당해 낼 수 없기 때문이다.……" 9)
그 결과 1826년 2월 무렵에는 미얀마인들이 "불귀신" 이라고 부른 다이애나 호는 영국 함대와 함께 400마일이나 상류로 올라간 아마라푸라Amarapura까지 올라갔다. 수도가 위협받는 것을 본 미얀마 왕은 화친을 청하게 되었다. 이렇게 해서 동인도회사는 아쌈을 확보했고 미얀마의 아라칸 지방과 테나세림 지방을 획득했다.10)

다이애나 호가 영국-미얀마 전쟁에 참가하게 된 것은 극히 우연이었다. 그 모든 영웅적 행위에도 불구하고 다이애나 호는 전쟁을 촉발시키거나 전쟁의 결과를 결정지은 것이 아니라 단지 영국의 승리를

---

9) United Service Journal 2(1841):215, quoted in Gerald Graham, *Great Britain in the Indian Ocean: A Study of Maritime Enterprise, 1810-1850* (Oxford, 1968), p.352.

10) 인도의 초기 증기선과 그 증기선들을 영국-미얀마 전쟁에서 사용한 것에 대해서는 다음의 연구들을 보라. Graham, *Indian Ocean*, pp.345-58; Henry T. Bernstein, *Steamboats on the Ganges: An Exploration in the History of India's Modernization through Science and Technology* (Bombaby, 1960), pp.28-31; H. A. Gibson-Hill, 'The Steamers Employed in Asian Waters, 1819-39," *The Journal of the Royal Asian Society, Malayan Branch*, 27 pt. 1(May 1954): 127-61; D. G. E. Hall, *Europe and Burma: A Study of European Relations with Burma to the Annexation of Thibaw's Kingdom, 1886* (London, 1945), p.115; Col. W. F. B. Laurie, *Our Burmese Wars and Relations with Burma: Being an Abstract of Military and Political Operations. 1824-25-6, and 1852-53* (London, 1880), pp.71-72 and 119-20; John Fincham, *History of Naval Architecture* (London, 1851), pp.294-96; Charles Rathbone Low, *History of the Indian Navy (1613-1863)*, 2 vols. (London, 1877), 1:412n; *The Mariner's Mirror: The Journal of the Society for Nautical Research*, 30(1943):223 and 31(1944):47; and Oliver Warner, *Captain Marrayat, A Rediscovery* (London, 1953), p.67. 이 주제에 대해서는 Preble, pp.76-77 and 120 에도 약간의 정보가 있으나 신뢰할 수 없는 정보이다.

앞당겼을 뿐이다. 다이애나 호의 진정한 기여는 인도에 사는 영국인들이 증기선을 강에서 사용하는 것에 대해 많은 관심을 가지도록 자극한 것이었다. 그들은 증기선을 더 이상 또 다른 선박의 종류로 바라보지 않았다. 이제는 자신들의 세력을 강화해줄 완전히 새로운 기술로 바라보게 된 것이다.

증기의 힘은 내륙에서 이용되기도 했다. 영국령 인도의 운송은 사람이나 말, 소에 의존하고 있었기 때문에 불규칙적이고 비용이 많이 들었다. 단지 갠지스 강만이 먼 옛날부터 느린 시골 배가 오가는 그래도 쓸 만하고 비용이 덜 드는 북인도의 수송로였다. 따라서 진보적인 인도 거주 영국인[11]은 미국인들이 미시시피 강에 증기선이 처음 등장을 했을 때 보인 것처럼 열렬히 환영했다. 수송 문제가 벵갈 정부의 관심사인 것은 당연했기 때문에 갠지스 강에서의 증기선 사업은 처음부터 인도 북부에서 영국의 영향력을 강화시킬 수 있는 정치적인 사업이었다. 1828년 총독 윌리엄 벤팅크Sir William Bentinck는 선장 토머스 프린셉에게 갠지스 강을 측량하도록 맡겼다. 6년 뒤에 콜카타와 알라하바드 사이에 철제 증기선 윌리엄 벤팅크Lord William Bentinck 호를 이용한 정기선 사업이 시작되었는데, 이 배는 시간당 6~7마일의 속도를 내는 120피트의 선미 외륜 기선sternwheeler, 船尾外輪汽船이었다. 그리고 2년 내에 몇 척의 다른 기선들—템스Thames 호, 줌너Jumna 호, 메그너Megna 호—도 여객선이나 화물을 위한 바지선으로 갠지스 강을 오르내렸다.[12]

---

11) 역주: Anglo-Indians는 식민지 인도에 들어와서 농업이나 상업 등 여러 방면에 종사하며 살던 영국인들이다. 따로 더 정확한 번역어가 떠오르지 않아 '인도 거주 영국인'이라고 번역한다.

12) 이 주제에 대한 확실한 연구는 Henry T. Bernstein의 *Steamboats on the Ganges* 이다. Gibson-Hill, pp.121-23; A. J. Bolton, *Progress of Inland Steam Navigation in North-East India from 1832* (London, 1890), p.330; and J.

증기선들은 어떤 배보다도 빨랐기 때문에 콜카타에서 알라하바드를 우기雨期에는 20일, 건기乾期에는 24일이면 갔다. 그렇지만 비용 때문에 인도의 경제생활에는 이용되지 못했다. 콜카타에서 알라하바드까지의 객실 비용이 400루피(30파운드)였는데, 이 돈은 대서양을 횡단하는 증기선의 비용과 같았고 영국에서 인도까지의 여행경비의 반이었다. 객실이 아닌 갑판만 이용하는 경우는 비용이 절반이었지만, 여전히 꽤 큰돈이었다. 사정이 이랬기 때문에 정부의 관리, 주교, 농장주, 인도의 제후들만이 비용을 감당할 수 있었다. 1837년 한 해 동안 375명만이 갠지스 강의 증기선을 이용할 수 있었다.

화물 운송비용도 1톤당 6~20파운드의 엄청난 비용이어서 갠지스 강을 통한 화물 운송은 대부분 정부의 물품에 한정되었다. 무기, 부싯돌, 약품, 법정이나 관청에서 쓰는 문구류, 정밀 기구들이 상류로 올라갔고, 세금 징수원들이 보내는 문서나 영수증이 콜카타로 내려왔다. 개인 화물은 여행 중인 관리들의 가사용품과 비단, 인디고, 셸락, 아편 같은 값나가는 물품들만 증기선의 운송비용으로 감당할 수 있었다.13)

1844년까지 동인도회사가 증기선 사업을 운영했으며, 이후에는 몇몇 개인 기업이 모험적으로 합류했다. 그렇지만 시간이 지나면서 대규모의 산림 벌채, 토양 침식, 침니沈泥, 그리고 관개 수로灌漑水路로 인하여 갠지스 강에서 항행하는 것은 더 힘들게 되었다. 인도의 다른 강은 수심이 너무 얕거나 자주 변해 증기선의 주요 통로가 될 수 없었다. 1849년에 한 재능 있는 엔지니어가 인더스 강, 네르부다 강, 그리고 다른 강에서 항행을 막는 모래톱 문제를 해결하기 위해 흘수

Johnson, *Inland Navigation on the Gangetic Rivers* (Calcutta, 1947), p.28도 보라.

13) Bernstein, ch.5; Johnson, pp.28-29.

12인치의 보조 휠을 장착한 증기선을 건조하자고 제안했다.14) 그러
나 이미 그보다 훨씬 더 효과적인 수송 수단—철도—이 증기선을 앞
선 뒤였다.

　다이애나 호와 갠지스 강의 증기선들로 강에서 증기선을 이용하는
것이 가능한 일이라는 것을 증명했다고 하더라도, 속도가 빠른 증기
선을 인도와 영국 사이에 띄우는 것은 여전히 인도 거주 영국인들을
애타게 하고 있었다. 이들은 엔터프라이즈 호의 실패는 일시적인 것
이라고 생각하고 있었다. 나중에 살펴보겠지만, 봄베이 관구의 관청
은 증기선 휴 린제이Hugh Lindsay 호를 바다에 띄워 1830년 수에즈까
지 갔다가 돌아왔다. 인도 거주 영국인들이 독자적으로 증기선을 띄
워 영국과 연결하려는 시도를 막기 위해 동인도회사의 이사회, 외무
성, 해군성이 모두 나서서 최선을 다했다. 인도 거주 영국인들은 인
도에서의 로비와 동시에 런던에서 대리인을 통한 증기선 로비를 벌
였다. 로비 때문에 의회에는 청원서가, 신문사에는 편지가 몰려들었
다. 이 운동으로 1834년 6월 영국 하원은 인도까지의 증기선 항해에
대한 특별위원회Select Committee on Steam Navigation to India와 위원들을
임명했다. 위원회의 주된 관심은 통신에 있었지만, 이 위원회는 포함
의 시대의 시작을 알리는 것이 되었다.
　1834년의 특별위원회는 많은 증인들로부터 증언을 들었는데, 그

---

14) John Bourne, C. E., *Indian River Navigation: A Report Addressed
to the Committee of Gentlemen Formed for the Establishment of
Improved Steam Navigation upon the Rivers of India, Illustrating the
Practicability of Opening up Some Thousands of Miles of River
Navigation in India, by the Use of a New Kind of Steam Vessel,
Adapted to the Navigation of Shallow and Shifting Rivers* (London,
1849).

가운데 토머스 러브 피콕, 프란시스 로돈 체스니, 맥그리거 레어드 세 사람이 주로 증언했다.

피콕은 19세기 영문학을 공부하는 사람들에게는 소설가이자 풍자 작가로, 그리고 셸리Percy Bysshe Shelley의 가까운 친구이자 조지 메러디스George Meredith의 장인으로 잘 알려져 있다. 그러나 그는 해양사학자들이나 기술사학자들에게도 알려질 가치가 있는 인물이다. 그 이유는 기술 혁신은 문인이나 정치인들의 생활처럼 대중이 알아챌 수 없는 곳인 작업장이나 사무실같이 안 보이는 영역에서 일어나기 때문이다.

1819년에 피콕이 동인도회사에 입사했을 때, 문서 조사관 사무실에 사법, 수입, 공공 공사公共工事의 세 부문에 보좌관 자리를 막 만든 뒤였다. 2년간의 훈련 기간과 꽤 어려운 시험을 거쳐 피콕은 공공 공사 부문의 조사관 보좌가 되었다.[15]

1828년 토머스 왜그혼Thomas Waghorn 담당관이 런던에 도착했는데, 그는 미얀마 전쟁 시에 군대에서 다이애나 호에 대해 좋은 인상을 받았던 사람으로 런던에서 콜카타와 마드라스 상인들을 위해 동인도회사에 로비를 하려고 했다. 그 로비 목표는 동인도회사가 인도와 정기적으로 증기선 왕래를 시작하도록 만드는 것이었다. 당시 동인

---

15) Edward Strachey, "Recollections of Peacock," in Thomas Love Peacock, *Calidore & Miscellanea*, ed. by Richard Garnett (London, 1891), p.15; Carl Van Doren, *The Life of Thomas Love Peacock* (London and New York, 1911), pp.212-14; Edward Nicolls, "A Biographical Notice of Thomas Love Peacock, by his Granddaughter," in Henry Cole, ed., *The Works of Thomas Love Peacock*, 3 vols. (London, 1875), 1: x x x vii; Sylva Norman, "Peacock in Leadenhall Street," in Donald H. Reiman, ed., *Shelley and His Circle*, 4 vols. (Cambridge, Mass., 1973), 4:709-23.

도회사 이사회장이었던 존 로크John Loch는 피콕에게 이 문제를 검토하도록 부탁했다.16) 이에 1829년 9월 피콕은 「인도의 국내외 교통에 증기선을 이용하는 것에 대한 검토 보고서」를 작성했다. 보고서에서 피콕은 영국과 인도 사이의 항로에 증기선을 사용해야만 한다고 주장했다. 세 가지 가능한 노선—아프리카를 돌아가는 노선, 홍해를 통과하는 노선, 시리아와 유프라테스 강을 통과하는 노선— 중에서 그는 유프라테스 노선을 선호했다. 그 이유는 강에서 움직이는 증기선이 원양 항해용 증기선보다 더 신뢰할 만했고 유프라테스 강에서의 항행은 고대로부터 성공적이었기 때문이며, 가장 중요한 것은 영국이 메소포타미아 지역을 확보하지 못한다면 러시아가 그 지역을 확보할 것이기 때문이었다.

러시아인들의 석탄, 목재, 철, 가축, 곡물 자원은 끝이 없다. 그들은 현재 볼가 강과 카스피 해에 증기선을 띄우고 있다. 머지않아 아랄 해와 옥수스(아무 다리야 강) 강에도 증기선을 띄울 것이며, 아마 유프라테스 강과 티그리스 강에도 증기선을 띄울 것이다. 우리가 유프라테스 강을 항행하고 그들이 우리를 따라하는 식이 되지는 않을 것이다. 그들은 우리가 아시아에서 할 만한 일인데 하지 않고 있다면 무엇이든 할 것이다.17)

1833년 벤팅크 총독18)은 해군 대위 알렉산더 버네스Alexander Burnes

---

16) "Biographical Introduction," in Thomas Love Peacock, *Works* (The Halliford Edition), ed. by Herbert Francis Brett-Smith and C. E. Jones, 10 vols. (London and New York, 1924-1934), 1:clix-clx; Felix Felton, *Thomas Love Peacock* (London, 1973), pp.230-31. 다음의 문헌도 보라. Thomas Love Peacock, *Biographical Notes from 1785 to 1865* (London, 1874), and Richard Garnett, "Peacock, Thomas Love," in *Dictionary of National Biography*, 44:144-47.

17) 1829년의 검토보고서(Memorandum)는 *Parliamentary Papers* 1834 (478.) ⅩⅣ, pp.610-18에서 찾아볼 수 있다.

를 런던으로 보내 의회에 증기선 문제를 묻도록 했다. 1833년 12월 버네스는 벤팅크에게 이렇게 썼다.

　　저는 증기를 인도에서 더 많이 사용한다는 것과 또 증기의 힘을 이용하여 인도와 유럽 간에 항구적인 교통수단을 갖추는 것을 총독께서 크게 바라신다는 것을 당국자들에게 알리는 데 실패하지 않았습니다. 그랜트 씨[19])는 제가 지난번에 봤을 때 계획의 초안을 읽고 계셨습니다. 이사회장은 이 계획의 큰 이점利點을 잘 알고 있으며, 인도의 재정이 허용한다면 저희의 제안을 기꺼이 받아들이시겠다고 분명히 말씀하셨습니다. 그런데 동인도회사의—동인도회사에서 좀 영향력이 있는 분인데— 피콕 씨가 인도에 좀 더 빠른 수송 수단을 도입하는 것은 안 좋을 것이라는 의견을 표명하는 것을 듣고 좀 유감스러웠습니다. 그분은 성급하게 쓴 편지를 하원이 읽고 그 안에 담긴 짧고 두서없는 설명을 듣게 되는 것은 만족스럽지 못한 일이 될 것이라고 생각했습니다. 그러나 이것은 한 사람의 생각이며 이처럼 명백하고 꼭 필요한 일이 더는 거부되지 않을 것이라고 저는 의심하지 않습니다.[20])

---

18) 역주: 저자의 다른 책에 따르면 벤팅크 총독은 증기선에 대해 관심이 매우 많았던 사람이다. 그에게 증기선은 상업적 이유에서만이 아니라 정신적인 이유로도 매우 중요했다. 그의 눈에 증기의 힘은 "인도의 정신적 진보를 가져올 수 있는 위대한 엔진"이었다. 그는 "두 나라 사이의 왕래가 용이해지고 거리가 짧아지는 정도에 비례해서 문명화된 유럽도 이 어두운 지역에 가까워질 것이다. 이 외의 다른 방식으로는 어느 정도 큰 발전은 인도에서 일어날 수가 없다"고 말했다고 한다.–Daniel Headrick, *Power Over Peoples: Technologies, Environments, and Western Imperialism, 1400 to the Present* (Princeton, 2010), p. 189.

19) 역주: 인도까지의 증기선 항해에 대한 특별위원회의 위원장이었던 찰스 그랜트(Sir Charles Grant)를 말하는 듯함. 1820년대 동인도회사 이사장이었다가 1823년에 죽은 찰스 그랜트와는 다른 인물이다.

20) Cyril Henry Philips, ed., *The Correspondence of Lord William Cavendish Bentinck, Governor-General of India, 1828–1834*, 2 vols. (Oxford, 1977), 2:1164–65.

아마도 피콕은 문서 조사관 보좌라는 직책 때문에 그가 읽어야 하는 통신문의 문장의 질을 걱정을 한 것이 사실일 것이다. 더 정확하게는 한 풍자작가가 불쌍한 해군 대위를 놀렸다는 것이 더 맞는 설명일 것이다.

피콕은 특별위원회가 열리기 전에 최근 중동을 둘러보고 온 포병 대위 프란시스 로돈 체스니를 알게 되었다. 피콕이 "검토 보고서"를 쓰고 있던 1829년에 콘스탄티노플 주재 영국 대사였던 로버트 고든 경Sir Robert Gordon은 체스니에게 정치적 임무를 맡겨 이집트에 보냈다. 이집트에서 총영사 존 바커John Barker는 체스니에게 여행 시간, 안전, 무역, 항해, 연료 공급, 지역 주민에 대해 이집트와 메소포타미아 루트가 가지고 있는 상대적인 장점에 대해 피콕이 물어보았던 일련의 질문들을 했다.

다음 해 체스니는 혼자 유프라테스 강을 탐험하러 떠났다. 그가 영국으로 돌아왔을 때, 그는 윌리엄 4세에게 다음과 같은 이야기를 들었다.

러시아 함대가 콘스탄티노플에 존재하고, 또 그 군대가 점점 인더스 강쪽으로 전진하는 것 때문에 생기는 심각한 불안에 대해 말씀하셨고, 그렇기 때문에 결국 페르시아를 강화할 필요가 있다고 말씀하셨다. 그리고 덧붙여서 영국의 지위를 더 안전하게 하기 위해 증기선 소함대를 인도에 있는 동인도회사 해군Bombay Marine에 추가하는 것을 통해서 내가 제안처럼 하는 것이 바람직할 것이라고 말씀하셨다.[21]

피콕은 체스니에게 유프라테스 강 루트의 장점을 강조하는 보고서를 쓰도록 격려했다. 오토만에 우호적이고 러시아와 이집트에 대해서

---

21) Francis Rawdon Chesney, *Narrative of the Euphrates Expedition Carried on by Order of British Government During the Years 1815, 1836, and 1837* (London, 1868), pp. 4 and 145-46.

는 적대적이었던 외무성 장관 파머스턴 자작Viscount Palmerston은 그 보고서를 호의적으로 받아들였다.22)

1834년 3월에 체스니와 피콕은 몇 번 대화를 나누면서 수에즈 운하가 "상당히 실행 가능한" 것이라는 데 일치했다고 체스니는 전한다. 그들은 또 고압高壓 엔진이 저압低壓 엔진에 대해서 가진 장점, 객실이 있는 배accommodation boat를 두 번째 증기선으로 끄는 것이 가지는 장점에 대해서도 토론했다. 체스니는 동인도회사의 이사들이 정부 측 사람들보다 더 진취적이며 "동인도회사의 비용으로 유프라테스 강에 길을 내는 것에도 매우 적극적인 모습에" 깊은 인상을 받았다.23)

세 번째 주요 증인인 맥그리거 레어드는 유명한 탐험가이자 증기선 전문가였다. 그가 13세이던 1822년에 그의 아버지 윌리엄 레어드는 스코틀랜드의 그리녹에서 리버풀로 이사했다. 1824년 윌리엄은 버컨헤드 제철소를 세웠고, 1828년 맥그리거의 형인 존이 공동 경영자가 되었을 때 회사 이름을 윌리엄 레어드 앤드 선William Laird and Son으로 바꿨다. 다음해 이들은 자신들의 첫 번째 선박인 거룻배 와이Wye 호를 아일랜드 내륙의 증기선 항행회사Irish Inland Steam Navigation Co를 위해 건조했다. 그리고 1830년에는 더블린 시 정기 증기선회사City of Dublin Steam Packet Co로부터 레이디 렌스다운Lady Landsdowne이라는 이름의 133피트, 184톤의 철제 외륜 증기선을 수주받았는데, 이 배는 섀넌 강에서 사용하기 위한 것이었다. 레어드 집안의 세 번째 선박 존 랜돌프John Randolph 호는 부분품 상태로 조지

22) Chesney, p. 143; Halford, Lancaster Hoskins, *British Routes to India* (London, 1928), pp. 154-55.

23) Stanley Lane-Poole, ed., *The Life of the Late General F. R. Chesney, Colonel Commandant Royal Artillery D. C. L., F. R. S., F. R. G. S., etc. by his Wife and Daughter*, 2nd ed. (London, 1893), pp. 269-70.

아 주의 사바나Savannah로 보내졌다. 이 선박이 미국의 첫 철선이었다.

이 시기에 영국의 철 생산은 빠르게 증가하고 있었는데, 닐손Nielson의 열풍처리법hot-blast process이 부분적으로 기여했다. 영국의 삼림 자원은 목선 산업의 목재 수요를 채울 정도로 충분하지 않았고, 외국에서 목재를 공급받는 것은 너무 위험한 일이라고 판단하고 있었다. 그렇기 때문에 제철업자들로서는 조선 산업에 뛰어들기에 적기適期였다. 한 가지 장애가 있었다면 일반 대중과 선박의 주요 구매자들이 증기선과 철선이 바다에서 항해하기에 적합할까 하는 점에 회의적이었던 점이다. 이러한 회의를 불식시키기 위해서는 사람들의 눈이 번쩍 뜨일 본보기가 필요했다.

1832년에 맥그리거 레어드는 두 척의 소형 증기선과 한 척의 대형 범선으로 아프리카 탐험대를 조직했다. 세 척 중의 한 척인 앨버카Alburkah 호는 철제선이었다. 이 배가 리버풀에서 항해를 시작했을 때 이 배는 사람들의 입에 오르내렸다. 철로 만든 증기선이 대양으로 나가본 적이 없었기 때문에 놀리는 사람들도 있었다. 레어드는 이렇게 썼다.

> 바다에서 항해를 하면 대갈못이 흔들려서 붙어 있던 쇠로부터 빠져나가게 될 것이라고 사람들은 심각하게 말했다. 열대 지방의 태양열이 불행한 선원들을 산 채로 구워버릴 것이라고도 했다. 그리고 뇌우雷雨를 만나면 피뢰침으로 번개가 떨어질 것이 확실하다고 말하기도 했다.[24]

그러나 앨버카 호는 아주 잘 나갔으며 반복된 좌초坐礁에도 불구하고 물도 새지 않았다.

맥그리거가 아프리카에 있는 동안 그의 아버지와 형은 철제 증기선

---

24) Laird and Oldfield, 1:7.

게리오웬Garryowen 호를 더블린 시의 정기 증기선회사를 위해 건조했다. 이 배는 1834년에의 시험 항해에서 폭풍우로 좌초했는데, 그 폭풍우는 목재로 된 선박이라면 난파시켰을 정도였다. 앨버카 호와 게리오웬 호가 살아남은 것은 어떤 이론보다도 더 크게 철선이 대중의 신뢰를 얻는 데 기여했다.[25)]

맥그리거 레어드가 1834년 초 영국에 돌아왔을 때, 그는 몸은 아프고 재정적으로는 파산한 상태였다. 그렇지만 이미 유명인이 되어 있었다. 그가 피콕과 친구가 된 것은 특별위원회가 열리기 전인 이 시기였다.[26)]

「인도까지의 증기선 항해에 대한 특별위원회 보고서」의 절반은

25) 레어드 회사의 시작에 대해서는 다음을 보라. Cammell Laird & Co,
(Shipbuilders & Engineers) Ltd., *Builders of Great Ships* (Birkenhead,
1959), ch.1; P. N. Davies, *The Trade Makers: Elder Dempster in West
Africa, 1852-1972* (London, n. d.), pp. 35-39 and 404 table 9;
Stanislas Charles Henri Laurent Dupuy de Lôme, *Mémoire sur la
construction des bâtiments en fer, addressé à M. le ministre de la
marine et des colonies* (Paris, 1844), pp. 4-6 and 117-19; Fincham, pp.
386-87; Francis E. Hyde, *Liverpool and the Mersey: An Economic
History of a Port 1700-1970* (Newton Abbot, 1971), pp. 52 and 84;
"Laird, John," in *Dictionary of National Biography*, 11:406-07; "Laird,
Macgregor," in *Dictionary*, 11:407-08; and Tyler, pp. 30-36, 112, and
169, 인도부部, India Office의 기록물실과 도서관에도 레어드 집안에 대한 다양
한 편지와 보고서들이 있다; L/MAR/C vol. 583 pp. 217 and vol. 593
pp.695-96을 보라.
26) Nicolls in Cole, 1:ⅹⅹⅹⅷ. 다음의 자료도 보라. Arthur B. Young,
The Life and Novels of Thomas Love Peacock (Norwich, Eng., 1904),
pp. 26-27; and Diane Johnson, *The True History of the First Mrs.
Meredith and Other Lesser Lives* (New York, 1972), p. 60. 피콕의 딸인
메리 엘렌Mary Ellen이 맥그리거 레어드의 부인의 남동생과 결혼을 하면서 피콕
과 레어드는 친척이 된다.

피콕의 증언으로 채워져 있다. 그는 육상 루트가 희망봉 루트보다 좋다고 추천했으며, 두 육상 루트 중에서는 메소포타미아 루트가 홍해 루트보다 비용이 덜 들고 쉽게 항행할 수 있다는 점 때문에 선호했다. 그는 인도양, 홍해, 유프라테스 강에서의 항행에 대한 세부 사항들을 풍부하게 제공했다. 이 세부 사항의 대부분은 고대의 자료와 여행자들의 보고서에서 나온 것들이었다. 그러나 그가 가장 열정적으로 이야기한 것은 러시아의 메소포타미아 침략을 막아야 될 이유에 대해서였다.

러시아인들은 어떤 나라를 소유하게 되거나 그 나라와 관계를 가지게 될 때 가장 먼저 하는 일이 다른 모든 나라가 그 나라의 강과 바다에서 항해하지 못하게 하는 것이다. 그래서 나는 우리가 먼저 이 강을 소유하는 것이 매우 중요하다고 생각한다.

피콕은 "당신은 유프라테스 강에 증기선을 항행시키는 것이 어떤 점에서든 러시아를 좌절시키는데 도움이 된다고 생각합니까?" 라는 질문을 받았을 때, "그렇게 하면 우리에게는 기득권과 간섭할 수 있는 권리가 생기기 때문입니다" 라고 대답했다.[27]

증언 중에 증기선 항행의 기술적 문제에 대한 질문을 받았을 때, 피콕은 맥그리거 레어드의 전문 기술을 이용했다. 증기선에서의 톤수와 엔진 출력의 적절한 비율에 대해서 그는 이렇게 말했다.

---

27) "Report from the Select Committee on Steam Navigation to India, with the Minutes of Evidence, Appendix and Index," pp. 9-10, in *Parliamentary Papers* 1834 (478.) XIV, pp. 378-79. 또 피콕은 위원회에 증기선 항행 문제에 관련된 일련의 문서도 제시했는데 이것들은 1833년 12월의 짧은 검토 보고서, 여행자들의 이야기에서 따온 몇몇 인용문 등이다. *Edinburgh Review* 60 (Jan. 1835): 445-82에는 보고서의 요약문이 실려 있는데 아마도 피콕 자신이 그 요약문을 썼을 것이다.

이 나라의 어떤 사람보다도 많은 경험을 가진 맥그리거 레어드 씨는 톤수 대 치수의 비율에 대해서 2.5 이상은 할 수 없을 것이라고 생각합니다.[28]

위원회는 레어드의 니제르 강 탐험—그의 배들, 바다와 강에서의 그 배들의 특성, 그들이 고생한 병들—에 대해 묻는 것으로부터 시작했다. 위원들도 특별히 관심을 가지고 있었고 레어드도 특히 말하고 싶어 했던 주제는 두 척의 니제르 강 증기선—앨버카 호와 쿠오라Quorra 호—과 일반 철선과 목선의 상대적인 장점이었다. 레어드의 판단으로는 앨버카 호는 모든 장점을 다 가지고 있었다. 그는 "앨버카 호는 다른 어떤 배보다도 훨씬 더 힘찬 배였습니다. 많이 흔들리지도 않았습니다. ……제 생각에 철선이 그렇게 힘이 좋은 이유는 흔들림이 없기 때문입니다. ……철선은 번개에 맞는 것이 불가능합니다……." 라고 했다. 이어서 철선의 다른 많은 장점을 들었다. 그가 든 장점들로는 해충, 부패와 부식, 누수로부터 자유로운 점, 가벼운 점, 더 많은 화물 적재 공간을 가지고 더 적은 연료로 더 빠른 속도를 낼 수 있는 점, 좌초했을 때 구멍이 나지 않고 암초에 부딪칠 때와 격랑 시의 구부러짐, 포탄의 파괴에 견뎌내는 점이었다. 그리고 방수가 되는 차단벽을 가진 철선을 만들 수 있기 때문에 목선보다 더 안전할 수 있다고도 이야기했다. 그러나 목선의 장점에 대해서는 아는 바가 없었다.

그 다음 질문은 철제 증기선의 건조에 대한 것이었다. 이에 대한 대답으로 그는 외부 치수의 알맞은 비율, 엔진의 출력, 실린더의 직경, 피스톤의 행정行程, 형태, 석탄의 소비와 공급, 동으로 만든 보일러 대 철로 만든 보일러, 증기압, 요동 실린더, 가변륜variable paddles, 속도, 편의시설, 화물칸 용량, 항속거리 등에 대해서 자세하게 이야

---

28) Report, p. 6 in *Parliamentary Papers* 1834 (478.) XIV, p. 375.

기했다. 그는 강에서 항행할 증기선의 용골은 배의 중앙부에서 수평으로 만들고 포물선 부분parabolic sections은 평행하게 만드는 방식을 권했다. 또 물갈퀴 샤프트paddle shaft는 가장 큰 빔이 있는 위치에서 선미로부터 3분의 1되는 지점에 두는 방식을 권했으며, 강 항행에 맞는 이상적인 증기선은 50마력의 엔진에 길이 110피트, 너비 22피트, 높이 7 1/2피트, 흘수 3피트의 배라고 했다. 증기압 문제는 당시 대부분의 영국인 엔지니어들처럼 그도 보수적이어서 1평방 인치당 10파운드로 제한을 둘 것을 권했다. "미국의 선박들은 1평방 인치당 50파운드라는 높은 압력으로도 움직이고 있지 않나요?" 라는 질문을 받자 그는 "그렇지요. 그런데 미국에서는 매년 1천 명이 죽지요" 라고 대답했다.

질문은 이제 메소포타미아 루트의 세부적인 면으로 이어졌다. 그는 다양한 크기의 증기선을 건조하고 유프라테스 강과 홍해를 통해서 정기적으로 항해하는 데 드는 비용을 평가했다. 그는 유프라테스 강에서 항행할 증기선들은 6개월이면 건조할 수 있다고 어림잡았다. 그는 배의 부분품들을 페르시아 만의 바스라나 봄베이로 보내서 거기서 그 부분품들을 조립해서 강 하류보다 강 상류로 증기의 힘을 이용해 항행할 것을 조언했다. 맥그리거의 증언은 증기선 사업에 이해관계를 가진 사람의 증언이었지만, 그에게 던진 질문들로 볼 때 그의 전문적 지식을 매우 진지하게 받아들이고 있었음이 분명하다.[29]

체스니의 증언은 주로 유프라테스 강의 항행 가능성과 그 지역의 지리와 민족들에 관한 것이었다. 체스니가 레어드의 생각과 상당히 달랐던 것은 단 한 가지 점이었다. 체스니는 증기선의 부분품들을

---

[29] Report, pp. 56-70 in *Parliamentary Papers* 1834 (478.) XIV, pp. 425-39.

육로로 유프라테스 강 상류의 한 지점으로 보내고 상류보다는 하류로 증기의 힘을 이용해 항행할 것을 조언했다는 점이다. 이 점에서는 체스니의 조언이 받아들여졌지만 나중에 틀렸음이 드러났다. 다른 모든 점에서는 세 명의 주요 증인의 증언이 잘 들어맞았다. 제국의 팽창을 요구하는 주변부로부터의 아우성과 이해관계를 가진 사업가 집단의 로비 같은 잘 알려진 압력들에 더해서 피콕은 유프라테스 강에 증기선을 보내는데 정치적인 이유를 하나 더 추가했다. 그것은 파머스턴의 외교 정책에서 너무 잘 알려져 공리公理와도 같았던 러시아라는 유령이었다. 그러나 이러한 추진 동기 뒤에는 기술 혁신으로 인한 새로운 기회가 있었던 것이다. 이것이 레어드가 기여한 바이다. 범선 시대의 제국들에게 중동은 단지 방해물로만 보였지만, 이제는 탐낼 만한 존재가 된 것이다.

1834년의 특별위원회는 인도 거주 영국인 증기선 추진가들이 바라던 결과를 가져왔다. 특별위원회는 이집트와 메소포타미아를 이용하는 양 육상 루트를 허락하고 영국 정부의 재정적 지원을 받아주었기 때문이다. 특별위원회는 유프라테스 강에 두 척의 증기선을 보내는데 드는 2만 파운드의 돈을 의회가 가결하기를 권했다. 그리고 중동의 지리에 대한 지식으로 특별위원들에게 깊은 인상을 준 체스니는 탐험대의 지휘관이 되었다. 동인도회사는 맥그리거 레어드가 이상적인 강용江用 증기선으로 설명한 선박 두 척을 레어드 집안의 회사에 발주했다. 유프라테스 호는 길이가 105피트, 티그리스 호는 87피트였다. 둘 다 철로 만들어졌고 흘수는 3피트 아래였으며, 몇 문의 소형 포를 탑재했다. 배에 탈 선원들은 레어드 조선소에서 훈련을 받았다.[30] 체스니는 이들을 "아시아의 강에 매우 중요하게 된 평갑판

30) Chesney, *Narrative*, p. 154; Hoskins, p. 164; Gibson-Hill, p. 123; Dupuy de Lôme, p. 6; and "List of Iron Steam and Sailing Vessels

의 무장 증기선flat armed steamers을 처음으로 탄 사람들"이라고 했다.[31]

유프라테스의 탐험은 예상보다 훨씬 오래 걸렸다. 증기선들은 부분품의 형태로 범선에 실려서 안티오크Antioch로 옮겨졌다. 그리고 안티오크에서 유프라테스 강변의 비르Bir까지 수레로 옮겨서 재조립하는데 1834년 말부터 1836년 4월까지 일 년 이상 걸렸다. 이집트인의 저항과 괴롭힘, 폭풍우 속에서 티그리스 호를 잃는 불운도 탐험대를 따라다녔다. 그리고 강 하류로 항행해서 페르시아 만까지 나가는데 다시 일 년이 걸렸는데, 그 이유는 체스니가 속도를 기록하는 일보다는 강과 그 주변의 주민들을 자세히 조사하는데 훨씬 더 많은 관심을 가지고 있었기 때문이다. 그는 1837년 중반에 영국으로 돌아왔다.[32]

Built and Building by John Laird, at the Birkenhead Iron Works, Liverpool," in India Office Records, L/MAR/C 583 p.217. 유프라테스 호의 엔진은 50마력짜리 하나였으며 티그리스 호의 경우는 20마력에서 40마력까지 그 평가가 일치하지 않고 있다.

31) Francis Rawdon Chesney, *The Expedition for the Survey of the Rivers Euphrates and Tigris, Carried on by Order of the British Government, in the Years 1835, 1836, and 1837; Preceded by Geographical and Historical Notices of the Regions Situated Between the Rivers Nile and Indus*, 2 vols, (London, 1850), 1:ix,

32) 유프라테스 탐험에 대해서는 다음의 자료들도 보라. Ghulam Idris Khan, "Attempt at Swift Communication between India and the West before 1830," *The Journal of Asiatic Society of Pakistan* 16 no, 2 (Aug. 1971); John Marlowe, *World Ditch: The Making of the Suez Canal* (New York, 1964), p. 34; Low, 2:31-41; and Gibson-Hill, p.123. 탐험의 비용도 예상보다 많이 들었다. 1836년에 의회는 동인도회사에서도 탐험의 종결을 위해서 8천 파운드를 낸다는 합의하에 8천 파운드를 추가 지원하도록 했다. *Parliamentary Papers* 1836(159.) ⅩⅩⅩⅧ p. 418. 윌슨 베클스(Willson

유프라테스의 탐험은 그 목적을 달성하지 못했다. 탐험 참가자들이 영국에 돌아왔을 때는 인도로 가는 교통수단으로 원양 항해용의 증기선이 강용 증기선보다 더 인정받고 있었기 때문이다. 그러나 실패에도 불구하고 예상외의 결과가 나왔다. 1834년의 특별위원회를 통해 피콕과 레어드 집안이 연결되면서 포함砲艦의 시대가 열렸기 때문이다.

1836년에 제임스 밀이 죽은 뒤에 피콕은 동인도회사의 요직 가운데 하나인 최고 문서 조사관으로 승진했다. 게다가 그는 의회에서 인도에 관계된 일을 감독하는 통제 위원회Board of Control의 위원장으로 강력한 권력을 가진 존 캠 홉하우스John Cam Hobhouse의 친구로서 지원을 받게 되었다.[33]

증기선 항행은 이제 완전히 그의 일이 된 것이다. 존 레어드는 자신과 자신의 동생이 한 역할이 있었음에도 불구하고 말년에 포함 개발에 대한 공功을 피콕에게 돌렸다.

　　…… 작고하신 피콕 씨는 장거리 항해가 가능성이 없다고 생각되던 시절에 증기선 항행의 범위를 넓히고 증진시키는 일에 도움을 주었다. 그리고 경흘수이지만 매우 큰 구경의 포를 장착해도 될 만큼 충분한 힘을 가진 새로운

Beckles)는 동인도 회가 인수한 증기선, 무기, 탄약, 기구, 비품 가격인 1만 360파운드 12실링 9페니를 공제한 뒤 탐험에 든 총비용은 2만 9천637파운드 10실링 3과 1/2 페니가 들었다고 말한다. 그의 *Ledger and Sword; or, The Honourable Company of Merchants of England Trading to the East Indies (1599-1874)*, 2 vols, (London, 1903), 2:393.

33) 홉하우스는 피콕에 대해 이렇게 썼다. "그처럼 최고로 뛰어난 학자이자 그처럼 우호적인 사람과 교제할 수 있었던 것은 내 노년의 중요한 기쁨과 재산 중에 하나가 되어왔다." Sir John Cam Hobhouse, First Baron Broughton, *Recollections of a Long Life, with Additional Extracts from his Private Diaries*, 6 vols. (London, 1910-11), 5:184. Young, p. 28 도 보라.

등급의 철제 군함—사실 이것은 줄곧 대부분의 국가들이 광범위하게 채택해 온 것인데—을 건조하자는 계획을 그에게 제안했을 때도 그 책임을 떠맡았다.[34]

이제 동인도회사는 레어드 가의 가장 중요한 고객이 되었다. 1841년 이전에 버켄헤드 제철소에서 건조된 27척의 철제 증기선 중에서 12척이 동인도회사가 발주한 것이었다.[35]

1837년에 동인도회사는 증기선 한 척을 구매했는데 원래는 미국 고객을 위해 건조된 것이었다. 인더스Indus 호로 불렸던 이 배는 길이 115피트, 너비 24피트로 60마력 엔진 하나를 장착한 것이었다. 이 배는 봄베이로 부분품 상태로 보내져 재조립되고 인더스 강을 순찰하는 데 쓰였다.[36] 그리고 한 해 뒤에 두 척의 증기선이 더 보내졌는데 132피트의 코메트Comet 호와 102피트의 메테오르Meteor 호이다. 그런

---

34) John Laird, "Memorandum as to the part taken by the late Peacock Esq. in promoting Steam Navigation" (1873), MS Peacockana 2 in The Carl H. Pforzheimer Library, New York. 나는 The Carl and H. Pforzheimer Library를 이용하는데 The Carl and Lily Pforzheimer Library, Inc.의 도움을 받았고 이 문서를 이용에 허가를 받는 데는 Donald H. Reiman박사와 Mihai H. Handrea 박사의 도움을 받았다.

35) 이 배들을 구입하는데 관련된 재정적인 면은 명확하지가 않다. 우리는 대부분의 돈은 정부에서 나왔음을 알고 있는데 인도와의 증기선 교통에 관련된 비용은 다음의 항목들에서 볼 수 있다. 일반적으로, 동인도회사는 알렉산드리아에서 동쪽 지역과의 증기선 교통에 드는 비용의 반을 부담하기로 되어 있

연도	비용	의회 문서
1834	2만 파운드	(492.)XLⅡ. 459
1836	8천 파운드	(159.)XXXⅧ 418
1837	3만 7천500파운드	(445.)XL.401
1837-38	5만 파운드	(313.)XXXⅦ 386.
1839	5만 파운드	(142-IV) XXXⅠ. 684
1840	5만 파운드	(179-IV) XXX. 859

었다.

36) John Laird, "Memorandum."

데 이 배들은 얕은 강바닥에 비해 흘수가 너무 컸고, 엔진은 빠른 물살에 간신히 버텼다.[37]

이런 일이 벌어지는 동안에 메소포타미아에서는 체스니가 유프라테스 호의 지휘권을 해군 대위 헨리 린치Lieutenant Henry Lynch에게 넘겨주었고 린치는 계속 티그리스 강을 조사해 바그다드까지 영국의 세력을 과시했다.[38] 그런데 1838년에 또 다른 대對러시아 공포가 있었는데, 프랑스의 지원을 받던 이집트의 메흐메트 알리Mehemet Ali가 점점 더 위협적이었던 것도 관계가 있다. 동인도회사도 자신의 위치를 강화하는 일에 본격적으로 나서게 되었다. 1838년 8월 피콕은 「유프라테스 강과 티그리스 강을 위해 소형 증기선을 확보하는 방법에 대한 검토」라는 서류를 작성했다.

추가 증기선을 사용할 수 있게 정책을 고려할 때는, 생각을 공개하는 것은 바람직하지 않을 것이다. 달성해야 할 목표가 유럽의 다른 강대국의 영향력을 몰아내고 우리의 영향력을 확립하고자 할 때는 말이다. 이러한 관점에서 볼 때 증기선은 이사회에서 주문하는 대신 비밀 위원회에서 주문해서 획득하는 것이 바람직할 것이다.[39]

비밀 위원회는 세 명의 이사들로 구성되어 있었다. 이들이 하는 일은 통제 위원회, 특히 통제 위원회의 위원장인 존 캠 홉하우스의 명령을 다른 이사들을 무시하고 인도의 총독에게 전달하는 것이었

---

37) Jean Fairley, *The Lion River: The Indus* (New York, 1975), pp.222-25.

38) 린치와 그의 형제는 1840년 바그다드에 무역사무소를 열었고 동인도회사로부터 유프라테스 호를 샀으며 나중에 "유프라테스 티그리스 증기선 항해회사를 설립했다. 여기에 대해서는 다음의 자료를 보라. Zaki Saleh, *Britian and Mesopotamia (Iraq to 1914): A Study in British Foreign Affairs* (Baghdad, 1966), p.179.

39) India Office Records, L/P&S/3/4 pp.25-31.

다.[40]

9월에는 홉하우스의 편지가 이어졌다. 홉하우스는 비밀 위원회가 티그리스 강과 유프라테스 강에 띄울 두세 척의 소형 증기선을 구입할 것을 권했다.[41] 10월 5일 비밀 위원회는 다음 해 2월과 3월에 레어드 회사에 포레스터 엔진으로 움직이는 세 척의 무장 철제 증기선을 발주하기로 동의했다.[42] 다음 해 5월 비밀 위원회는 증기선이 제작되는 동안에는 이 배들이 겉으로는 남아메리카로 보내지는 척하지만 비밀 지시를 이행하도록 해야 한다고 결정했다.[43] 이런 비밀의 베일 뒤에서 님로드Nimrod 호, 니토크리스Nitocris 호, 아시리아Assyria 호는 부분품의 형태로 페르시아 만의 바스라로 보내졌다. 후에 존 레어드는 이렇게 썼다.

이 세 척의 배는 길이 100피트, 최대 선폭 18피트에 40마력이었으며 부분품의 형태로 보내졌는데 유프라테스 강 입구에 도착해서 조립할 기술자들이 함께 갔다. 기술자, 선장, 접합기술자, 보일러 제조인, 철제 선박 제조인이 파견되었고 이 탐험대가 영국에서 출발했다는 사실이 사람들에게 알려졌을 때, 이 배들은 이미 강에서 일을 하고 있었다.[44]

이 배들은 유프라테스 호와 함께 메소포타미아 지역의 강을 정찰하는 일을 했다. 우편물도 승객도 없었다. 이들의 목적은 오토만의 통치에 대한 영국의 지지를 보여주면서 러시아인들의 접근을 저지하는 것이었다.

---

40) 다음의 자료를 보라. Robert E. Zegger, *John Cam Hobhouse: a Political Life 1819-1852* (Columbia, Mo., 1973), pp.249-52.

41) India Office Records, L/P&S/3/4 pp.33-38.

42) India Office Records, L/P&S/3/4 pp.73-76.

43) India Office Records, L/P&S/3/4 pp.215-18.

44) John Laird, "Memorandum." Dupuy de Lôme, pp.4-5도 보라.

1838년 12월까지 동인도회사는 티그리스 강과 유프라테스 강에 5
척, 인더스 강에는 3척으로 총 8척의 철제 포함을 주문하거나 보냈
다. 게다가 증기선으로 강화된 인도의 해군은 인도양, 홍해, 페르시
아 만을 지배했다. 이제 영국은 유라시아 대륙의 남쪽 해수면海水面에
영국의 배가 다다를 수 있는 곳이라면 어디서든 어떤 세력도 무서울
것이 없었다.

여기에 더해 동인도회사의 비밀 위원회는 5척의 포함을 추가로,
그리고 다음 달에는 여섯 번째의 포함을 추가로 발주하기로 결정했
다. 이 새로운 증기선들은 길이가 100~130피트, 너비가 18~26피트
로 이전의 배들과 크기는 전반적으로 같았지만, 두 가지 중요한 혁
신적 변화가 있었다. 깊은 물이든 얕은 물이든 적응할 수 있는 슬라
이딩 용골sliding keels과 이 지역의 기존 포함들이 가지고 있던
20~60마력의 엔진과 대비되는 70~110마력의 엔진이다.45)

비밀 위원회 회의록에 따르면 이 새로운 배들은 인더스 강이 목적
지로 되어 있다. 그러나 이 계획의 진실을 의심할 이유는 충분히 있
다. 1839년 4월 1일 인도 총독이었던 오클랜드는 홉하우스에게 이렇
게 썼다.

왕실은 증기선에 대해서 정말 관대하십니다. 알려진 용골이 완성되는
날 우리는 정말 강하게 될 것입니다. 저는 바다에서의 항해만 아니라 강에서도
이용될 그 두 척의 배가 콜카타로 보내져야 한다고 제안하고 싶습니다. 그 무
자비한 야만인 아바Ava46) 때문에 우리가 그와 싸워야 한다면 그 두 척의 배는
정말 귀중하게 될 것입니다. 그리고 그 두 척의 흘수는 인더스 강에는 너무 크

---

45) India Office Records, L/P&S/3/4 pp.109-36: 비밀 위원회의 회의록
에서 인더스 강에 증기선을 보내는 것에 대한 것은 1838년 12월과 1839년 1월
로 되어 있다.
46) 역주: 미얀마의 왕.

지 않나 싶기 때문입니다.[47]

그리고 6월 14일에 다시 홉하우스에게 이렇게 썼다.

나는 당신들이 보낸 두 척의 철제 증기선의 부분품들을 인더스 강에서 사용할 배를 만들기 위해 조립하고 있다는 말을 봄베이로부터 전해 듣고 기뻤습니다. 저는 현재 만족하고 있으며 다음에 다른 배들이 오면 그때는 벵갈 지방으로 보낼 것입니다. 인더스 강의 항행에 그처럼 대대적으로 증기선을 사용하는 것은 한 동안은 투기적이지만 벵갈 지방에서는 그 효과가 정말 무한하고 확실하기 때문입니다.[48]

아마도 말하고 싶었던 것은 인더스 강에는 세 척이면 충분한데도 여섯 척이나 더 주문한 동인도회사가 너무 열의가 큰 것이 아니냐는 것이었을 것이다. 그러나 더 가능성이 있는 추측은 피콕과 비밀 위원회가 알려지기를 원하지 않는 다른 목적을 위해 인더스 강을 하나의 거짓 목적지로 잡아 놓았던 것 같다.

포함들 중에서 플루토Pluto 호와 프로세르피나Proserpine 호는 템즈 강가의 뎁포드Deptford에 있는 디치맨 앤드 메어Ditchman and Mare에 발주했다. 이 배들은 200톤이 되지 않는 소형 포함인데 목재로 만들어졌고 슬라이딩 용골을 채택했다. 피콕 스스로 이 배들의 건조 과정을 감독했다. 다른 네 척의 배는 버켄헤드에서 존 레어드가 철로 만들었다. 아리아드네Ariadne 호와 메두사Medusa 호는 외륜 덮개 내부의 치수가 길이 139피트, 너비 26피트이고 70마력의 엔진을 가진 432톤이었고, 각 두 문[門]의 24파운드 캐논포[砲]를 장착한 중간급이었다. 플레게톤Phlegethon 호는 이 배들보다 더 큰 배로서 길이 161피트에 너비 26피트, 90마력의 엔진을 장착한 510톤의 배였다.

---

47) Broughton Papers, British Library Add. MSS 36,473, p.446.
48) Broughton Papers, 36,474, p.109.

그러나 가장 궁금증을 불러일으키는 배는 네메시스Nemesis 호였다. 그때까지 건조된 철제 선박 중에서 가장 큰 네메시스 호는 바다에 띄워질 새로운 종류의 배들 가운데 첫 번째였다. 1840년 1월 중무장한 배가 존 레어드 개인의 이름으로 등록을 하고 나타났을 때, 전혀 새로운 종류인 이 배에 대해 온갖 추측이 쏟아졌다.

네메시스 호가 그리녹을 방문했을 때 그 지역의 『쉬핑 가제트 Shipping Gazette』는, "이 배는 브라질로 출항할 것이라고 한다. 그러나 궁극적 목적지는 동양과 중국해로 추측되고 있다"라고 썼다. [49] 2월 27일에 홉하우스는 파머스턴에게 이렇게 썼다.

동인도회사의 비밀 위원회가 인도 통치에 사용하기 위해 통제 위원회의 허락을 받아 만든 네메시스라고 불리는 무장 철제 선박 한 척이 이제 막 콜카타로 가려고 합니다.…… 네메시스의 목적지와 이 배의 소속이 언급되어서는 안 됩니다. [50]

비밀 위원회도 위와 같은 요청을 해군성에 했다. [51] 3월 28일 해군성의 대령 윌리엄 홀이 쓰기를, "그 배가 러시아 항구 오데사로 간다고 출항 절차를 밟은 사실은 모든 사람을 놀라게 했다. 그러나 조금 생각이 있는 사람들은 오데사가 그 배의 진짜 목적지라고 거의 믿지 않았다." [52] 이틀 뒤, 『타임스Times』의 논평이다.

개인 소유의 무장 증기선 네메시스 호가 오늘 출항했다. 홀이 선장이고

---

49) *The Nautical Magazine and Naval Chronicle for 1840*, pp.135-36.

50) India Office Records, L/P&S/3/6, p.167.

51) India Office Records, L/P&S/3/6, pp.619-29.

52) William H. Hall (Capt. R. N.) and William Dallas Bernard, *The Nemesis in China, Comprising a History of the Late War in that Country, with a Complete Account of the Colony of Hong Kong*, 3rd ed. (London, 1846), p.6.

목적지는 알려지지 않았다. 이 배는 해군성의 허가증, 즉 나포 면허장拿捕 免許狀을 가지고 있다고 한다. 그렇다면 중국을 치러 가는 것이라고 밖에 말할 수 없다. 이 배는 아편 밀수에 놀랍도록 잘 맞추어져 있다. 다른 사람들은 이 배가 시르카시아Circassia 지방에 팔리기 위한 것이라고도 추측한다. 이 배는 항구를 지키거나 수심이 얕은 곳에서 공격을 하기에 적합하기 때문이다.53)

항해가 시작되자 홀 대령은 선원들에게 자신들은 케이프타운과 실론을 경유하여 말라카Malacca로 향한다고 말했다. 10월에 실론에 도착했을 때 홀은 진짜 목적지인 광저우Canton로 향하라는 명령을 받는다.54)

새로운 포함砲艦이 비밀에 둘러싸여 있었던 사실을 보면 19세기 중반의 기술 혁신과 군사력 사이에 존재했던 모순이 드러난다. 당시의 영국의 군사력이란 영국 해군을 의미했다. 영국에 존재했던 모든 기관institutions 중에서 해군은 기술 문제에 있어서 가장 보수적이었다. 해군은 증기선의 외륜이 적의 화기에 쉽게 공격받을 수 있고 캐논포를 놓아야 할 공간을 너무 많이 차지하며 항해 중에는 천천히 움직인다는 dragged 이유로 오랫동안 증기선 구입을 거부했다. 더 나쁜 이유는 증기선 엔진이 석탄을 너무 많이 소비해서 항해거리가 제한된다는 점이었다. 이로 인해 해군성의 인색한 본부장들에게는 비용이 너무 드는 것으로 보였다. 제럴드 그레이엄의 말을 빌리자면, 해군의 다른 사람들은 "더러운 연기를 내는 증기선과 더 더러운 사람들을 전혀 좋아하지 않았다."55)

---

53) *The Times* (March 30, 1840), p.7.

54) Hall and Bernard, pp. 18 and 61; India Office Records, L/P&S/5/10: letter no. 122, Auckland to Secret Committee, Fort Williams, November 13, 1840.

55) Graham, *China Station*, p.140 n. 3. 다음의 자료들도 보라. Bernard Brodie, *Sea Power in the Machine Age: Major Naval Inventions and*

게다가 철은 해군이 더더욱 싫어하는 것이었다. 1845년이 되어서
야 해군은 철로 된 선박을 처음으로 구입했다. 당시 해군성 제 1본
부장이었던 오클랜드는 이렇게 쓸 수 있었다.

　　…… 철은 수심이 얕은 곳에서 활동할 배를 건조하는 경우, 그리고 다
수의 다른 용도로 사용될 배를 건조하는 데는 아주 유용하게 사용될 수 있는
재료이다. 그러나 일반적으로 전쟁을 목적으로 할 때는 철로 건조한 배를 사용
할 수는 없다는 것이 내 생각이다.…… 철로 만든 배는 맹렬한 공격을 견뎌낼
수가 없다.56)

1851년까지도 해군성은 페닌슐라 앤드 오리엔탈 증기선 회사
Peninsular and Oriental Steamship line에 "철로 만들어졌거나 포탄의 공
격을 막는데 효과적이지 못한 재료로 만들어진 배는 승인해주지 않을
것임을" 알렸다.57)

이런 정책은 공해公海에서 영국의 해상 장악에 어느 나라도 도전해
올 수 없는 한 확실히 현명한 것이었다. 그러나 제국주의적 전투를
벌여야 하는 수심이 얕은 물에는 맞지 않는 것이었다.58) 피콕과 레
어드 가문이 자신들의 배를 군함으로 소개하는 것은 권력을 쥔 사람
들로부터 불리한 반응을 초래할 수도 있는 일이었다. 이 사람들은
목재 범선wooden sailing ships을 깊이 존중하며 자란 사람들이었기 때
문이다. 그렇기 때문에 중국으로 보내진 포함들이 비밀리에 다루어

Their Consequences on International Politics, 1814-1940 (London, 1943),
pp. 156-57; Tramond and Reussner, pp. 52-54; and Preston and Major,
p. 6.

56) Peacock, _Biographical Notes_, pp. 28-29.

57) Hoskins, p. 261.

58) 크림전쟁 동안 맥그리거 레어드는 철함(鐵艦)에 대한 공식적 저항을 혹평
하는 글을 썼다. 여기에 대해서는 다음의 글을 보라. Cerberus (pseud.),
"Somerset House Stops the Way." _Spectator_ 27 (September 9, 1854).

져야 했던 것이다. 이 포함들이 인더스 강, 브라질, 콜카타, 오데사라는 가짜 목적지를 가진 것은 중국인들을 속이기 위한 것이 아니었다. 해군성과 영국 정부의 눈을 피하기 위한 것이었다. 군사적 연구와 개발 시대 이전의 기술 혁신은 종종 뒷문으로 살금살금 들어와야 했다.

2장

중국에서의 네메시스 호

수 세기 동안 중국과 유럽은 서로 멀리 있으면서 제한된 접촉만 했었다. 각기 상대방에 대해서는 많은 것을 알고 있었다. 중국인들은 유럽의 시계와 기구들을 수입했으며 서양의 천문학과 수학을 존중했다. 유럽인들은 중국의 비단, 자기磁器, 차茶, 예술품을 구입했으며 중국의 관습과 제도의 어느 부분들에 대해서는 경탄했다.

그러나 이러한 교역은 매우 제한된 것이었으며 직접 접촉한 지 두 세기 반이 지나도 별반 다르지 않았다. 이것이 특별히 영국인들을 화나게 했다. 영국은 18세기에 극동 지역에도 알려진 유럽의 강대국이었고 중국의 차를 국가 전체가 애호했었다. 그러나 차와 교환할 것이 영국에는 별로 없었다. 중국은 경제적으로 자급자족할 수 있는 나라였기 때문이다. 그래서 차 무역으로 인해 중국으로 흘러들어가는 금과 은의 유출이 심각할 지경이었다. 주로 "바다의 야만인들sea barbarians"을 통제하는 데만 관심을 가지고 있던 중국 정부는 신중하게 무역을 광저우의 몇몇 상인들公行에게만 제한했으며, 매카트니

Lord Macartney, 1793나 앰허스트Lord Amherst, 1816 같은 유명한 외교관들의 간청을 받아들이지 않았다.

그러나 18세기 말, 영국은 식민지 인도에서 중국인들이 대규모로 그것도 점점 더 원하고 있는 상품을 생산할 수 있다는 사실을 알게 되면서 상황이 바뀌기 시작했다. 그 상품은 아편이었다. 그 결과 인도는 아편을 생산하고 중국인들은 차와 아편을 교환하고 영국은 차를 마시는 삼각 무역이 형성되었다. 이 삼각 무역에서 영국은 상품을 유통하기보다는 정치력, 군사력을 유통하는 역할을 맡았다. 마이클 그린버그Michael Greenberg가 지적했듯이, "아편은 하찮은 밀수품이 아니었다. 그것은 단일 상품으로는 당시의 가장 큰 거래 품목이었다."[1] 이 거래의 중심에 동인도회사가 있었다. 아편의 대부분은 벵갈 지방의 동인도회사 소유의 땅에서 재배되었고, 민간 상인들이 중국과 아편 거래를 하려면 그들이 거래할 아편은 동인도회사에서 구입해야 했다. 실제로 동인도회사는 1797년 이후로 유일한 아편제조업자였다. 게다가 동인도회사의 주요 사업도 인도인들을 관리하고 세금을 거두는 것 외에 중국의 차를 영국에 수출하는 것이었다.

동인도회사의 중국 무역 독점은 1834년에 끝이 났다. 그리고 중국과의 관계는 영국인 민간 무역업자들의 활동 때문에 곧 악화되었다. 중국 정부는 몇 번이나 아편 무역을 억제하려고 시도했지만 성공하지 못했다. 중국의 관리들이 밀수와 마약에 대한 법집행이라고 생각한 것을 무역업자들은 자유기업에 대한 부당한 간섭으로 간주했다. 무역회사 자딘 마테존Jardine Matheson and Co의 윌리엄 자딘William Jardine은 1834년에 『차이나 리포지터리China Repository』에 익명으로 이렇게 썼다.

---

1) Michael Greenberg, *British Trade and the Opening of China, 1800-42* (Cambridge,1951), p.104.

인도와 영국 양국에서의 우리의 소중한 무역과 수입收入이 변덕 때문에 좌우되고 있는데, 이는 이 도시로 몇 척의 포함이 와서 몇 발의 포만 쏘아도 휘어잡을 수 있다. 이 변덕을 그대로 놔두어서는 안 된다.…… 중국과의 전쟁 결과는 의심할 바 없다.[2]

바로 같은 해에 자딘, 마테존, 그리고 중국에서 활동하던 62명의 영국 상인들은 영국 왕에게 세 척의 전함과 전권대사를 중국에 보내줄 것을 청원했다. 그리고 그들은 "중국의 국내외 무역을 가로채고 중화제국empire의 모든 무장 선박을 빼앗는 것은 전혀 어려운 일이 아니"라는 의견을 제시했다.[3]

무역 독점권을 상실한 뒤에도 동인도회사는 차 수입, 특히 아편 제조를 통해서 중국에 이해관계를 가지고 있었다. 실제로 아편은 19세기에 영국령 인도의 총수입의 7분의 1을 차지했다. 중국과의 무역은 대영제국의 번영에 필수적이었다. 그렇기 때문에 동인도회사가 중국과의 전쟁에 관여하게 된 것은 놀라운 일이 아니다.

중국과 영국 사이의 긴장이 통상通商 문제에서 시작되었다면, 그 긴장관계가 지속된 것은 군사 기술 때문이었다. 코끼리와 고래처럼 중국과 영국은 각기 다른 활동 무대에서 발전해 왔었다. 바다에서 영국은 무적이었고 어떤 중국 함대나 해안 요새도 파괴할 수 있었다. 그와 반대로 중국은 해안선과 연안의 몇 안 되는 도시 너머에 대해서는 전혀 관심이 없는 육상제국陸上帝國이었다. 유럽이 중국 내륙으로 발을 들여놓을 수 없는 한 천자天子의 제국은 난공불락이었다.

증기선은 강 상류로 올라가 내지의 도시들을 공격할 능력이 있었

---

2) K. M. Panikkar, *Asia and Western Dominance* (New York, 1969), p.97.

3) William Conrad Costin, *Great Britain and China, 1833-60* (Oxford, 1937), p.27.

기 때문에 영국과 중국 간의 오랜 교착상태에 종지부를 찍을 수 있었던 것이다.

1830년에 최초로 중국에 도착한 증기선은 콜카타-마카오 사이의 무역을 위해 인도에서 건조된 원양항해遠洋航海용의 302톤의 포브스 Forbes 호였다. 1835년 자딘은 두 개의 24마력 엔진을 장착한 115톤의 증기선을 사서 자신의 이름을 붙였다. 그러고 나서 자딘과 다른 외국 상인들은 그들의 중국 측 거래상대인 관상官商의 고위층senior Hong merchant에게 광저우와 마카오 사이의 주장 강珠江에 자딘 호를 띄울 수 있도록 허락해 달라고 청했다. 그러나 광저우의 총독 대리는 그들의 청을 거절했다.

……만약 그가 끝까지 명령을 따르지 않는다면, 나는 총독 대리로써 증기선이 도착하면 모든 요새가 우레와 같이 불을 뿜으며 공격하라는 명령을 해두었다. 전체적으로 보자면 천자天子의 나라에 들어온 이상 그는 천자의 나라의 법을 지켜야 하는 것은 당연한 것이다. 나는 그 외국인에게 이 점을 잘 생각해 보고 철저히 복종하라고 밀했다.

자딘 호가 명령을 무시하고 강 상류로 올라갔을 때, 사격을 받고 물러나야 했다.[4]

---

4) 포보스 호와 자딘 호에 대해서는 다음의 자료들을 보라. George Henry Preble, *A Chronological History of the Origin and Development of Steam Navigation*, 2nd. ed. (Philadelphia, 1895), pp. 142-45; H. A. Gibson-Hill, "The Steamers Employed in Asian Waters, 1819-39," *Journal of the Royal Asiatic Society, Malayan Branch*, 27 pt. 1 (May 1954):127 and 155-56; H. Moyse-Barlett, *A History of Merchant Navy* (London, 1937), p. 229; Arthur Waley, *The Opium War Through Chinese Eyes* (London, 1958), pp. 105-06; and Peter Ward Fay, *The Opium War, 1840-42: Barbarians in the Celestial Empire in the Early Part of the Nineteenth Century and the War by Which They Forced Her Gates Ajar*

그러나 이러한 실패에도 불구하고 증기선을 소유한 외국인들은 우레와 같은 사격에 굴복하지 않았다. 영국 상인들은 자국 정부에 중국으로 원정대를 보내주기를 계속 요청했다. 영국 정부, 특히 무시무시한 파머스턴도 중국과의 한 판 전쟁이 불가피하다고 생각하고 있었다. 유일한 문제는 어떤 식으로 전쟁을 벌이느냐 하는 것뿐이었다. 자딘은 1839년 11월에 파머스턴에게 쓴 편지에서 두 척의 전열함戰列艦, 네 척의 프리깃함, 두세 척의 슬루프함, 두 척의 대형 증기선과 두 척의 소형 평저平底 증기선을 보내도록 권했는데, "그 소형 평저 증기선은 강에서 사용할 것으로 뼈대만 가져다가 중국에서 조립해야 했다." 5) 파머스턴은 중국 앞바다의 한 섬을 빼앗아 해안 무역을 방해하고, 그것을 통해서 중국의 무릎을 꿇게 할 계획을 하고 있던 내용을 해군 본부 위원들에게 전했다.6) 당시 해군성의 제1본부 위원이었던 민토Sir Gilbert Elliott, Lord Minto는 중국과의 전쟁에 관련된 문제들을 잘 알고 있었다. 1840년 2월 16일 그는 조카 오클랜드에게 이렇게 썼다.

나는 네가 원정대에 신뢰할 만한 지상군을 보내기를 바란다. 단순히 섬 하나를 점령하는 데는 많은 병력이 필요하지 않을 것이다. 그러나 내 생각에는 바다에서 접근할 수 있는 중국의 도시 한두 개나 내지로 통하는 길목에 있는 상업 중심지들을 점유하는 것이 더 바람직한 것 같고, 그러기 위해서는 상당한 병력이 필요할 것이다. 어쨌거나 너는 큰일에 익숙하기 때문에 이 작전의 성공이나 진행을 촉진시키기 위한 네 생각과 결정을 믿는다. 에밀리가 북경의 황제궁에서 편지를 보낸다고 해도 크게 놀라지 않을 것이다. 우리가 시도한 것이 중국을 정복하는 것이기 때문이다. 나는 다시 인도 정부에 그들이 공급할 수 있는 증기선의 공급을 요청하자고 네게 이미 이야기한 것으로 생각한다. 우리

(Chapel Hill, N. C., 1975), p.51.
    5) India Office Records, L/P&S/9/1, pp.411-12.
    6) India Office Records, L/P&S/9/1, pp.487-88.

에게는 흘수가 큰 몇몇 거대한 배 외에는 그러한 항해에 적합한 배가 없기 때문이다. 흘수가 큰 그런 배는 연안이나 강에서는 전혀 도움이 되지 않고 연료만 엄청나게 소비할 뿐이란다.[7]

중국과의 전쟁을 계획한 사람들—자딘, 파머스턴, 홉하우스, 민토, 오클랜드—은 적을 이기기 위해서 주로 전통적인 전쟁 도구, 즉 범선과 해상 보병maritime infantry에 의지했었다. 만약 그들이 강에서 다닐 수 있는 증기선을 생각했다고 하더라도 보조 선박으로서 중국에서 조립하는 길고도 복잡한 과정을 필요로 하는 것이었다. 그러나 피콕은 다른 계획을 가지고 있었고 존 레어드는 그것을 이렇게 설명했다.

중국과의 전쟁은 시작되었다. 피콕 씨의 권고에 따라 동인도회사의 비밀 위원회는 모든 배를 해체 상태로 보내 봄베이에서 조립을 하는 대신에 4척의 증기선을 희망봉 루트를 이용해서 보내기로 결정했다. 그런데 당시에는 그런 실험이 매우 위험한 것으로 여겨졌다. "네메시스"호와 "플레게톤"호(레어드 씨가 버켄헤드에서 만든 두 배)는 배의 양 끝에 한 문씩의 32파운드 선회포32 pounders on pivots를 운반해야 했기 때문에 특별히 더 위험했다.[8]

우리는 두 가지 자료로 인해서 기계이자 주인공으로서의 네메시스 호에 대해 많은 것을 알게 되었다. 한 가지 자료는 조선기사造船技士 아우구스틴 크뢰즈Augustin Creuze가 네메시스 호에 대해 해군성에 낸 보고서이다. 그는 네메시스 호가 콘월 해안의 성 아이브스 만Bay of St. Ives에서 암초에 부딪친 뒤에 포츠머스에 있는 영국 해군 선박수리소에

---

7) National Maritime Museum, Greenwich, ELL 234: Letters from Sir GIlbert Elliott, Lord Minto, on China 1839-41.

8) John Laird, "Memorandum as to the part taken by the late Thomas Love Peacock Esq. in promoting Steam Navigation" (1873), MS Peacockana 2 in The Carl H. Pforzheimer Library, New York.

서 이 배를 조사하고 나서 쓴 보고서이다.9) 다른 자료는 영국을 떠났을 때부터의 네메시스 호의 역사를 기록한 함장 윌리엄 허치언 홀 William Hutcheon Hall의 메모를 기초로 해서 만들어진 책이다.10)

크뢰즈의 자료는 네메시스 호의 기술적인 면에 대해 자세히 설명하고 있다. 이 배는 적하 중량積荷重量이 660톤이고, 총 길이가 184피트(수직으로는 165피트), 너비가 29피트였다. 그리고 깊이는 11피트에서 총 적하 시에 흘수가 6피트, 전투 시의 상태로는 흘수가 5 이하였다. 두 대의 60마력 포레스터 엔진으로 움직였고 두 개의 돛대를 가지고 있었다. 그만한 크기의 배에 무거운 무기를 싣고 다녔는데, 두 대의 32파운드 선회포였다. 이 포는 요새의 벽에 구멍을 낼 수 있을 만큼 강력했다. 이에 더해 황동제 6파운드 포 5문과 그보다 작은 캐논포 10문, 로켓 발사대 하나를 가지고 있었다. 내부는 격벽으로 일곱 개의 방수격실防水隔室로 나뉘어 있었다. 그리고 두 개의 슬라이딩 용골과 하나의 조정 방향타adjustable rudder를 가지고 있었다. 시험 항해 기간에 이 배는 선체에 구멍이 났다. 그런데 격벽에 안전장

---

9) "On the Nemesis Private Armed Steamer, and on the Comparative Efficiency of Iron-Built and Timber-Built Ships," *The United Service Journal and Naval and Military Magazine*, part 2 (May 1840): 90-100.

10) 이 책은 3판까지 나왔다. 첫 두 판은 William Dallas Bernard, *Narrative of the Voyages and Services of the Nemesis from 1840 to 1843*, 2 vols. (London, 1844 and 1845)이고 3판은 Captain William H. Hall (R. N.) and William Dallas Bernard, *The Nemesis in China, Comprising a History of the Late War in That Country, with a Complete Account of the Colony of Hong Kong* (London, 1846)이었다. 3판에 대한 서평이 "Voyages of the 'Nemesis'"라는 제목으로 *The Asian Journal and Monthly Miscellany* 3, 3rd series (May-Oct, 1844):355-59에 실렸다. 이 주제에 대한 최근의 연구는 다음의 자료를 보아라. David K. Brown, "Nemesis, The First Iron Warship," *Warship* (London) 8(Oct, 1978):283-85.

치가 되어 있었고 수리가 용이해서 크뢰즈는 놀랐다.

크뢰즈는 또한 나침반의 부정확성도 이야기했는데, 나침반이 부정확한 것은 처음부터 철제 선박들을 괴롭혔다. 철로 만들어진 선체 때문에 지구의 자성磁性이 편향偏向되어 수정하지 않은 나침반은 배에서 사용하기 어려웠기 때문이다. 이 문제는 1838년 왕실 천문학자인 조지 에어리George Airy 교수가 선체의 영향을 보정하는 방법을 발견해서 여러 배에 적용했다. 에어리 교수가 직접 네메시스 호의 나침반을 조정한 것은 아니었지만, 이 배는 바다에 나갈 수 있는 것으로 판단되었다.11) 크뢰즈는 해군성에 보내는 보고서에 철은 목재보다 조선造船에 더 좋은 재료라고 결론을 내렸다.

비밀 위원회는 네메시스 호의 지휘관으로 영국 해군의 교관인 홀Hall을 선택했다. 홀은 젊은 시절이던 1816년에 앰허스트 사절단의 일행으로 중국에 갔었다. 그리고 1830년대 말에는 증기선에 흥미를 가져 글래스고의 클라이드 강과 머지 강 주변에서 2년간 증기선을 연구하면서 보냈다. 1839년 6월에는 맥그리거 레어드의 브리티시 앤 아메리칸 증기선 항해회사British and American Steam Navigation Co 소속의 첫 증기선 중 하나인 브리티시 퀸British Queen 호를 타고 대서양을 건넜다. 미국에 있는 동안에는 허드슨 강과 델라웨어 강의 증기선들을 주의 깊게 보았으며 버켄헤드 제철소가 네메시스 호 건조의 마무

11) "Mr. Airy, Astronomer Royal, on the Correction of the Compass in Iron-Built Ships," *The United Service Journal and Naval and Military Magazine*, part 2 (June 1840): 239–41. 다음의 자료들도 보라. Charles Henri Laurent Dupuy de Lôme, *Mémoire sur la construction des bâtiments en fer, adressé à M. le ministre de la marine et des colonies* (Paris, 1844), pp. 36–41; Edgar C. Smith, *A Short History of Naval and Marine Engineering* (Cambridge, 1938), pp. 99–100; and Hall and Bernard, p. 4.

리 작업을 하고 있을 때 영국으로 돌아왔다. 이런 준비 과정을 거친 후에 홀은 1839년 12월 네메시스 호에 합류했다. 1840년 2월 14일 피콕은 홀을 네메시스 호의 함장으로 임명하도록 해군성에 공식적으로 요청했다. 이 요청은 2월 26일에 받아들여졌다.12)

네메시스 호는 1840년 3월 28일 포츠머스를 떠났다. 동쪽으로의 항해는 길고 어려웠다. 네메시스 호는 희망봉을 돈 첫 철선鐵船이었으며, 인도양에서 격랑으로 선체의 외륜 덮개까지 쪼개져 나갔을 때 거의 가라앉을 뻔 했다. 델라고아 만Delagoa Bay에서 임시 수리를 마친 뒤에 실론으로 향해서 10월 6일에 도착했다. 거기서 홀은 중국으로 향하라는 명령을 받았다. 한편 피콕은 승리감에 도취되어 이렇게 말했다. "나는 나의 무쇠 병아리들iron chickens 때문에 아주 기분이 좋다. 마데이라 군도에서 무쇠 병아리들에 대해 좋은 소식이 왔다. 그리고 희망봉에서도 '네메시스 호'에 대한 소식이 왔는데, 그 배가 아주 좋은 상태로 들어왔고 원주민을 깜짝 놀라게 했다고 한다." 13)

네메시스 호가 1840년 11월 25일 마카오에 도착했을 때는 전쟁이 5개월 동안 별 진전 없이 진행되고 있을 때였다. 영국 함대는 아모이Amoy 같은 연안도시들을 공격했고, 광저우 공격을 준비하고 있었

---

12) India Office Records, L/P&S/3/6, p. 167. 홀의 경력에 대해서는 다음의 자료들을 보라. "William Hutcheon Hall," in William R. O'Byrne, *A Naval Biographical Dictionary: Comprising the Life and Services of Every Living Office in Her Majesty's Navy, from the Rank of Admiral of the Fleet to that of Lieutenant, Inclusive* (London, 1849), pp. 444-46; and "Hall, Sir William Hutcheon," in *Dictionary of National Biography*, 8:978.

13) Edith Nicolls, "A Biographical Notice of Thomas Love Peacock, by his Granddaughter," in Henry Cole, ed., *The Works of Thomas Love Peacock*, 3 vols, (London, 1875), 1:xliii. 네메시스 호의 동쪽으로의 항해에 대해서는 Hall and Bernard, ch.1.을 보라.

다. 네메시스 호와 몇 척의 바다용 증기선의 도착으로 영국군은 전력이 강화되었고, 1841년 1월 7일 주장 강을 방어하는 후먼Bogue의 성채에 첫 번째 공격을 개시했다. 이에 대해 별 움직임 없이 방어하던 중국인들은 적을 막아낼 수 있을 것이라고 생각했다. 그러나 증기선에 예인되어 자리를 잡은 영국 군함들의 일제사격으로 중국인들의 방어망은 곧바로 뚫렸다. 해군 보병은 신속하게 성채로 돌격했다.

중국의 함대도 마찬가지로 위기에 처했다. 중국의 전쟁용 정크선의 크기는 네메시스 호의 반, 영국 1급 전함 크기의 10분의 1이었다. 그들은 조준이 힘든 작은 캐논포, 그물, 불붙인 역청 단지, 권총으로 무장하고 있었다. 네메시스 호는 큰 어려움 없이 몇 척의 정크선을 가라앉히거나 포획할 수 있었다. 나머지 배들은 콩그리브 로켓을 보고 도망갔다. 중국은 마찬가지로 소방 보트에도 의존했는데, 이 소방 보트는 화약과 기름에 담근 솜을 가득 채운 뗏목에다 불을 붙여서 적의 배를 향해 밀어붙이는 것이었다. 그러나 영국의 증기선은 빠르게 소방 보트를 저지시켜 영국 배들이 닿지 않을 곳으로 옮겨 놓았다. 한 해 전에 중국의 흠차대신欽差大臣 린 쩌쉬가 1천80톤의 미국 상선 캠브리지Cambridge 호를 구입하기도 했지만 배를 조종할 선원이 없었기 때문에 아무 기능도 발휘하지 못하고 뗏목으로 된 방벽 뒤에 있어야 했다. 그리고 곧 네메시스 호의 공격을 받아 침몰했다.[14]

며칠 만에 광저우로 가는 강의 길이 깨끗이 열리게 되고 범선 함대는 천천히 강을 따라 올라가기 시작했다. 함대가 2월 초에 광저우에 접근함에 따라서 네메시스 호는 내륙의 수로로 들어갔다. 내륙의 수

---

14) 중국의 방어에 대해서는 다음의 자료들을 보라. John Lang Rawlinson, *China's Struggle for Naval Development, 1839-1895* (Cambridge, Mass., 1967), pp. 3-5 and 16-18; Fay, pp. 123-24, 207-09, 218, and 289; and C. R. G. Worcester, "The Chinese War Junk," *Mariner's Mirror* 34(1948):22.

로에는 강의 주된 방향을 따라 좁고 얕은 수로들이 미로처럼 얽혀 있었다. 이곳은 그때까지 어떤 외국 전함도 들어가지 못했던 곳이었다. 네메시스 호가 처음 이곳에 들어갔고 뒤에서부터 광저우에 접근하면서 성채와 정크선들을 닥치는 대로 파괴하면서 사람들에게 공포를 심었다. 원정 함대의 지휘를 맡은 해군 제독 고든 브리머J. J. Gordon Bremer는 오클랜드에게 보낸 편지에서 네메시스 호의 역할을 이렇게 설명했다.

> 왐포아Whampoa로 나아가면서 보니 파괴된 성채가 세 개나 더 보였습니다. 네메시스 호는 (소형 선박들과 힘을 합쳐서) 5개의 성채, 하나의 함포 battery, 두 개의 군 주둔지, 115문의 포와 여덟 개의 대포가 장착되어 있었던 9척의 전쟁용 정크선을 파괴한 뒤에 오후 네 시에 그 정박지에 닻을 내렸습니다. 이것을 통해서 적이 어떤 식으로 우리를 막더라도 우리가 원한다면 언제든 적의 내륙 수로 어디든 우리의 영국 군기를 꽂을 수 있다는 것을 증명했습니다.15)

홀은 승리에 도취했다. 1841년 3월 30일 그는 존 레어드에게 이렇게 썼다.

> 우리 영국 사람들이 귀하의 훌륭한 배에 대해 감탄하고 또 우리가 감탄하는 것만큼 중국인들은 귀하의 배를 두려워한다는 사실을 매우 기쁜 마음으로 알려 드립니다. 중국인들은 이 배를 얻는데 5만 달러라도 지불할 테지만, 그래도 이 배는 얻기 힘들겠지요. 사람들은 이 배를 악마의 배라고 부르고 우리의 포탄과 로켓 정도만 만들 수 있을 것이라고들 합니다. 중국 사람들은 전열함을 모두 모아 놓은 것보다 이 배를 더 두려워합니다.16)

---

15) Reprinted in *The London Gazette Extraordinary 19984* (June 3, 1841):1428.

16) India Office Records, L/MAR/C 593, pp.543-44.

그리고 두 달 후에는 피콕에게 이렇게 썼다.

네메시스 호에 대해서는 아무리 격찬을 해도 지나치지 않습니다. 이 배는 원정대를 위해서 무슨 일이든 다 합니다. 수송선, 프리깃함, 대형 정크선들을 예인하고 식량과 군인, 수병들을 나르기도 합니다. 그리고 밤낮으로 오가야 하는 미지의 수로 속에 있는 침몰한 정크선, 암초, 모래톱, 낚싯대를 계속 만나도 그 모든 것을 견뎌냅니다.……전쟁이 진행되면서 우리는 이 배에 대해 충분히 알게 되었습니다. 그래서 마카오의 상인들만 아니라 장교들까지도 "그 배는 그 무게만큼의 금보다 가치가 있다"고 말하는 데, 틀린 것은 아닙니다.[17]

기술적인 면에서 영국의 1841년의 군사 행동은 엄청난 성공이었다. 이 점에서 홀이 배의 성능에 그처럼 열광한 것도 무리가 아니다. 그러나 이 군사 행동의 정치적 영향력은 실망스러운 것이었다. 영국은 중국 함대가 격침당하고 후면의 성채와 광저우가 함락된 뒤에 중국이 강화조약을 청해 올 것이라고 확신하고 있었다. 그러나 중국은 앞서의 영국의 승리에도, 그 뒤에 영국군이 아모이, 팅하이Tinghai, 칭타이Chingtai, 닝포Ningpo를 함락시킨 뒤에도 그럴 마음이 없었다. 이렇게 되자 영국군 총사령관인 조지 엘리엇 해군 제독George Elliot은 대운하를 치기로 결정했다. 대운하야말로 중국의 남북을 잇는 중요한 통상로였다. 쓰촨 지방에서 나는 쌀을 실은 배는 이 운하를 이용해서 수도 북경 사람들이 먹을 식량을 날랐다. 한마디로 중국의 급소急所였다. 대운하를 친다는 생각은 동인도회사의 차茶 검사관이었던 새뮤얼 베이커Samuel Baker가 1840년 2월에 파머스턴에게 전달한 편지에서 나왔을 것이다.

양쯔 강이 대운하와 만나는 지점까지 조사하고 정기적으로 측량해야 합니다. 이 일은 증기선을 이용해서 할 수 있을 것입니다.……중산의 섬은 대운

---

17) India Office Records, L/P&S/9/7, pp.59-60.

하를 통해서 북쪽 지방과 남쪽 지방이 연결되는 것을 막아서 중국의 내부 교역에 큰 타격을 줄 수 있는 아주 좋은 곳입니다.[18]

파머스턴이 이 제안을 해군성의 본부장들에게 알리는 극비 명령서에 다시 집어넣은 날짜는 1840년 2월 20일이었다.[19]

1842년의 영국의 군사 행동이 시작될 때 영국 함대는 몇 척의 증기선이 더해져 강화되어 있었다. 인도 해군Indian Navy은 증기선 애틀랜타Altlanta 호, 마다가스카르Madagascar 호, 퀸Queen 호, 세소스트리스Sesostris 호를 보내왔으며 인더스 강으로 향하고 있었던 포함砲艦들도 이곳에 나타났다. 네메시스 호의 자매선인 플레게톤 호와 그 보다 작은 배들인 메두사, 아리아드네, 플루톤과 프로세르피나 호가 그 배들이었다. 1842년 양쯔 강을 거슬러 올라간 영국 함대는 8척의 범선 전함, 10척의 증기선, 그리고 50척이 넘는 수송선, 병력수송선troopship, 범선schooner들로 구성되어 있었다.[20]

중국인들은 증기선이 어떻게 움직이는지에 대해 어렴풋하게 알고 있었다. 흠차대신 린쩌쉬는 증기선을 "불꽃을 이용해서 기계를 돌리며 매우 빠르게 나아가는 바퀴를 가진 배"라고 했다. 그리고 칠리Chihli의 총독 치산Ch'i-shan은 "풍차風車를 가진 배", "불 바퀴를 가진 배"라고 했다.[21] 익명의 중국인이 증기선에 대해서 쓴 글이 번역이 되어

18) India Office Records, L/P&S/9/1, p.519.

19) India Office Records, L/P&S/9/1, p.591.

20) 1842년의 양쯔 강 전투는 다음의 자료들에 설명되어 있다. Gerald S. Graham, *The China Station: War and Diplomacy 1830-1860* (Oxford, 1978), ch. 8; G. R. G. Worcester, "The First Naval Expedition on the Yangtze River, 1842," *Mariner's Mirror* 36(1950):2-11; Hall and Bernard, pp.326-27; Rawlinson, pp.19-21; and Fay, pp.313 and 341-45.

21) Lo Jung-Pang, "China's Paddle-Wheel Boats: Mechanized Craft Used in the Opium War and Their Historical Background," *Tsingwha*

『노티컬 매거진*The Nautical Magazine*』에 실렸는데, 그 글에서 네메시스 호를 이렇게 설명했다.

> 양쪽에 바퀴가 있는데, 이 바퀴는 석탄 화력으로 움직이며, 달리는 말만큼이나 빨리 돌아간다.……증기선은 외국인들의 뛰어난 발명품이며, 많은 사람에게 기쁨을 주도록 만들어졌다.[22]

1842년 6월 영국 함대는 양쯔 강으로 들어갔다. 중국인들은 16척의 전쟁용 정크선, 여기에다 해군을 위해 징발된 70척의 상선商船과 어선까지 합친 상당한 규모의 함대를 모아 적을 맞을 준비를 하고 있었다. 양쯔 강 입구에 가까이 있던 우쑹吳淞의 성채에는 253문의 중포重砲도 갖추었다.

게다가 중국인들은 비밀 무기 하나를 처음으로 공개했는데, 그것은 외륜선이었다. 그 외륜선은 황동으로 만든 대포, 징갈총과 화승총火繩銃으로 무장하고 있었고 선체 내부에서 사람이 발판을 밟아서 움직이고 있었다. 난징의 총독 닌 치엔Nin Chien은 이 배에 대해 이렇게 썼다.

> 숙련된 장인들로 네 척의 수차선水車船을 만들었고 배에 포를 장착했다. 이 배들은 빠르다. 우리는 특별히 전문가 리우 창Liu Ch'ang에게 이 배들을…… 지휘하도록 했다. 감히 야만인들이 내륙의 수로로 들어온다면, 이 배들이 나가서 맞설 것이라는 것을 전혀 의심하지 않는다.[23]

우쑹 전투는 빠르게 진행이 되었다. 얼마 되지 않아 영국의 전열함들은 성채의 포들을 조용하게 만들었다. 네메시스 호는 18개의 포

Journal of Chinese Studies, NS no. 2 (1960):190-91. 린쩌쉬의 설명을 다르게 번역한 것으로 Waley, p.105가 있다.

22) William Huttman, *The Nautical Magazine and Chronicle* 12(1843):346에 나오는 편지.

23) Lo, p. 190.

를 가진 모데스트Modeste 호를 이끌면서 함대를 강으로 끌어들이고 포도탄과 산탄散彈을 중국 배에 쏘아댔다. 중국 배들은 도망쳤다. 네메시스 호와 플레게톤 호는 달아나는 배들을 추격해서 정크선 한 척과 세 척의 외륜선을 포획하고 나머지 배는 불살랐다.

영국인들은 중국이 외륜선을 가지고 있는 것을 보고 놀랐다. 어떤 이들은 외륜선은 중국인들의 모방 능력을 보여주는 증거로 보았다.[24] 그러나 중국인들은 자신들의 역사에서 외륜선의 아이디어를 얻은 것으로 18세기 또는 그 이전에 만든 것이었다. 외륜선은 송 왕조 1132년에 해적들과의 전투에서, 1161년에는 디구나이Digunai[25] 군대와의 전투에서 큰 활약을 했었다. 이러한 선례가 있었기 때문에 상황이 절박했던 닌 치엔과 중국의 다른 관리들은 1841년과 1842년에 그 선례로부터 아이디어를 얻었던 것이다.[26]

그런데 이보다 더 아이러니한 것은 서구에서의 외륜의 등장이다. 서양의 첫 외륜 증기선은 1788년 패트릭 밀러Patrick Miller와 윌리엄 사이밍턴William Symington에 의해 만들어졌는데, 밀러는 언젠가 "중국인들은 아주 오래 전에 노예들이 크랭크를 돌리는 정크선 몇 척에 외륜을 다는 것을 시도했다"는 것을 읽은 것을 기억해 외륜선을 만들었기 때문이다.[27] 중국의 다른 수많은 발명품들처럼 외륜도 중국의 혁신 정신이 약해지고 중국의 기술이 서양 야만인들의 기술에 추월당한 이후 몇 세기 동안 중국인들을 괴롭히는 존재가 된 것이다.

우쏭에서 일방적인 전투를 벌인 뒤에 영국 함대는 중국인들로부터

---

24) Lo, p. 194; Worcester, "War Junk," pp. 23-24; and Fay, p. 350.

25) 역주: 여진족이 세운 금나라의 왕, 디누나이는 여진 이름이고 '해릉왕(海陵王)'이라고도 불린다.

26) Lo, pp. 194-200; and Rawlinson, pp. 19-21.

27) George Gibbard Jackson, *The Ship Under Steam* (New York, 1928), p. 26.

거의 저항을 받지 않았다. 강 상류로 느리게 나아가는 과정에서는 중국인들보다 물의 흐름, 모래톱, 진흙과 끊임없이 싸워야 했다. 범선은 한 척도 예외 없이 증기선이 계속 끌어주어야 했다. 결국 1842년 7월 함대는 양쯔 강과 대운하가 만나는 지점에 있는 전장鎭江에 도착했다. 이때 북경의 황실도 위험을 깨닫고 며칠 후 강화조약을 체결할 사절단을 남경으로 파견했다. 증기의 힘 덕분에 영국의 해군력은 중국의 심장부로 들어왔고 천자의 제국은 패배하게 되었다.

아편전쟁 후에도 소형 무장 증기선은 극동 지방에서 계속 임무를 수행했다. 네메시스 호에는 필리핀과 인도네시아 열도에서 해적선을 추격하는 임무가 주어졌다. 1852~53년의 2차 영국-미얀마 전쟁 때 영국은 증기선만으로 이루어진 함대를 이용해서 이라와디 강을 거슬러 올라갔는데 이때의 증기선 가운데 많은 수는 이미 아편전쟁에 참가했던 배들이었다. 2차 아편전쟁(1856~60) 때 영국 해군은 광저우와 북경 근처의 다구大沽 포대를 공격하기 위해서 25척 이상의 포함과 다른 소형 증기선들을 동원했다. 포함은 프랑스가 통킹을 정복(1873~74)할 때와 안남을 정복할 때(1883), 또 1885년의 3차 영국-미얀마 전쟁에서도 활약했다.[28]

---

28) 네메시스 호의 마지막 임무에 대해서는 *Parliamentary Papers* 1851 (378.) vol, LⅥ part 1, pp. 149-52를 보라. 제 2차 영국-미얀마 전쟁에 대해서는 Col. W. F. B. Laurie, *Our Burmese Wars and Relations with Burma: Being an Abstract of Military and Political Operations, 1824-25-26, and 1852-53* (London, 1880), pp. 86-92. 제 2차 아편전쟁 때의 포함에 대해서는 Antony Preston and John Major, *Send a Gunboat! A Study of the Gunboat and its Role in British History, 1854-1904* (London, 1967), ch. 4. 인도차이나에서의 프랑스의 포함에 대해서는 Joannès Tramond and André Reussner, *Eléments d'histoire maritime et coloniale (1815-1914)* (Paris, 1924), pp. 344-49, and Frédérick Nolte,

포함은 단순히 서양 세력의 도구만은 아니었다. 아시아의 해안과 항행 가능한 강을 거슬러 오르면서 서양 세력의 상징 자체가 되기도 했다. 당시 식민 전쟁의 한 주역이었던 로리 대령W. F. B. Laurie은 이것을 다음과 같이 명료하게 표현했다. 증기선은 '발전의 시대에 무서운 발언의 수단인 하나의 '정치적 설득자' 였다!" 29)

포함의 초기 역사는 기술 혁신과 제국주의의 동기 사이의 상호 작용을 보여준다. 맥그리거 레어드는 아버지가 주철鑄鐵 공장과 조선소를 소유하고 있었기 때문에 아프리카에 대한 관심을 니제르 강 탐험대에 대한 관심으로 바꿀 수 있었다. 피콕은 고전에 대한 깊은 지식과 러시아 공포증을 가지고 있었기 때문에 인도 거주 영국인들의 본토와 빠른 연락에 대한 관심을 유프라테스 강에 대한 증기선 탐험으로 바꾸어 놓을 수 있었다. 이들의 관심이 합해져 동인도회사는 포함의 첫 번째 주요 구매자가 되었다. 그리고 동인도회사가 포함을 구입한 덕분에 영국이 아편전쟁에서 승리를 하게 되었다. 그렇기 때문에, 우리는 기술 혁신이 제국주의의 원인이 되었다고도 제국주의적 동기가 기술 혁신으로 이어졌다고도 말할 수 없다. 그보다는 수단과 동기가 호의적인 상호 피드백 관계를 유지하면서 서로를 자극했다고 말할 수 있다.

L'Europe militaire et diplomatique au dix-neuvième siècle 1815-1884, vol. *3: Guerres coloniales et expéditions d'outre-mer 1830-1884* (Paris, 1884), p. 521. 제 3차 영국-미얀마 전쟁에 대해서는 A. T. Q. Stewart, *The Pagoda War: Lord Dufferin and the Fall of the Kingdom of Ava, 1885-6* (London, 1972), ch. 5를 보라.
   29) Laurie, p. 109.

3장

말라리아, 키니네, 아프리카로의 진출

콜럼버스가 아메리카 대륙을 처음으로 발견했을 때 포르투갈인들은 아프리카 서부 해안을 아주 잘 알고 있었다. 그들은 이미 60년 동안이나 그 해안을 탐험해 왔기 때문이다. 그럼에도 350년 동안이나 아프리카는 유럽인들의 눈에 "암흑의 대륙"이었으며 내륙은 지도에서 공백으로 남아 있었고, 유럽인들은 그 대신 아메리카, 아시아, 호주를 탐험하는 쪽을 선택했다.

이런 모순을 우리는 어떻게 설명할 수 있을까? 한 가지 이유를 든다면 19세기 이전에는 유럽인들이 아프리카 내륙으로 들어갈 동기가 전혀 없었다고 할 수 있다. 아프리카인이든 유럽인이든 노예상인들은 해안에서 만나 사업을 했으며 호기심 어린 눈길은 보냈지만 자신들의 일을 방해할 어떤 외부인도 원하지 않았다. 더욱이 아프리카에 엄청난 보물이 있다는 전설에도 불구하고 아프리카 내륙에서 얻을 수 있는 이익이 노예무역에서 얻는 이익이나 아시아, 아메리카와의 무역에서 얻는 이익만큼 될 수 있다는 어떤 구체적인 증거도 없었다.

따라서 19세기에 나타났던 아프리카 내부로의 침투는 선교나 노예무역에 반대하는 노예제 폐지 운동과 긴밀한 연관을 가지고 있었다.

그러나 앞에서 든 이유보다 훨씬 더 중요한 이유는 침투의 수단도 없었다는 점이다. 아프리카 대부분의 지역은 고원이다. 강은 고지대에서 크고 작은 폭포를 거치며 바다가 된다. 해안선을 따라서는 맹그로브 늪과 모래톱이 이어져 있다. 열대 지방에서 짐을 나르는 동물은 동물 수면병이라 불리는 트리파노소마증trypanosomiasis을 이기지 못했다. 이런 요인 때문에 아프리카로 들어가려는 사람들은 걸어서 들어가든지 통나무 카누를 타고 들어가야 했다.

이런 방해 요소들이 절대적인 것은 아니었다. 유럽인들이 아메리카 대륙을 탐험할 때도 힘든 기후와 지형에도 불구하고 원시적인 교통수단을 이용해서 결국 해냈기 때문이다. 유럽인들을 아프리카 내륙으로 못 들어가게 한 것은 질병이었다. 증기선이 아프리카와 아시아에 동시에 나타나 아시아에서는 유럽인들의 지배력에 혁명적 변화를 가져 왔지만, 아프리카에서 그 효과는 수십 년을 더 기다려야 했다. 유럽인들이 아프리카 내륙에 성공적으로 들어가기 위해서는 또 하나의 기술의 진보, 즉 질병에 대한 승리가 필요했다.

웰스H. G. Wells는 그의 소설 『우주 전쟁War of the Worlds』에서 이상하게 생긴 미래의 탈 것을 타고 지구를 침략하는 외계인 집단을 그렸었다. 이 외계인들이 막 지구를 손에 넣으려는 때, 이들은 보이지 않는 미생물로부터 큰 타격을 입고 후퇴할 수밖에 없게 된다. 웰스가 썼던 것은 19세기 중반 이전 아프리카로 진출하려던 유럽인들의 다양한 시도에 대해 쓴 것과 같다고 할 수 있다. 1485년에 포르투갈의 선장 디오구 까오Diogo Cão는 한 무리의 사람을 보내 콩고 강을 탐험하게 했는데, 며칠 안 되어 너무 많은 사망자들 때문에 탐험을 취소해야 했다. 1569년에는 프란시스코 바레토Francisco Barreto가

모노모토파Monomotopa 왕국과 접촉하기 위해 잠베지 강 계곡으로 올라가는 탐험대를 인솔했다. 그런데 상류로 120마일을 올라갔을 때 말과 가축은 수면병에 걸리고 사람들은 말라리아로 쓰러졌다. 그때부터 1835년까지 잠베지 강 안쪽과 포르투갈인들의 접촉은 아프리카인들이나 반쪽 아프리카인인 중개인들을 통해서 이루어졌다.[1]

마찬가지로 1777~79년에 윌리엄 볼츠William Bolts의 델라고아 만灣 탐험 때도 탐험에 나선 152명의 유럽인 중에 132명이 죽었다. 뭉고 팍Mungo Park의 1805년 니제르 강 상류 탐험에서도 참가했던 모든 유럽인들의 죽음으로 이어졌다. 1816~17년 제임스 터키James Tuckey 대령은 콩고 강을 오르는 탐험대를 이끌었는데, 54명의 유럽인 가운데 19명이 죽었다.[2]

그러나 이러한 실패에도 유럽인들의 아프리카 탐험을 막을 수 없었다. 각 세대마다 미지의 대륙을 탐험하는데 생명까지 기꺼이 내놓는 새로운 모험가 무리가 나타났기 때문이다. 19세기의 아프리카 탐험의 새로운 동기들로는 기독교 선교 정신의 부흥, 대서양 노예무역 폐지 운동과 호기심이었다. 호기심은 과학적 연구라는 형태로 바뀌었으며, 새롭게 부자가 된 부르주아지들은 여기에 돈을 후원해 주었

---

1) John Ford, *The Role of Trypanosomiasis in African Ecology: A Study of the Tsetse Fly Problem* (Oxford, 1971), p. 327.

2) 아프리카로 간 탐험대의 사망률에 대해서는 다음의 자료들을 보라. René-Jules Cornet, *Médecine et exploration: Premiers contacts de quelques explorateurs de l'Afrique cnetrale avec les maladies tropicales* (Brussels, 1970), p. 7: Philip D. Curtin, *The Image of Africa: British Ideas and Actions, 1780-1850* (Madison, Wis., 1964), pp. 483-87 and "'The White Man's Grave': Image and Reality, 1780-1850," *Journal of British Studies* 1(1961):105; and Michael Gelfand, *Rivers of Death in Africa* (London, 1964), p. 18 and *Livingstone the Doctor: His Life and Travels. A Study in Medical History* (Oxford, 1957), pp. 3-12.

다. 이 시기의 모험심 많은 탐험가 중에 조선업자 윌리엄 레어드의 둘째 아들 맥그리거 레어드는 나이지리아가 영국의 지배하에 들어가게 하는데 선도적 역할을 하게 된다. 1830년대 초 그의 아버지의 회사는 막 철제鐵製 증기선을 만들기 시작했다. 그때 23세였던 맥그리거 레어드는 새로운 사업에서 나이 어린 동업자로 머물러 있는 것에 만족할 수 없었다. 그는 19세기의 많은 영국인들로 하여금 위험에도 불구하고 세계를 다시 만들도록 자극한 그 멈추지 않는 정신을 품고 있었다. 이 멈추지 않는 정신은 선교에 대한 열정, 과학적 호기심, 상업적 기대로 이루어져 있는 정신이었다. 1832년 그는 니제르 강에서 자신에게 기회가 손짓하는 것을 보았다. 이보다 30년 전에 뭉고 팍이 니제르 강의 상류를 부싸 급류Bussa Rapids까지 탐험했었다. 그리고 1830년에는 리처드 렌드너Richard Landner와 존 렌드너John Landner 형제가 라고스에서부터 북쪽 부싸 급류까지 여행해서 카누를 타고 하류로 내려왔다. 그들은 이 탐험을 통해 맹그로브 늪을 통해 베냉 만灣으로 흘러 들어가는 니제르 강과 오일 강이 하나의 강임을 증명했다. 렌드너 형제가 자신들의 발견 이야기를 가지고 영국으로 돌아왔을 때, 레어드는 교역 상품을 싣고 강을 거슬러 오를 배, 다시 말해 증기선이라면 아프리카의 광대한 지역을 영국의 무역과 영향력을 위해 열어놓을 수 있으리라는 것을 깨달았다.3) 이렇게 하는 것은,

---

3) 아프리카로 들어가는데 증기선을 사용할 것에 대해 생각한 사람은 레어드가 처음이 아니었다. 제임스 터키 대령은 1816년에 강용 배riverboat 콩고Congo 호에 볼튼과 와트의 엔진을 장착하고 콩고 강을 탐험하려고 했었다. 그러나 엔진이 배에 비해 너무 커서 엔진을 떼어내야 했다. 이에 대해서는 다음의 자료들을 보라. André Lederer, *Histoire de la navigation au Congo* (Tervuren, Belgium, 1965), p. 7; and John Fincham, *History of Naval Architecture* (London, 1851), p. 329.

······ 중앙아프리카를 열게 되면 영국 상인들의 자본과 기업이 생산한 상품을 팔 수 있는 새롭고 넓은 시장과 우리가 필요로 하는 물품을 끌어올 새로운 공급처가 생길 것이라고 생각하는 사람들을 기쁘게 할 것이다. 그리고 인류를 하나의 대가족으로 생각하는 사람들도 타락하고 국가가 없고 부패한 현재 상태에서 그들을 이끌어 올려, 우리를 자신의 형상을 따라 만드신 그분께 인도하는 것이 자신들의 임무로 생각하고 있다.[4]

라고 나중에 썼다.

따라서 1832년에 맥그리거 레어드와 몇 명의 리버풀 무역 상인들은 최근 "렌드너 형제가 니제르 강에서 발견한 것들을 상업적으로 개발하기 위해" 아프리카 내륙 무역회사African Inland Commercial Company를 설립했다. 이 회사의 이사들은 특허장과 재무성의 보조금을 얻으려고 애썼지만 거절당했다. 그런데도 그들은 사업을 추진해나갔고 리처드 렌드너에게 탐험의 지휘를 맡겼다. 이들은 물자 수송선으로 쌍돛대 범선 컬럼바인Columbine 호를 구입하고 니제르 강을 오를 두 척의 증기선을 주문했다. 두 척의 증기선 중에서 더 큰 쿠오라Quorra 호는 세든Seddon과 랭글리Langley에 의해 목재로 만들어졌다. 이 배의 크기는 112피트에 16피트였고 흘수는 바다에서는 7피트, 강에서는 5와 1/2피트였다. 동력은 40마력짜리 엔진 하나를 사용했고 26명의 승무원을 태울 수 있었다. 이 배보다 더 작은 배 알부르카Alburkah 호는 맥그리거 레어드가 직접 만들었는데, 길이가 70피트, 너비가 13피트, 흘수가 4피트 9인치였고, 갑판을 제외하고는 모두 철로 만들어졌다. 이 배에는 15마력의 포셋과 프레스턴Fawcett and Preston 엔진을 싣고 14명의 승무

---

4) Macgregor Laird and R. A. K. Oldfield, *Narrative of an Expedition into the Interior of Africa, by the River Niger, in the Steam-Vessels Quorra and Albukah, in 1832, 1833, and 1834*, 2 vols,(London, 1837), 1:vi.

원을 태웠다. 두 배는 중무장을 했다. 쿠오라 호에는 권총 외에 24파운드의 회전포 1문, 4파운드의 포가포砲架砲, carriage guns 8문, 18파운드의 카로네이드포砲 1문을 실었으며, 알부르카 호에는 9파운드의 회전포 1문과 1파운드의 회전포swivel guns 6문을 실었다.[5]

이 작은 함대는 레어드의 지휘 아래 사고 없이 니제르 강 삼각주에 도착해서 베냉 만에 컬럼바인 호를 남기고 증기선들은 삼각주 지역에 있던 무역지대를 지나서 니제르 강과 베누에 강이 합류하는 곳으로 올라갔다. 레어드는 이곳에 무역소를 세우고 야자유를 싼값에 사기를 바랐다.

레어드의 증기선들은 맡은 일을 놀랍게 잘 해냈다. 바로 이 점 때문에 레어드는 혁신가, 탐험가로서의 명성이 따라다닐 만하다. 그렇지만 문화적 상업적인 면에서는 실패였고 레어드의 기대에도 크게 빗나갔다. 탐험에 나선 48명의 유럽인 중에서 단지 9명만 살아서 돌아오고 나머지는 모두 병으로 죽었기 때문이다. 레어드 자신도 병이 걸린 채 1834년 1월 영국으로 돌아왔고 건강을 회복하지 못했다. 증기의 힘이 컸다고 하더라도 유럽인들은 아프리카의 환경 앞에서 다시 한 번 좌절을 맛보았다.[6]

---

5) Laird and Oldfield, 1:5-9; Liverpool Shipping Register, Entry 92 and 93, 5 July 1832, cited in P. N. Davies, *The Trade Makers: Elder Dempster in West Africa, 1852-1972* (London, n. d.), p. 409 table 9: "Report from the Select Committee on Steam Navigation to India, with the Minutes of Evidence, Appendix and Index" in *Parliamentary Papers* 1834 (478.) XIV, p. 426.

6) 레어드의 탐험에 대해서는 다음의 자료들을 보라. Laird and Oldfield; K, Onwuka Dike, *Trade and Politics in the Niger Delta 1830-1885: An Introduction to the Economic and Political History of Nigeria* (Oxford, 1956), pp. 18 and 61-63; H. S. Goldsmith, "The River Niger; Macgregor Laird and Those Who Inspired Him," *Journal of the African Society* 31

19세기 중반 이전에는 매우 적은 수의 유럽인들이 위험을 무릅쓰고 아프리카 내륙으로 들어가기는 했지만 상당수의 유럽인들은 수세기 동안 해안선 주변에서 무역을 했다. 1807년[7] 이후에 영국 정부는 노예무역을 근절시키고자 아프리카 서부 해안에 함대를 배치하고 노예선들을 차단하도록 했다. 소규모의 군부대도 해안가를 따라 군데군데 배치시켜서 노예무역 폐지 활동에 무게를 더해 주었다. 처음으로 여기저기에 기독교 선교지가 세워졌다. 그리고 그 다양한 백인 집단은 그 지역에서 유행하던 질병에 걸리게 되었다.

사망률에 대해서는 영국군보다 먼저 아프리카로 간 노예상인들의 사망률보다 서부 아프리카에 있던 영국군의 사망률에 대한 정보가 훨씬 더 많이 남아 있다. 왜냐하면 이 시기가 서양 문화의 핵심 요소 가운데 하나인 통계 기록을 관리하던 시기였기 때문이다. 감비아에서 골드 코스트까지 주둔하고 있던 영국의 아프리카 부대는 군범죄자와 군법 위반자들로 구성되어 있었는데 아프리카에서 복무하는 대가로 형벌을 면할 수 있도록 허가된 사람들이었다. 그런데 대부분의 경우 형무소 생활 대신 죽음으로 대체하게 되었다. 1840년 『육·해군 통합 군 소식United Service Journal and Naval and Military Magazine』이라는 잡지에서 군인들의 건강에 대한 기사를 하나 실었다.[8] 그 기사

---

no. 85 (Oct. 1932): 383-93; Christopher Llyod, *The Search for the Niger* (London, 1973), pp. 130-41; Sir Roderick Impey Murchison, "Address to the Royal Geographical Society of London," in *Journal of the Royal Geographical Society* 31 (1861):cxxⅵ-cxxⅷ; and C. W. Newbury. ed., *British Policy Toward West Africa* (Oxford, 1965), pp. 6 and 66-79.

7) 역주: 1807년은 '노예무역법'이 제정된 해이다. 이 법은 대영제국 내에서 노예무역을 금지했다.

8) "Western Africa and its Effects on the Health of Troops," *United Service and Naval and Military Magazine* pt. 2 (Aug. 1840):509-19.

에는 다음과 같은 자료가 나온다. 이 자료에 따르면 1819년에서 1836년까지 시에라리온에서 복무한 1천843명의 유럽인 중에서 48.3퍼센트에 해당하는 890명이 사망했다. 최악의 해는 1825년이었는데, 571명 중에서 447명(78.3퍼센트)이 질병으로 쓰러졌다. 유럽인들이 꾸준히 들어왔지만 주둔군은 해마다 백 명이 넘게 줄었다. 골드 코스트도 죽음의 땅이었다. 1823~1827년에 골드 코스트에 발을 디딘 유럽인의 3분의 2가 살아서 집에 돌아가지 못했는데, 1824년 한 해에 224명 중 221명이 목숨을 잃었다. 전체적으로 서부 아프리카로 보낸 백인 군인의 77퍼센트가 사망했고, 21퍼센트는 병이 들었고, 단지 2퍼센트만이 계속 복무를 할 수 있을 정도였다.

이에 반해 같은 지역에 주둔해 있던 서인도 제도 출신 군인들의 사망률은 백인들의 10분의 1밖에 되지 않았다. 서인도 제도 현지에서 서인도 제도인의 사망률은 백인의 두 배였다. 399명의 백인 가운데 276명이 사망한 1825~1826년에 전염병으로 사망한 서인도 제도인들은 40~50명 가운데 1명밖에 되지 않았다. 문제의 전염병은 황열병黃熱病이었던 것 같다. 황열병은 서인도 제도의 풍토병이었으며 많은 서인도 제도인들은 이 병에 면역력이 있었다. 1830년 영국 정부는 사망률의 중대성을 인정하고 서인도 제도 출신 군인들을 지휘할 5~6명의 하사관을 빼고 서부 아프리카에 백인 군인을 보내는 것을 멈추었다.

앞에서 인용한 기사의 저자들은 물론 이 끔찍한 상황의 정확한 원인을 알지 못했다. 그래도 이들은 사람에게 원인을 돌려 비난하는 일까지는 하지 않았다. 기사의 저자들은 같은 해안에 살고 있던 건장하고 술을 마시지 않는 영국 선교사들도 영국 군인들과 마찬가지로 이병의 피해를 받을 것 같다고 말했다. 1804년에서 1825년까지 서부 아프리카에 간 89명의 영국 선교사 가운데 54명은 사망했고 또 다른

19명은 건강이 나빠져서 돌아왔다. 기후도 원인은 아니었다. 건조하고 바람이 센 곳의 주둔지도 악취가 나는 늪지에 인접한 주둔지만큼 위험했기 때문이다. 저자들은 문제의 원인은 열병—황열병이나 이장열弛張熱—이라고 결론 내렸다. 과학적 접근이 이전 시대의 도덕적 판단을 대체하기 시작하고 있었다.

필립 커틴Philip Curtin은 이 문제에 대한 그의 글에서 앞의 것처럼이나 소름끼치는 사망률을 제시했었다. 스코틀랜드를 포함한 영국 전 지역에서 모집되어 1817~36년 기간에 복무한 영국군 1천 명당 사망률은 다음과 같았다.

남부 아프리카의 동쪽 변경 (1817~36)	12.0
영국 (1830~36)	15.3
미얀마의 테나세림 (1827~36)	44.7
실론 (1817~36)	75.0
시에라리온(1817~36, 질병으로 인한 사망만)	483.0
골드 코스트의 케이프 코스트 지역 (1817~36)	668.3

서부 아프리카 해안에 있었던 영국 해군 소함대에 근무했던 유럽인들의 1825~45년 사망률은 1천 명당 65명이었다. 그리고 1819~36년에 서부 아프리카에 있었던 영국 군인들의 사망률은 사병이 1천 명당 483명, 장교가 1천 명당 209명이었다. 한편 같은 지역의 영국군에서 복무하던 서부 아프리카인 군인들은 단지 1천 명당 2.5명의 사망률을 보였다. 이런 이유로 아프리카는 "백인의 무덤"으로 알려지게 되었다.[9]

---

9) Philip Curtin, "Epidemiology and the Slave Trade," *Political Science Quarterly* 83 no. 2 (June 1968):203-11; *Image of Africa*, p. 197; and "White Man's Grave," pp. 103-10.

아프리카에서의 유럽인들의 높은 사망률에 이질痢疾, 황열병, 장티
푸스, 그리고 다른 질병들이 기여했다고 하더라도 주범은 말라리아
였다. 역사상 말라리아보다 더 많이 사람을 죽인 질병은 아마 없을
것이다. 말라리아의 종류는 여러 가지인데, 세계 많은 지역의 풍토병
인 삼일열三日熱 말라리아는 플라스모디움 바이백스Plasmodium vivax라는
원충原蟲, protozoan에 의해 생기며, 간헐적 발열 현상을 보이고 일반적
으로 몸이 약해진다. 열대열 원충Plasomodium falciparum이 옮기는 또 다
른 종류의 말라리아는 아프리카 열대지방에만 있는 풍토병인데 훨씬
더 치명적이다. 이 종種은 늪지대와 우림雨林만이 아니라 건조한 대초
원(사바나)에서도 발견된다. 이 병에 한 번 걸렸다가 얻은 몸의 저항
력은 일시적이다. 많은 아프리카인들은 낮은 정도의 말라리아를 평
생 동안 반복해서 앓는다. 아프리카에 처음으로 가는 성인들은 경우
가 다르다. 말라리아에 대한 저항력을 키울 기회가 한 번도 없었던
이들에게 말라리아는 대부분 치명적이다.

19세기 초 유럽인들의 말라리아에 대한 의학적 견해는 옛날부터
늪과 관계있는 것으로 여기던 전통의 영향을 받았다. 그래서 병의 원
인을 습한 공기와 부패한 냄새로 보았다. 프랑스어로는 '늪'을 뜻하는 라
틴어 paludisme이고 이탈리아어로는 '나쁜 공기'를 뜻하는 mal'aria이다.
맥그리거 레어드는 이보다 더 이상한 이론을 냈다. 1837년 토마스 피
콕에게 자신의 니제르 강 탐험대를 궤멸시킨 전염병에 대해 설명하
려고 애쓰면서 이렇게 말했다.

> 그랜트 선장은 페르난도포Fernando Po 섬에서 화목火木을 얻을 가능성에
> 대해 언급했는데, 화목의 독기毒氣보다 배나 선원 모두를 해치는 것은 없습니
> 다.…… 화목의 독기는 선원들에게 열이 나게 하고 질병에 걸리게 할 것이 틀
> 림없습니다. 나도 아프리카 해안에서 배에 실어 엔진용 화목으로 쓴 나무의 영
> 향으로 우울증을 체험했습니다.10)

1880년이 되어서야 프랑스 과학자 알퐁스 라브랑Alphonse Laveran이 혈류 속으로 침투하는 플라스모디움을 발견했고, 1897년에야 말라리아의 매개는 아노펠레스Anopheles 모기임이 영국 내과 의사 로널드 로스 Ronald Ross[11])와 이탈리아의 과학자들인 조반니 바티스타 그라씨 Giovanni Batista Grassi와 아미코 비그나미Amico Bignami에 의해 확인되었다.[12])

말라리아의 원인은 19세기 말까지 알려지지 않았지만 치료법은 훨씬 이전에 나왔다. 긴 시행착오 끝에 나온 치료법이 하나 있었다. 20세기 이전에는 기본적인 자연 현상을 과학적으로 설명하기 전에 기술 진보가 이루어지는 일이 자주 있었다. 과학적 발견으로 기술이 발전하는 일은 예외적인 일이었다. 19세기 말 이전의 기술은 "응용 과학"이라고 생각하지 말고 과학을 "이론상의 기술theoretical technology"이라고 생각해야 한다.

19세기 이전에도 무서운 질병인 말라리아로부터 해방되고자 하는 사람들의 노력이 있었다. 17세기에 예수회 수사들은 바이백스 말라리아의 치료약으로 기나나무cinchona 껍질을 유럽에 소개했다. 그런데 기나나무 껍질은 효과적이기는 했지만 많은 단점을 가지고 있었다. 기나나무 껍질은 안데스 산맥에서만 자라기 때문에 유럽에 공급되는 양이 종종 부족했고, 더 큰 단점은 기나나무 껍질이 소비자의 손에 들어갈 때는 가격이 매우 비쌀 뿐 아니라 다른 것을 섞어 품질과 가치가 아주 떨어진 상태였다는 점이다. 게다가 예수회 수사들이 관련

---

10) India Office Records, L/MAR/C 582, pp. 597-600.

11) 역주: 로널드 로스(1857-1932)는 인도 태생의 영국인이며, 인도에 근무하면서 말라리아에 대한 연구를 했다.

12) Jaime Jaramillo-Arango, *The Conquest of Malaria* (London, 1950), pp. 5-12; and Michael Colbourne, *Malaria in Africa* (Ibadan, Nairobi, London, 1966), p. 6.

되어 있다는 것 때문에 신교도들은 기나나무 껍질을 의혹의 눈으로 보았다. 말라리아로 죽어가던 올리버 크롬웰Oliver Cromwell은 "교황의" 치료법이라 거부했다고 한다. 또한 당시의 의학 이론으로는 잘 구별이 되지 않던 황열병과 다른 많은 열병들에는 효과가 없었다는 점도 하나의 단점이었다. 그리고 마지막으로 맛이 끔찍하게 독했던 점이다13)

18세기가 지나면서 의학계의 권위자들은 주기적으로 기나나무 껍질을 처방에 이용했다. 그렇다고 하더라도 19세기가 될 때까지 의사들은 열병에는 타액을 분비시키기 위해 수은과 설사약으로 감홍甘汞, calomel을 쓰는 방법을 선호했다. 그 외에 잦은 방혈放血이나 물집이 잡히게 하는 것도 흔한 치료방법이었다. 그러나 이 "치료법들"로 인해 살아난 환자보다는 사망한 환자가 더 많았다. 서부 아프리카에 주둔하던 영국 군인의 사망률이 특별히 높았던 데도 그러한 원인이 한몫했을 것이다.14)

말라리아 치료에 획기적인 변화가 나타나기 시작한 것은 1820년 두 명의 프랑스 화학자인 피에르 조제프 펠르티에Pierre Joseph Pelletier와 조제프 카방투Joseph Caventou가 기나나무 껍질에서 키니네 알칼로이드15)를 추출하는데 성공하면서부터였다. 1827년에 키니네의 상업적 생산이 시작되었고, 1830년에 이르면 일반인들이 사용할 수 있을 정도로 충분한 양이 생산되었다.16)

1820년대 말부터 말라리아 발생 지역의 의사들은 키니네를 실험하

---

13) 역주: 아주 매운 맛이 났다고 한다.

14) Paul F. Russell, *Man's Mastery of Malaria* (London, 1955), pp. 92-99; Curtin, *Image of Africa*, pp. 192-93 and "White Man's Grave," p. 100.

15) 역주: 흔히 '퀴닌' 이라고도 불린다.

16) Russell, p. 105; Jaramillo-Arango, p. 87; Colbourne, p. 53.

고 연구 결과를 발표했다. 첫 번째로 중요한 실험은 1830년 프랑스가 알제리를 침략한 뒤에 행해졌다. 당시 알제리에 주둔하던 프랑스 군인들은 건강문제로 심각한 고통을 받고 있었다. 군인들 사이에서는 장티푸스와 콜레라가 흔하게 발생했다. 그러나 더 심각한 문제는 말라리아였다. 늪지로 둘러싸인 본Bône[17)은 알제리에서 가장 자주 질병이 발생하는 곳으로 매년 여름 전염병이 돌았다. 1832년에는 여기에 주둔해 있던 2천788명의 프랑스 군인 중에서 1천626명이 병원 신세를 졌다. 다음 해에는 5천500명 중에서 4천 명이 병에 걸렸고, 입원환자 7명당 2명꼴로 사망했다. 병으로 사망하기도 했지만 치료 때문에도 사망했다. 당시 프랑스의 군의관들은 발드 그라스Val-de-Grâce 군의관 학교 학장이던 브루세Dr. J. Broussais의 영향을 받았는데, 브루세는 열병은 하제下劑와 방혈, 거머리와 식이요법으로 고쳐야 한다고 가르쳤다. 그는 키니네는 일곱 번째나 여덟 번째 발작 뒤에 소량을 주어야 한다고 믿었다. 다른 이유로는 새로운 약이 너무 비쌌기 때문에 사망자가 많았다. 군인용 키니네가 1온스에 25프랑이었다.

그러나 두 명의 군의관, 장 앙드레 안토니니Jean André Antonini와 프랑수와 클레망 마욜트François Clément Maillot는 동료들이 일반적으로 사용하고 있는 치료법에 반발했다. 안토니니는 간헐열[18)이 키니네에 반응하는 것을 주의 깊게 보았고, 그 결과 말라리아와 장티푸스를 구별할 수 있었다. 그는 자신의 환자들에게 방혈을 좀 줄이고 음식을 더 주었다. 1834년 말라리아 전염병이 한창일 때 본에 배치된 마욜트는 안토니니보다 더 적극적이었다. 그는 첫 발열 증상이 나타나

---

17) 역주: 오늘날의 알제리 북부의 안나바(Annaba).
18) 역주: 시간을 두고 발열이 반복되는 것. 말라리아가 대표적인 간헐열 병이다.

면 곧바로 20~40알의 키니네를 주었다. 이것은 브루세가 교육하면서 발열 며칠 후에야 4알에서 8알의 키니네를 주라고 하던 것과는 완전히 다른 것이다. 마욜트는 또 환자들에게 영양이 풍부한 음식을 주었다. 결과는 아주 놀라운 것이었다. 이전에는 7명당 2명이 사망했던 것과 대조적으로 이번에는 20명당 단지 1명만 사망했기 때문이다. 이러한 결과로 다른 병원에 입원해 있던 군인들이 마욜트가 있던 병원으로 도망쳤다. 1835년 마욜트는 자신의 치료 방법을 파리의 의학아카데미에서 설명했고, 일 년 뒤에는 자신이 발견한 것을 『말라리아 또는 간헐적인 뇌척수염 개론Traité des fièvres ou irritations cérébro-spinales intermittentes』 이라는 제목으로 출간했다. 그렇지만 그의 치료 방법이 프랑스의 군 의료계에서 받아들여진 것은 여러 해가 지난 뒤였다. 그리고 그가 사망할 무렵에는 마침내 프랑스 과학의 영웅으로 숭배되었고, 1881년 알제의 과학회의Scientific Congress of Algiers는 다음과 같이 그에게 영광을 돌렸다. "마욜트 덕택에 알제리는 프랑스의 땅이 되었습니다. 그는 기독교인들의 무덤을 영원히 봉쇄했습니다." 19)

서부 아프리카에서도 키니네의 사용이 더욱 일반화되었고, 그 반면 하제와 방혈은 점차 무시되었다. 1840년대 중반에 이르면 골드코스트에 있던 유럽인들은 오한이나 발열이 시작되면 바로 먹을 수

19) A. Darbon, J.-F. Dulac, and A. Portal, "La pathologie médicale en Algérie pendant la Conquète et la Pacification," pp. 32-38; and Gen. Jaulmes and Lt. Col. Bènitte, "Les grands noms du Service de Santé des Armées en Algérie," pp. 100-103, in Regards sur la France: Le Service de Santé des Armées en Algérie 1830-1958 (Numéro spécial réservé au Corps Médical, 2ème année, no. 7, Paris, Oct.-Nov. 1958). 다음의 자료도 보라. René Brignon, La contribution de la France à l'etude des maladies coloniales (Lyon, 1942), pp. 20-21.

있게 키니네 알약을 넣은 병을 침대 곁에 두었다. 그러나 바이백스 종류의 말라리아(삼일열 말라리아)가 주를 이루던 알제리에서 효과를 보이던 이 치료법이 열대열 말라리아falciparum malaria에 대해서는 전체적으로 별 효과가 없었다. 열대열 원충을 물리치기 위해서는 첫 감염 전에 인간의 혈류에 키니네가 포화되어 있어야 했다. 다시 말하면 열대열이 나타나는 지역에 머무르는 사람은 그 기간 내내 규칙적으로 키니네를 예방약으로 복용해야 했다.

이 사실은 우연한 두 사건 때문에 알게 되었다. 첫 번째 사건은, 1839년 시에라리온 해안에 정박해 있던 노스 스타North Star 호 선상에서 일어났다. 20명의 승무원들은 배에서 복무하는 동안 기나나무 껍질을 규칙적으로 먹었는데, 한 명의 장교는 먹지 않았다. 그런데 그 장교만 말라리아로 사망한 것이다. 두 번째 사건은, 그로부터 2년 뒤 영국 정부가 니제르 강 탐험 중에서도 가장 큰 니제르 강 탐험을 지원할 때였다. 트로터 대령Capt. H. D. Trotter은 세 척의 새로운 증기선―457톤의 앨버트Albert 호와 윌버포스Wilberforce 호, 249톤의 수단Soudan 호―으로 159명의 유럽인을 이끌고 니제르 강이 베누에 강과 합류하는 곳까지 거슬러 올라갔다. 탐험대는 이전 탐험대가 부딪친 건강 문제를 피하기 위해 그때까지 알려진 모든 조처를 다 취했다. 선원들은 특별히 좋은 교육을 받은 건장한 젊은이들 가운데서 뽑았고 배에는 나쁜 공기를 몰아낼 송풍기를 설치했다. 그리고 좀 더 건조한 기후인 상류에 가능한 한 빨리 도착하기 위해서 숨 막히는 하류 삼각주 지역에서는 전속력으로 달렸다. 이러한 노력에도 불구하고 3주가 지나지 않아 첫 발열환자들이 나타나서 윌버포스 호와 수단 호는 대서양으로 다시 나가야 했고, 해상 병원이 되었다. 두 달 안에 48명의 유럽인이 사망했고 탐험이 끝날 무렵에는 또 다른 일곱 명이 병으로 희생되었다. 아프리카는 다시 영국인들 사이에서 끔찍

한 악명을 얻었다.[20]

1841년의 니제르 강 탐험은 실망스런 결과에도 불구하고 말라리아 문제를 해결하는데 있어 하나의 중요한 발전의 계기가 되었다. 세 척의 배 가운데 한 배에 타고 있던 의사 톰슨T. R. H. Thomson은 이 탐험 기간에 다양한 약으로 실험을 해볼 수 있었기 때문이다. 톰슨 은 어떤 승무원들에게는 포도주와 함께 기나나무 껍질을, 다른 승무 원들에게는 키니네를 주면서 실험을 했다. 톰슨 자신도 키니네를 규 칙적으로 먹었고 건강을 유지했다. 그는 나중에 「아프리카의 이장열 弛張熱에 대한 키니네의 가치에 대하여」라는 논문에 자신의 관찰 결과 를 밝혔는데, 이 논문은 1846년 2월 28일 영국의 의학 잡지 『랜싯The Lancet』에 실렸다. 1년 뒤에는 해군의 경험 있는 의사 알렉산더 브라 이슨Alexander Bryson이 『아프리카 주둔지의 기후와 주요 질병에 대한 보고Report on the Climate and Principal Diseases of the African Station, 런던, 1847』를 출간했는데, 그는 이 글에서 아프리카에 있는 유럽인들에게 키니네 예방법을 권했다. 1848년 영국 육군의 의료 책임자는 서부 아프리카에 있던 모든 영국 총독들에게 키니네 예방법을 추천하는 회 람을 보냈다.[21]

키니네 예방법이 곧바로 채택되지는 않았다. 그 놀라운 효과를 증 명하고 나서야 채택될 수 있었다. 1854년에 아프리카에 대한 미련을

---

20) William Allen, *A Narrative of the Expedition sent by Her Majesty's Government to the River Niger in 1841*, 2 vols. (London, 1848); Paul Merruau, "Une expédition de la Marine Anglaise sur le Niger," in *Revue des Deux Mondes* 1(1849):231-57; Lloyd, p. 150.

21) Curtin, "White Man's Grave," p. 108; Gelfand, *Rivers of Death*, pp. 57-59. 브라이슨은 1854년 1월 7일자 *Medical Times Gazette*에도 「키 니네의 예방적 작용에 대하여」라는 제목의 영향력 있는 논문을 발표했다. (Curtin, *Image of Africa*, pp. 355-56에 인용되어 있다.)

버리지 못한 맥그리거 레어드가 또다른 아프리카 탐험을 제안하면서 그 기회가 마련되었다. 레어드는 해군성과 계약을 맺고 플레이아드 Pleiad라는 배를 특별히 건조했다. 이 배는 220톤으로 스쿠너[22]의 삭구素具[23]를 갖추고 프로펠러를 설치한 철제 증기선이었다. 그리고 당시 흔하게 사용되던 12파운드의 선회포, 그보다 더 작은 4문의 회전포, 라이플, 머스킷으로 무장했다. 승무원은 12명의 유럽인들과 54명의 아프리카인들로 구성되어 있었다.

항해 전에 의사 알렉산더 브라이슨은 항해 동안 지켜야 할 지침을 만들었는데, 이 지침은 승무원들의 건강을 지키는데 가장 알맞은 의복, 식사, 활동, 정신적 영향력이 무엇인지를 설명한 것이었다. 그는 열병을 막기 위해서 승무원들에게 배가 강 하구를 떠날 때부터 바다로 들어가고 나서도 14일이 될 때까지 하루에 6알에서 8알의 키니네를 먹도록 권고했다. 배의 선장 윌리엄 베이키Dr. William Baikie도 의사였고, 베이키는 승무원들에게 이 지침을 꼭 지키도록 했다. 플레이아드 호는 니제르 강과 베누에 강에서 112일을 있었고, 유럽인 승무원들은 모두 살아서 돌아왔다. 탐험대의 일원이었던 토머스 허친슨 Thomas Hutchinson은 브라이슨 박사의 조언 덕분에 모두 살 수 있었다면서 이렇게 말했다.

나는 1850년에 아프리카를 처음 방문한 이래로 다음과 같은 확신을 가졌습니다. 즉 매일 다른 방식으로 생활하고 질병 예방을 위한 위생법을 적절하게 쓰고 열병 치료에 다른 방법의 치료법을 사용한다면 기후가 과거와는 다르게 그다지 치명적이지는 않을 것이라는 확신입니다. 그리고 이 확신 때문에 이 글을 읽는 모든 사람도 내가 믿는 것을 믿게 하고 싶습니다. 무엇보다도 먼저, 크게 강조하고 싶은 것은 "플레이아드" 호에서도 사용되었던 키니네 예방법

---

22) 역주: 스쿠너(schooner)는 2개 이상의 돛대를 갖춘 범선이다.
23) 역주: 배에서 쓰는 로프나 쇠사슬 따위를 통틀어 삭구라고 한다.

입니다. 플레이아드 호에서 사용했던 방법으로 설명하겠습니다.……24)

예방약으로 키니네를 점점 더 많이 사용하고 하제와 방혈법이 사라지면서 사망률도 크게 줄었다. 필립 커틴은 이에 대한 약간의 통계수치를 보여주는데, 영국 해군의 아프리카 소함대에서는 1825~45년 기간에 1천 명당 65명이던 사망률이 1858~67년에는 22명으로 떨어졌다. 1874년 쿠마시25)에 대한 원정에서는 2천500명의 유럽인 중에서 단 50명만 병으로 사망했을 뿐이다. 1881~97년 기간에 골드 코스트에 있던 영국 관리들의 경우는 1천 명당 76명이 사망했고, 라고스에서는 1천 명당 53명이 사망했다. 전체적으로 보면 서부 아프리카에 있던 유럽인들의 첫 해 사망률이 1천 명당 250~750명이었다가 1천 명당 50~100명으로 떨어졌다. 물론 이 수치는 유럽에 거주하고 있던 같은 연령대의 사람들의 사망률보다는 여전히 5배에서 10배 더 높은 것은 사실이다. 아프리카는 여전히 유럽인들의 건강에 적대적인 곳이었다. 그러나 심리적인 면에서 본다면 이러한 변화는 의미가 있었다. 더 이상 열대 아프리카는 몽상가와 불운한 신병들에게만 어울리는 "백인의 무덤"이 아니었다. 이제는 유럽인들이 살아서 돌아올 수 있는 곳이 된 것이다. 이것을 커틴은 이렇게 말했다. "…… 아프리카에서의 어떤 활동도 불가

---

24) Thomas Joseph Hutchinson, *Narrative of the Niger, Tshadda and Binuë Exploration; Including a Report on the Position and Prospects of Trade up those Rivers, with Remarks on the Malaria and Fevers of Western Africa* (London, 1855, reprinted 1966), preface and pp. 211-21. 다음의 자료들도 보라. William Balfour Baikie, *Narrative of an Exploring Voyage up the Rivers Kwóra and Bínue (Commonly Known as the Niger and Tsádda) in 1854* (London, 1856, reprinted 1966); Curtin, "White Man's Grave," p. 109; Dike, p. 61 n. 2; Gelfand, *Rivers of Death*, p. 59; Goldsmith, p. 390; Lloyd, pp. 187-98; and Newbury, pp. 73-77.
25) 역주: 아샨티 부족의 도시. 오늘날의 가나에 있다.

능하게 만들던 가장 심각한 장애물이 최근의 발전으로 인해 약해졌다는 것을 관리들과 선교사들은 충분히 이해하고 있었다."26)

키니네 예방법으로 인한 즉각적인 결과 가운데 하나는 19세기 중반 이후에 아프리카를 탐험한 유럽인들의 수와 성공한 이들의 수가 크게 늘어난 것이다. 물론 탐험은 여전히 위험한 일이었지만, 더 이상 자살 행위 같은 것은 아니었다. 자신들의 발견이 가져올 많은 이익, 아마도 영광과 부富를 눈앞에 그리면서 더욱 많은 모험가들이 자원해서 알고 있는 것을 보탰다. 탐험가들 중에서 가장 영웅 대접을 받는 데이비드 리빙스턴은 1843년 보츠와나Bechuanaland에 있을 때 키니네 예방법에 대해서 처음 들었다. 그리고 1850~56년에 남아프리카를 가로지르면서 키니네를 매일 복용했다. 1857년에 이르러 키니네가 예방약이라는 확신을 가지게 되었다. 1858년의 잠베지 강 탐험을 준비할 때는 유럽인 선원 모두 매일 두 알의 키니네를 세리주酒와 함께 복용하도록 했다. 탐험 내내 많은 사람들이 말라리아로 고생했지만, 25명 중에서 단지 3명만 사망했다. 리빙스턴은 나중에 예방약으로서의 키니네의 효능을 의심하게 되었는데, 키니네가 말라리아의 영향을 단지 약화시켜 줄 뿐이었기 때문이다. 말라리아 치료제로 리빙스턴이 애호하던 것은 키니네, 감홍甘汞, 대황大黃, 할라파 수지樹脂27)를 섞어서 만든 것이었다. 리빙스턴은 이것을 "리빙스턴의 알약"이라고 불렀다.28)

---

26) Curtin, *Image of Africa*, p. 362 and "White Man's Grave," pp. 109-10; and Philip Curtin, Steven Feierman, Leonard Thompson and Jan Vansina, *African History* (Boston, 1978), p. 446. 이후 시간이 더 흐르면서 말라리아와 황열병을 모기가 옮긴다는 사실이 발견된 뒤에 사망률은 훨씬 더 떨어졌다. 골드 코스트에서는 1902년 이후에는 1천 명당 13-28로, 1922년 이후에는 1천 명당 10명 이하로 떨어졌다.

27) 역주: 멕시코 할라파(Xalapa)가 원산인 식물.

28) Gelfand, *Livingstone*, passim, and *Rivers of Death*, pp. 63-72;

탐험가들의 뒤를 이어 유럽 제국주의의 덜 중요한 주역들이 아프리카 내지로 들어갔는데, 그들은 선교사, 군인, 상인, 행정관, 엔지니어, 플랜테이션 소유자와 그들의 아내와 자녀들, 가족 여행객들이었다. 이들 모두 매일 키니네를 필요로 했고, 인도와 다른 열대 지역에 유럽인들이 유입되면서 키니네에 대한 수요도 증가했다.

1850년대까지는 전 세계에서 사용되던 기나나무 껍질은 이 나무가 야생으로 자라는 페루, 볼리비아, 에콰도르, 콜롬비아에서 온 것들이었다. 안데스 지역 국가들의 기나나무 껍질 수출은 세계적인 수요 증가로 1860년에 200만 파운드이던 것이 1881년에는 2천만 파운드로 늘었다. 그러나 이때 안데스 지역의 기나나무 껍질은 인도와 인도네시아산과의 경쟁 때문에 세계 시장에서 사라지게 되었다. 네덜란드와 영국 측의 계획적인 노력으로 일어난 일이었다.

기나나무를 아시아에서 재배하자는 아이디어가 많이 논의되기는 했어도 그 수요가 적었을 때는 그다지 가시적인 결과가 없었다. 그러나 수요가 증가하면서 1850년대 초에 자바에 있던 네덜란드인 식물학자들과 원예 전문가들은 네덜란드 동인도회사가 기나나무 묘목을 수입해 오도록 재촉했다. 그 결과 1853~54년 자바에 있던 보이텐조르히 식물원Buitenzorg Botanical Garden[29]의 원장이던 유스투스 찰스 하스칼Justus Charles Hasskarl이 이름을 숨기고 안데스 지역에서 기나나무 종자를 비밀리에 수집했다. 그렇지만, 그 종자의 대부분이 못쓰게 되었다. 영국에서는 1858~60년 인도 사무소의 직원이었던 클레먼츠 마컴Clements Markham이 큐에 있던 왕립 식물원British Royal Botanic Gardens에서 위어Weir라는 이름의 원예전문가의 도움으로 비밀리에 볼리비아와 페루에서

Horace Waller, ed,, *The Last Journals of David Livingstone*, 2 vols. (London, 1874), 1:177.

29) 역주: 현재 인도네시아 자카르타에 있는 보고르 식물원.

황색黃色 기나나무의 종자를 수집해왔다. 동시에 영국의 식물학자 리처드 스프러스Richard Spruce와 큐 왕립 식물원의 다른 원예전문가인 로버트 크로스Robert Cross도 에콰도르에서 적색 기나나무C. succirubra 씨앗 10만 개와 637수樹의 어린 묘목을 수집했다. 어린 묘목 중에서 463수의 묘목이 인도의 마드라스 근처 닐기리 힐스Nilgiri Hills에 있던 오타카문드Ootacamund 기나나무 플랜테이션의 핵심이 되었다.

이후 집중적인 실험이 행해졌다. 벵갈, 실론, 마드라스, 자바의 식물원에서 원예전문가들과 기나나무 전문가들이 종자와 정보를 교환하고 플랜테이션 소유자들에게 저렴하게 묘목을 제공했으며 무료 조언도 해 주었다. 적색 기나나무C. calisaya Ledgeriana의 줄기에 꼭두서닛과 식물C. succirubra의 교배종이 1874년 이후 자바의 기나나무 플랜테이션의 기본종이 되었다. 그리고 이끼법(mossing: 껍질을 잘라내고 나무를 이끼로 싸는 방법)과 저목림작업(低木林作業, coppicing: 매 6~7년마다 나무를 밑둥치까지 잘라내는 방법)같은 기술로 알칼로이드의 양을 더욱 많게 할 수 있었다. 페루산 껍질은 퀴닌 정보를 가진 황산 2퍼센트를 함유하고 있었는데, 자바에서는 과학적인 재배를 통해 그 양을 1900년까지 6퍼센트, 그 이후에는 8퍼센트 또는 9퍼센트까지 증가시켰다.

안데스산 껍질 산업이 망한 뒤인 19세기 말 영국과 네덜란드는 타협을 하게 되었다. 인도의 플랜테이션에서 나온 껍질은 가격이 싸기는 했지만 효력을 덜했다. 이 껍질에서 화학자들은 말라리아 예방 효과를 내는 알칼로이드들을 조합한 일종의 항말라리아 알칼로이드 혼합물인 토타키니네totaquinine를 추출했다. 그리고 인도산은 거의 모두 열대 지방에 있는 영국 군인들과 행정 인력들에게 보내졌고, 남은 것은 인도에서 팔렸다. 이에 비해 네덜란드령 자바에서 생산된 것은 인도산보다 효과도 더 좋고 가격도 더 비싼 불순물이 없는 키니네였는데, 20세기 초에 이르면 세계 시장의 10분의 9 이상을 장악

했다. 자바산이 세계 시장을 독점하게 된 것은 과학적인 재배법 때문이기도 했지만, 판매 카르텔인 암스테르담 기나 사무국Kina Bureau of Amsterdam의 역할 때문이기도 했다. 이 사무국은 껍질의 구매와 키니네의 판매 가격과 판매량을 조정했다. 2차 세계대전이 발발한 후 일본이 인도네시아를 점령하고, 합성 말라리아 억제제가 개발되고 나서야 세계에서 가장 중요한 약품 중의 하나였던 키니네에 대한 네덜란드의 독점이 막을 내렸다.

과학적인 기나나무 생산은 제국주의 기술의 대표적인 것이었다. 이러한 기술 없이는 유럽 식민주의는 아프리카에서 불가능했을 것이며 다른 열대 지방에서는 비용이 훨씬 더 들었을 것이다. 동시에 이 기술의 개발은 몇몇 식물원의 전문 과학 지식, 영국과 네덜란드 식민 정부의 장려, 인도인들과 인도네시아인들의 땀과 노동, 이 모두가 하나로 묶여 신제국주의의 원인이자 신제국주의의 결과이기도 하다는 것은 분명하다.30)

강을 달릴 수 있는 증기선은 열악한 수송輸送 장애를 제거했고, 키니네는 말라리아라는 장애를 제거했다. 이 두 가지가 함께 작용해서

---

30) 인도와 인도네시아로 기나나무를 옮긴 것에 대해서는 다음의 자료들을 보라. Lucile H. Brockway, *Science and Colonial Expansion: The Role of the British Botanic Gardens* (New York, 1979), pp. 104-33; William H. McNeill, *Plagues and Peoples* (Garden City, N. Y,. 1976), pp. 279-80; George Cyril Allen and Audrey G. Donnithrone, *Western Enterprise in Indonesia and Malaya: a Study in Economic Development* (London, 1957), pp. 91-93; Wilfred Hicks Daukes, *The "P. & T." Lands [Owned by the Anglo-Dutch Plantations of Java, Ltd,] An Agricultural Romance of Anglo-Dutch Enterprise* (London, 1943), pp. 43-44 and 105; F. Fokkens, *The Great Cultures of the Isle of Java* (Leiden, 1910), pp. 27-31; and "Cinchona", in *The Standard Cyclopedia of Horticulture*, ed. L. H. Bailey, 3 vols, (New York, 1943), 1:769-71.

아프리카 대부분의 지역은 식민지가 되었다. 다시 말해 아프리카는 유럽과 유럽인들의 조건에 따라 거래하게 된 것이다. 이제까지는 아프리카의 분할은 프랑스-프러시아 전쟁 이후의 프랑스의 정치 심리학이나 벨기에의 레오폴드 2세의 야심의 결과 또는 수에즈 운하의 부산물로 종종 설명되어왔고 그 원인들에 대해서는 별로 의심할 바가 없다. 그러나 아프리카 분할은 증기선, 키니네 예방법, 그리고 뒤에서 살펴볼 속사速射 라이플의 결과이기도 했다. 어쨌거나 아프리카 분할에 관련된 수많은 사건들 중에서 죽을 뻔했던 유럽인 선원들이 키니네 예방법으로 살아서 증기선을 타고 아프리카의 강으로 올라가는 과정을 보여주는 몇몇 사건을 보기로 하자.

맥그리거 레어드는 단순한 호기심이나 박애주의로 탐험대를 니제르 강으로 보낸 것이 아니다. 레어드의 눈에 탐험은 확실히 이익을 가져올 투자였다. 니제르 강 무역은 돈벌이가 될 뿐 아니라 영국에 필요한 것이었다. 노예를 대신해서 나이지리아 남부의 주요 수출품이 된 야자유는 비누의 원료만 아니라 산업 기계의 윤활유로서도 필수품이었다. 그런데 야자유를 해안으로 운반하는 니제르 강 삼각주의 중간 상인과 그것을 사서 유럽으로 싣고 나르는 소규모 유럽인 무역상의 판매 가격이 터무니없이 비쌌다. 바로 이 장애물을 없앨 수단이 증기선이라고 레어드는 믿었던 것이다. 1851년에 그는 증기 때문에 "가장 불확실하고 위험한 무역이 정기적이고 안정적인 무역이 될 것이며, 생명의 위험이 사라지고 현재 이 무역에 투입된 자본의 많은 부분이 자유롭게 될 것"이라고 그레이 백작Earl Grey[31]에게 썼다.[32]

이때 필요한 것은 증기기관을 이중으로 이용하는 것이었다. 첫째는

---

31) 역주: '얼 그레이' 차(茶)의 시작과 관련이 있는 영국 수상(1830-1834)의 아들로 1846년~1852년까지 식민성 장관이었다.

32) Newbury, p. 114.

영국과 서부 아프리카 사이에 증기선 노선을 설치하는 것이었는데 이 것은 뒤에서 살펴볼 것이다. 다음은 나이지리아 중간 상인의 손을 거치지 않고 무역을 하기 위해 니제르 강에 정기적인 증기선을 운항하는 것이었다. 레어드의 첫 요청들은 거절되었다. 그러나 1854년 플레이아드 호 탐험을 통해서 그의 신념이 옳았음이 입증된 뒤에는 영국 왕립지리학회Royal Geographical Society가 나서서 그의 프로젝트를 지원하도록 정부를 설득했다. 1857년에는 베이키Dr. Baikie를 보내서 니제르 강 중류의 소코토Sokoto 칼리프령(領)과 관계를 여는 데에 외무성이 동의했다. 해군성은 5년 동안 매년 세 척의 증기선을 니제르 강 상류로 보내기로 레어드와 계약했다.

이 일을 위해 데이스프링Dayspring 호, 레인보Rainbow 호, 선빔 Sunbeam 호가 존 레어드의 버켄헤드 조선소에서 건조되었고, 강을 오르내리는 이 배들은 자연스럽게 삼각주 지역 상인들의 원망의 대상이 되었다. 자신들의 사업이 배 때문에 망하고 있었기 때문이다. 급기야 1859년에 상인들은 레인보 호의 승무원 두 명을 죽였고 이후 레어드는 정부에 자신의 증기선을 호위할 전함을 보내주도록 호소했다. 2년 뒤 영국 군함 에스쁘아H. M. S. Espoir 호가 니제르 강으로 들어와 레인보 호를 공격하는데 가담했던 마을을 파괴했다. 1870년대에는 몇몇 영국 회사가 무장 증기선을 가지고 니제르 강에서 무역을 하게 되었고 매년 군사 원정대가 니제르 강을 따라 올라가서 영국의 침입에 저항하는 마을은 모두 파괴했다. 1880년대에는 이 지역의 모든 무역 이권을 통합했던 조지 골디 경Sir Georgie Goldie의 유나이티드 아프리칸 회사 United African Company는 경(輕)포함 함대가 1년 내내 니제르 강을 순찰하도록 했다. 드디어 1885년 영국 정부는 니제르 강 삼각주를 보호령으로 선언했다. 이에 대해 산발적인 저항이 있기는 했지만, 강 주위의 어떤 아프리카 마을이나 전쟁용 카누도 영국 전함에 오랫동안 버틸 수

없었다.33)

아프리카로 진출하려는 유럽인들이 최초이자 가장 적극적으로 증기선을 이용했던 곳이 니제르 강이다. 이 강은 열대 아프리카 지역에서 항행하기 가장 쉬운 강이었기 때문이다. 다른 주요 강들—콩고 강, 잠베지 강, 나일 강 상류와 그 지류—의 흐름은 바다용 증기선의 접근을 막는 큰 폭포들로 끊겨 있었기 때문이다. 이런 강들의 상류를 소형 배를 이용해서 탐험하려면, 먼저 배를 분해해서 급류 주변에서는 육로로 이동하고 탐험 전에 재조립을 해야 했다. 탐험기간 내내 이런 식으로 증기선과 기구를 육로로 이동하기 위해서는 니제르 강 탐험자들이 결코 감당할 수 없는 규모의 노동력, 기술, 조직, 돈이 필요했다.

리빙스턴은 몇 척의 소형 증기선을 이용했다. 1858년 잠베지 강을 거슬러 케브러바사Kebrabasa 급류34)까지 갔을 때는 마 로버츠Ma Roberts 호를 이용했고, 1861년에는 파이어니어Pioneer 호를 이용했다. 그리고

---

33) 영국이 나이지리아를 점령하는 과정에서 증기선이 한 역할에 대해서는 다음의 자료들을 보라. A. C. G. Hastings, *The Voyage of the Dayspring, Being the Journal of the Late Sir John Hawley Glover, R. N., C.G.M.G., Together with some Accounts of the Expedition up the Niger River in 1857* (London, 1926); Sir Alan Cuthbert Burns, *History of Nigeria*, 6th ed. pp. 204-12; Lloyd, pp. 128-30 and 199; Newbury, pp. 26, 78, and 114; Davies, pp. 40-48; and D. K. Fieldhouse, *Economics and Empire 1830-1914* (Ithaca, N. Y., 1973), p. 132. 나이지리아인들의 저항에 대해서는 다음의 자료들이 있다. Obaro Ikime, "Nigeria-Ebrohimi," and D. J. M. Muffett, "Nigeria-Sokoto Caliphate," in Michael Crowder, ed., *West African Resistance: The Military Response to Colonial Occupation* (London, 1971), pp. 205-32 and 268-99; and Robert Smith, "The Canoe in West African History," *Journal of African History* 11 (1970):526-27.

34) 역주: Cabora Bassa. 오늘날의 모잠비크에 있다.

레이디 니아사Lady Nyassa 호는 폭포에서 니아사 호수까지 몇 부분으로 나누어 옮겼다.35) 새뮤얼 화이트 베이커Samuel White Baker36)는 증기선 커디브Khedive 호를 나일 강 상류까지 옮기도록 한 후에 탐험을 시작했다.37) 헨리 스탠리Henry Stanley는 콩고 강 유역을 탐험하기 위해서 9톤의 증기선 앙 아방En Avant 호를 대서양에서 스탠리 풀Stanely Pool38)까지 몇 부분으로 분해해서 옮겨야 했다. 그리고 얼마 되지 않아 사보르냥 드 브라자Savorgnan de Brazza의 발레이Ballay 호도 콩고 강에 그 모습을 드러냈다. 이후에 탐험, 정복, 무역, 선교에 쓰이는 증기선의 수가 빠르게 증가했다. 이 증기선들은 대륙의 가장 깊은 지역까지 운반되었다. 1895~97년에 프랑스 중위 장티Gentil는 알루미늄으로 만든 첫 증기선 레옹 블로Léon Blot 호를 이용해서 우방기 강과 사리 강 지역, 차드Chad 호수 지역을 정복했다.39) 그리고 1898년에 프랑스 군의 사령관 마르샹Marchand은 아프리카 횡단 원정에 두 척의 증기선과 세 척의 젓는 배rowboats를 우방기 강에서 나일 강까지 운반해서 나일 강을 타고 파쇼다Fashoda까지 나갔고 거기서 그 유명한 키치너Kitchener 와 맞닥뜨리게 되었다.40)

35) Gelfand, *Livingstone*, pp. 126, 165, and 176-81; and Norman Robert Bennett, "David Livingstone: Exploration for Christianity," in Robert I. Rotberg, ed., *Africa and its Explorers: Motives, Methods and Impact* (Cambridge, Mass., 1970), p. 45.

36) 역주: 아프리카 중부의 앨버트 호(lake Albert)를 발견한 인물.

37) Richard Hill, *Egypt in the Sudan 1820-1881* (London, 1959), p. 132.

38) 역주: 오늘날의 말레보 풀(Malebo Pool).

39) Pierre Gentil, *La conquête du Tchad* (1894-1916), 2vols, (Vincennes, 1961), 1:51-63.

40) Lederer, pp. 124-25; Marc Michel, *La Mission Marchand, 1895-1899* (Paris and The Hague, 1972).

아프리카 지역 대부분의 지형이 험난하고, 또 아프리카에 말이나 소 같이 짐 싣는 동물이 없었던 점을 고려한다면, 유럽인들이 발만 이용해서는 그처럼 빨리 아프리카로 침투하거나 그처럼 철저히 아프리카를 지배할 수 없었을 것이다. 수단 중부, 사하라 사막 지역, 에티오피아, 칼라하리 사막 지역같이 좋은 수로가 없는 곳이 가장 나중에 식민지가 된 것만 보아도 이 점은 분명해진다. 19세기의 아프리카에서 수로를 이용해서 쉽게 전진할 수 있었는지 아니면 육로로 어렵게 나아가야 했는지에 따라 유럽인들의 침투와 정복 패턴은 많은 영향을 받았다.

2부

총포와 정복

4장

19세기 초의 무기와 식민지 전쟁

아, 형제들이여, 겁내지 마시오!

하늘이 당신들의 기독교 사업을 도와줄 것이니.

모든 의심과 눈물을 버리시오.

라이플은 확실히 창을 막아낼 것이오.

기旗를 드시오! 전진!

그리스도의 군인들이여, 무찔러야 할 적과

악마를 찾아내시오.

그리고 주저하지 말고 쏘시오. 1)

기술은 힘이다. 이 힘은 인간에게 적대적인 자연 요소들을 막아내는 방어 수단이자 자연의 힘을 이용해서 일을 하고 생활의 조건을 개선하는 수단으로 자연 세계에 대해 휘둘러지는 힘이다. 키니네 예방법과 강

---

1) *Truth* (Apr. 16, 1891)에 실린 풍자 "찬송가". John Galbraith, *Mackinnon and East Africa 1878-1895; a Study in the 'New Imperialism''* (Cambridge, 1972), p.15에서 인용한 것을 재인용.

을 달리는 증기선은 이러한 종류의 기술이었다.

그러나 기술은 인간에 대해 휘두르는 힘이기도 하다. 예를 들어 고대 이집트와 메소포타미아에서의 관개 시설, 중세 유럽에서의 갑옷과 투구, 성채와 같은 핵심 기술을 지배한 사람들은 그들의 신민臣民과 이웃에게 큰 힘을 휘둘렀다. 19세기에 아프리카와 아시아에 출입한 유럽인들도 자신들에게 적대적인 사람들 앞에서 자주 이런 힘을 휘둘렀다. 제국주의의 역사는 분쟁의 역사, 즉 전략, 전술, 무기의 역사이다. 그리고 역사학의 장르 중 가장 인기 있는 전쟁사에서 우리는 신제국주의의 원인을 밝힐 몇몇 단서를 발견할 수 있을 것이다.

19세기에 유럽 강대국들의 군대는 유사한 무기를 소유하고 있었고 전투의 결과는 군인의 수나 전략과 전술에 의해 결정이 되었다. 유럽에서 멀리 떨어진 지역에서 유럽 군대는 매우 다른 상황을 만났다. 그런 곳들에는 토착민들의 군대가 침입자들보다 수가 많았으며 지형에 대해 알고 있기 때문에 그 지역의 군인들이 유리했다. 게다가 유럽의 식민지를 위해 파견된 군대는 본국 정부의 경비절감 정책 때문에 제한을 받았다. 본국 정부는 자신들의 안보가 눈에 띄게 확보되지 않는 군사 작전에 군인들을 보내거나 특별한 비용을 꺼렸다. 그럼에도 불구하고 유럽인들은 군사력을 이용해서 아시아와 아프리카의 넓은 지역들—사실 나폴레옹 시대의 제국의 크기만큼의 제국들—을 놀라울 정도로 적은 비용으로 정복할 수 있었다. 이것은 19세기 중반의 무기 혁명firearm revolution의 결과로 유럽의 화력火力이 압도적으로 우위에 있었기 때문이다.

19세기는 역사상 어느 시대보다도 보병의 무기가 가장 극적으로 발전했던 시기였다. 실제 화력 면에서 볼 때 1차 세계대전 때의 소총rifle과 나폴레옹 시대의 머스킷musket 사이의 차이는 머스킷과 활의 차이보다 더 큰 것이었다. 키니네 예방법과 강의 증기선과는 달리 근대의 총포는 거의 모두가 유럽인들과 미국인들이 사용하기 위해서 개발되었다. 그런데 이 총포들을 식민지 전쟁에 사용하게 된 것은 뜻밖의 부작용 때문이었다. 얄궂게 이 신기술은 유럽 내부에서보다 비서구 세계에서 힘의 균형에 변화를 가져왔다.

근대의 총포 발전은 소규모의 발전들이 복합적으로 연결된 결과였다. 이 소규모 발전의 출발점도 다른 경우가 많았고 어떤 경우는 수 세기가 걸리기도 했다. 이 발전 과정에서 두 단계가 특별히 중요하다. 먼저, 격발 뇌관percussion caps, 강선腔線, 장방형 탄환oblong bullets, 그리고 종이 탄약통paper cartridges2)을 통해 전장식前裝式 총포가 완벽해진 것이다. 두 번째 단계는 후장식後裝式의 프러시아 침타총針打銃에서 시작되어 맥심 기관총Maxim gun이 된 것이다. 1860년대에 전장식에서 후장식으로 기술 발전이 이루어진 것은 일반적인 기술 발전이 아니었다. 유럽인들과 비서구인들 사이의 힘의 차이를 극적으로 벌려 놓았고, 세기말의 제국주의의 비약적 발전의 직접적 원인이 되었다. 이러한 중대한 변화를 이해하기 위해서는 유럽과 비서구 세계의 무기와 작전, 그것들이 1860년대를 전후로 몰고 온 힘의 격차에 대해 살펴보아야만 한다.3)

---

2) 역주: 탄약통이라는 말은, 쉽게 말해 총알이라고 할 수 있다. 그러나 이 총알은 엄밀히 말하면 '탄환부분+그 탄환을 발사할 수 있는 추진력을 제공할 화약+그 화약을 불붙게 할 뇌관+이 모든 부분들을 하나로 감싸고 있는 껍데기 부분인 '탄피로' 구성되어 있다. 이 세 가지를 합친 것을 우리는 흔히 cartridge, 탄약통이라고 부른다. 그러므로 여기서 탄약통, cartridge의 발전을 이야기할 때 가장 핵심은 탄피와 뇌관이라고 할 수 있다.

3) 19세기 초의 유럽의 화기에 대해 참조한 자료는 다음과 같다. William Young Carman, *A History of Firearms from Earliest Times to 1914* (London, 1955); Russell I. Fries, "British Response to the American

19세기 초 유럽 보병의 표준 무기는 강선이 없는 전장식 활강 머스킷smoothbore musket이었다. 머스킷에는 총의 개머리 뒷부분에 있는 구멍을 통해 화약을 폭발시킬 수 있는 부싯돌 같은 점화 장치가 있었고, 백병전白兵戰을 할 때 사용할 수 있도록 총신에 총검銃劍, bayonet을 붙일 수 있었다. 영국군이 1853년까지 사용했던 브라운 베스Brown Bess는 그들의 조상이 1704년 블레넘Blenheim에서 가지고 다니던 것과 동일한 것이었다. 공식 사거리射距離는 200야드였지만 유효 사거리는 뛰어난 활보다 짧은 80야드였다. 당시 군인들은 적병이 사정거리에 들 때까지는 총을 쏘지 말라는 권고에도 불구하고 탄환만 준비되면 적병을 향해 마구 쏘아댔다. 머스킷을 장전하는 데 적어도 1분이 걸렸기 때문에 전쟁터에서 꾸준한 발사속도를 유지하기 위해서는 군인들은 반대행군

System: The Case of the Small-Arms Industry after 1850," in *Technology and Culture* 16(July 1975):377-403; Brig. J. F. C. Fuller, *Armament and History* (New York, 1933); William Wellington Greener, *The Gun and Its Development; with Notes on Shooting*, 9th ed. (London, 1910); Robert Held, with Nancy Jenkins, *The Age of Firearms, a Pictorial History*, 2nd ed. (New York, 1978); James E, Hicks,, *Notes on French Ordnance, 1717 to 1936* (Mt. Vernon, N. Y., 1938); Edward L. Katzenbach, Jr., "The Mechanization of War, 1880-1919," in Melvin Kranzberg and Carroll W. Pursell, Jr,, eds., *Technology in Western Civilization*, 2 vols, (New York, 1967), 2:548-51; J. Margerand, *Armement et équipement de l'infanterie française du XVIe au XXe siècle* (Paris, 1945); Col. Jean Martin, *Armes à feu de l'Armée française: 1860 à 1940, historique des évolutions précédentes, comparaison avec les armes étrangères* (Paris, 1974); H. Ommundsen and Ernest H. Robinson, *Rifles and Ammunition* (London, 1915); Thomas A. Palmer, "Military Technology," in Kranzberg and Pursell, 1:489-502; "Small Arms, Military," in *Encyclopedia Britannica* (Chicago, 1973), 20:665-78; and G. W. P. Swenson, *Pictorial History of the Rifle* (New York, 1972).

countermarch 훈련을 받았다. 각 열이 순서대로 앞에서 사격을 하고 그 후에는 뒤로 돌아가서 재장전을 할 수 있게 했다.[4]

부싯돌식 점화 장치를 가진 머스킷의 가장 심각한 결점 중의 하나는 발화發火가 잘 되지 않았다는 점이다. 최고의 조건에서도 10번 중에서 7번 발화가 되었고, 비가 오거나 습한 날은 발화 자체가 이루어지지 않았다. 이런 이유 때문에 군인들은 자신들의 무기를 창으로도 사용할 수 있도록 훈련을 받았다. 그런데 1807년에 스코틀랜드의 성직자이자 아마추어 화학자 알렉산더 포사이스Alexander Forsyth가 해결책을 내놓았다. 그는 폭발력이 강한 염소산 칼륨potassium chlorate을 폭약detonating powder으로 쓰고 부싯돌식 점화 장치 대신 격발 뇌관을 사용함으로써 어떤 날씨에도 발화가 가능한 총을 만들었다. 실험 결과는 부싯돌식 점화 장치를 쓰는 경우에는 1천 발에 대해 411발의 불발不發이 있었는데 격발 뇌관을 사용한 경우에는 1천 발당 4.5발만이 불발이었다.

1814년에 필라델피아의 조슈아 쇼Joshua Shaw는 포사이스의 발명품을 개선했다. 그는 폭약을 작은 금속 통에 넣어서 장전을 용이하게 했으며, 이를 통해서 무기가 날씨에 영향을 받지 않도록 했다.[5]

물론 이러한 진전을 비난하는 사람들도 있었다. 예를 들어, 1817년 『젠틀맨스 매거진Gentleman's Magazine』에 이런 글을 쓴 기자도 있었다.

안녕하십니까? 포사이스 씨가 특허를 받은 격발 장치에 대해 최근 글을 쓴 사람들이 있는 데도 제가 또다시 글을 쓰는 것을 용서해 주시기 바랍니다. 포사이스 씨의 발명품이 대중적 장점이 있는 것은 사실입니다. 그 가장 큰 장

---

4) Greener, p. 624; Swenson, p. 12.

5) Swenson, p. 19; Held, pp. 171~74; Greener, pp. 112 and 117; "Small Arms," 20:668; Fuller, p. 110; and Martin, pp. 58~64.

점이라면 이제는 점화 구멍을 쓰지 않고 화약에 불을 붙일 수 있게 됨으로써 더 효율적으로 사격을 하게 된 것입니다. 게다가 날씨가 좋지 않아도 총을 쏠 수 있게 된 것도 사실이고요. 그렇지만 진정한 사냥꾼sportsman이라면 새로운 발사 장치를 원하지 않습니다. 좋은 부싯돌식 점화 장치 하나면 신사에게는 다른 어떤 것도 필요 없기 때문입니다. 포사이스 씨의 발명품이 더 효율적인 사격을 가능하게 한다고 이야기하는 사람들에게 저는 똑같이 특허를 받은 후장식 부싯돌 점화 장치도 충분히 효율적이라고 말하고 싶습니다. 그리고 포사이스 씨의 것으로는 더 빨리 쏠 수 있다고 이야기하는 사람들에게는 저는 그분들이 가진 부싯돌식 점화 장치의 사용법을 잘 익혔다면 그 차이란 진정한 사냥꾼의 눈에는 아주 근소한 것이라고 말하고 싶습니다. 또 바람 불고 비오는 날에도 사냥할 수 있다고 주장하는 사람들에게는 저는 신사들이란 그런 날씨에는 사냥을 나가지 않는다고 말하고 싶습니다. 나아가 이 새로운 장치가 군대에서 사용된다면 조만간 전쟁은 우리의 생각을 뛰어넘을 정도로 무서운 것이 될 것입니다. 미래의 전쟁은 수년 내에 군인들만이 아니라 문명 자체를 파괴할 정도가 될 것입니다. 이런 이유 때문에 분별력 있는 많은 분들께서 깊이 생각하시어 이 새로운 발명품을 없애기 위해 열심히 투쟁해 주시기 바랍니다.

영국 신사 아무개某氏[6]

그러나 군사적인 관점에서는 포사이스식 격발이 분명한 장점을 보였다. 아편전쟁에 대한 다음의 보고서가 이를 잘 보여준다.

폭우가 내리면 발사가 안 되는 부싯돌식 점화 장치를 가진 머스킷으로 무장을 한 세포이 한 무리가 1천여 명의 중국인들에게 포위되었습니다. 정말 위험했습니다. 이때 격발식 뇌관의 머스킷으로 무장한 해군 두 중대가 출동했고, 큰 피해 없이 바로 적을 쫓았습니다.[7]

---

6) Held, p, 173에서 인용.
7) Lieut. Gen. Lord Viscount Gough to London Gazette (Oct. 8. 1841)-Fuller, p. 128 no, 20에 인용되어 있음.

1822년에 격발 장치percussion locks를 처음으로 도입한 프랑스 군대는 1840년의 전쟁 공포 때에 이르러서야 격발 장치로 대규모의 전환을 했다. 울리지 위원회Woolwich Board는 1836년에 첫 격발식 뇌관을 사용한 브런즈윅 라이플Brunswick rifle을 영국에서 승인했고, 3년 뒤에는 영국군의 오래된 부싯돌식 점화 장치를 새로운 것으로 바꾸기 시작했다. 그렇지만 아편전쟁 때까지 영국군 대부분은 부싯돌식 점화 장치의 총을 가지고 있었고, 군대는 1842년까지도 부싯돌식 점화 장치를 구매하고 있었다. 그 당시 유럽의 군대는 사냥하는 신사들에 의해 지휘되고 있었던 것이 분명하다.8)

격발식이 총이 좀 더 일관되게 발사되도록 했다면, 강선rifling은 더욱 정확하게 발사되도록 했다. 총신銃身 내부에 나선형의 홈을 냄으로써 탄환이 아무렇게나 떨어지는 대신에 총신과 평행한 축을 따라 빠른 속도로 회전하게 되어 총의 사거리射距離가 상당히 늘었다. 강선의 원리는 16세기 때부터 알려진 것이었는데 사냥과 사격射擊에서는 대부분 사용하고 있었다. 미국의 개척민들이 가지고 있던 펜실베이니아—켄터키 라이플과 같은 19세기 초의 전장식 라이플은 활강식 머스킷의 네 배에 달하는 300야드의 유효 사거리를 가지고 있었다.

미국 독립전쟁 때에 많은 병사들이 사냥용 라이플로 무장하고 있었다. 프랑스 혁명군에도 라이플 부대가 있었고, 영국인들은 1800년

---

8) Greener, p. 624; Carman, p. 178; Margerand, p. 114; Martin, pp. 64–70; Hicks, p. 21; Held, p, 182; Peter Ward Fay, *The Opium War, 1840–1842: Barbarians in the Celestial Empire in the Early Part of the Nineteenth Century and the War by Which They Forced Her Gates Ajar* (Chapel Hill, N. C., 1975), p. 130; John D. Goodman, "The Birmingham Gun Trade," in Samuel Timmins, ed,. *The Resources, Products, and Industrial History of Birmingham and the Midland Hardware District* (London, 1866), pp. 384–85.

에 첫 라이플 여단을 만들었다. 그렇다고 하더라도 19세기 초의 라이플은 당시의 대규모 전쟁에는 부적합했다. 그 이유는 장전 시간이 머스킷의 네 배나 되었고 쉽게 장전하기 힘들었기 때문이다. 사냥하는 사람들이라면 라이플에 시간과 정성을 들일 수 있었지만, 일반 군인들이 전쟁터에서 그런 기술을 발휘할 수는 없었다. 그렇기 때문에 나폴레옹은 1805년 군대에서 라이플 사용을 금했고, "병사의 손에 들어갈 수 있는 최악의 무기"라고 했다.

나폴레옹 전쟁 후에 무기 전문가들은 다시 한 번 라이플의 장점에 마음이 끌려 라이플의 단점을 없앨 방법을 찾고자 노력했다. 목표는 라이플처럼 정확하면서 머스킷처럼 빨리 장전할 수 있게 개발하는 것이었다. 그들이 찾아낸 해결책은 총 자체가 아니라 탄환bullet이었다. 머스킷 탄환의 이상적인 조건은 장전할 때는 총신 속으로 쉽게 미끄러져 들어갈 만큼 작지만 강선에 들어맞을 정도로 커야 했다. 그래야 고속으로 회전할 수 있었다. 이러한 효과를 얻기 위해서는 폭발 시에 탄환이 팽창을 해야 했다. 1823년에 노턴 대위Captain Norton는 밑이 비어 있는 탄환을 고안했고, 1836년에는 총기 제작자 윌리엄 그리너William Greener가 탄환이 팽창할 수 있게 나무로 된 밑바닥을 가진 탄환을 발명했지만 어느 것도 만족스럽지 않았다.

한편 프랑스 사람들은 같은 구경의 구형球形 탄환보다 무게가 더 나가는 길쭉한 탄환long bullet으로 실험을 하고 있었다. 길쭉한 탄환은 라이플에만 사용할 수 있었는데, 빠르게 회전하지 않으면 돌다가 엉뚱한 곳으로 날아갈 수 있었기 때문이다. 결국 1848년에 프랑스 육군 대위 클로드 에티엔 미니에Claude Etienne Minié가 앞의 두 가지 기술 혁신—밑이 빈 탄환과 타원형의 형태—을 하나로 결합할 수 있었다. 위는 아치 모양이고 몸통은 원통 모양을 한 미니에의 탄환은 정확한 것이었다. 100야드의 거리에서 미니에의 라이플은 매번 94.5

퍼센트의 정확도로 목표물을 맞추었는데 브런즈윅 라이플의 74.5퍼센트와 비교가 되었다. 400야드의 거리에서는 52.5퍼센트와 4.5퍼센트로 차이가 났다. 1849년 프랑스군은 미니에 라이플을 지급하기 시작했다. 1853년에는 영국군도 브라운 베스를 공식 사거리 1천200야드에 유효 사거리 500야드로 이전 총의 여섯 배가 되는 새로운 라이플 엔필드Enfield로 바꾸기 시작했다. 게다가 탄환과 화약을 담고 있는 종이 탄약통에 동물 기름獸脂을 이용해서 탄약에 습기가 스며드는 것을 막았다.

미니에의 총과 엔필드 총이 등장했을 때 유럽은 평화 시였기 때문에 이 총들의 성능은 식민지에서 시험되었다. 프랑스는 새 라이플을 알제리에서 싸웠던 정예군 아프리카의 사냥꾼들Chassuers d'Afrique 부대에 지급했다. 영국군은 1851~52년의 카피르 전쟁Kaffir War에서 코사족과 싸우면서 "미니에의 탄환"을 시험했다. 그러나 엔필드 라이플은 인도에서 결코 잊히지 않을 악명을 얻었다. 인도 세포이들의 동물 기름을 먹인 종이 탄약통에 대한 반감은 1857년 인도의 세포이 항쟁을 촉발시켰다.9)

19세기 말의 총기 혁명gun revolution으로 넘어가기 전에 잠깐 총기 혁명 이전의 세계의 화력火力, firepower의 균형에 대해 생각해 보자. 이제까지 제국주의의 역사를 다룬 연구들에서는 19세기 전반기 유럽

---

9) 19세기 초의 라이플과 장방형 탄환의 개발(development)에 대해서는 다음의 자료들을 보라. Goodman, p. 385; Carman, pp. 104-13; Fuller, pp. 110 and 128-29 n. 23; Greener, pp. 623-31 and 727; Held, p. 183; Hicks, pp. 31-32; Margerand, p. 116; Martin, pp. 73-82; Commundsen and Robinson, pp. 18-22, 46-65, and 78-79; "Small Arms," 20:669; and Swenson, pp. 16-25; 브라운 베스, 미니에, 엔필드와 19세기 초의 다른 군사용 총의 실제 모습은 파리의 오텔 데 앵발리드(Hôtel des Invalides)에 있는 군사박물관(Musée de l'Armée)의 루브와실(室)에서 볼 수 있다.

의 팽창은 느린 속도로 이루어졌다고 이야기해왔고 그 원인을 무관심, 자유무역, 보수주의, 그리고 동기 부족 같은 다른 형태의 것에 돌렸다. 그런데 이 시기의 전투에 대해 알아보고 또 그것을 같은 19세기의 이후의 다른 전투들과 비교해 보면 유럽의 팽창이 늦었던 것은 무기의 발전과 함께 신제국주의 시기의 서구와 비서구 세계 사이에 힘의 불균형이 점점 더 커지게 된 것과도 긴밀한 관계가 있음을 알게 될 것이다.

영국이 인도를 정복하는 과정은 매우 길었고, 인도인들의 희생도 매우 컸다. 인도 아대륙亞大陸이 광대했던 것도 그 부분적인 이유이다. 그러나 영국과 인도의 토호국들 사이에 힘의 균형이 변해갔던 것도 똑같이 이유가 될 수 있다. 인도의 토호국들은 유럽인들과의 수 세기에 걸친 접촉을 통해서 유럽식 군대를 만드는 법을 배웠고, 유럽인 교관을 고용해서 훈련했었다. 가일 네스Gayl Ness와 윌리엄 슈탈William Stahl은 최근 18세기와 19세기 초의 영국과 인도의 전쟁을 분석한 논문에서 이 힘의 균형이 눈에 띄게 변해가는 것을 보여 주었다.[10]

18세기 말에 있었던 마이소르 전쟁 때 1만 명에서 1만 5천 명 정도의 영국군은 여섯 배에서 일곱 배나 되는 인도군을 쉽게 이겼다. 영국군이 쉽게 이길 수 있었던 것은 무기 때문이 아니었다. 인도군도 똑같이 좋은 머스킷, 캐논포, 탄약을 가지고 있었다. 그보다는 개인적인 충성심으로만 뭉쳐진 "개별적인 영웅적 전사들의 집단"인

---

10) Gayl D. Ness and William Stahl, "Western Imperialist Armies in Asia." in *Comparative Studies in Society and History* 19 no, 1(Jan. 1977):2-29. 다음의 연구도 보라. E. R. Crawford, "The Sikh Wars, 1845-9," in Brian Bond, ed., *Victorian Military Campaign* (London, 1967), pp. 35-36.

인도 토호국들의 군대와 맞선 영국 군대의 근대적인 관료 조직에 있었다. 19세기 초의 마라타 전쟁에서는 영국군은 수적으로 두 배인 인도군을 이겼다. 마침내 1840년대의 시크 전쟁에서 영국군은 숫자는 같고 포병의 화력은 자신들보다 우세한 군대와 싸워야 했다. 그 사이 마라타인들과 시크교도들도 유럽식 조직과 모병, 과세, 통치 방식을 모방하기 시작했기 때문에 일어난 일이었다. 시크교도들은 마라타인들보다 훨씬 더 유럽 방식을 모방했다. 결국 영국은 인도인들의 저항력을 키워왔던 것이라고 할 수 있다.

조제프 니덤Joseph Needham과 그의 동료들에 따르면 중국은 15세기까지 모든 기술의 분야에서 세계를 이끌었다.[11] 하지만 19세기에 중국이 서양과 직면했을 때 그들의 무기는 한 세기나 두 세기 뒤진 것이었다. 다쿠, 후먼과 해안의 다른 지점에 있던 큰 요새들forts이 바다의 야만인들을 막는 주요 방어시설이었다. 이보다 더 나은 요새들이라고 해도 해자垓字, ditches나 능보稜堡, bastions, 총안銃眼, embrasures도 없는 단순한 벽일 뿐이었다. 다른 요새들은 모래 자루, 진흙과 배를 뒤집어 놓은 것들이었다. 중국인들의 캐논포는 포탄이 37파운드에 달할 정도로 매우 무거웠지만, 아주 오래된 것으로 어떤 것들은 300년 전인 명나라 시절 예수회 신부들이 황제를 위해서 만든 것이었다. 그 중에서도 가장 나빴던 점은 그 캐논포가 석조물에 고정되어 있어 움직이는 목표물을 향해 조준할 수가 없었다는 점이었다. 야포野砲의 경우에 중국인들은 징갈총을 썼는데, 이것은 무게가 1파운드에 달하는 쇠조각이나 쇠공을 발사하는 큰 머스킷으로 귀청이 터질 듯한 소리를 냈지만 탄환은 멀리 나가지 않았다. 보병의 경우에는 대부분 활, 석궁crossbow, 검劍, 창, 또는 미늘창pikes을 가지고 다

---

11) Joseph Needham et al., *Science and Civilisation in China*, 7 vols, in 12 parts (Cambridge, 1954-).

니거나 심지어는 돌을 가지고 다니면서 방패에 의존해서 몸을 보호
했다. 단지 소수의 보병만 총을 가지고 다녔는데, 조악粗惡하게 만든
화승총이었고 삼각대에 걸쳐서 발사를 하고 나서 탄환을 채우지 않
거나 재지 않고 쏘았다. 마지막으로 이들의 전쟁용 정크선war-junks
은 수심이 얕은 곳도 조종하기가 힘들었으며, 10파운드에 달하는 탄
환을 발사하는 소형 캐논포들로 무장하고 있었다. 이 포들은 목재
덩어리로 고정되어 있어 요새의 포들처럼 목표물을 향해 조준할 수
없는 것들이었다. 해군의 다른 무기들로는 손으로 투척하는 불타는
역청을 넣은 악취탄, 적의 배와 충돌하도록 띄워 보내는 불붙인 화
선火船이 있었다.12)

　미얀마인들도 중국인들과 마찬가지로 적敵인 유럽인들의 군사기술
에는 상당히 뒤처져 있었다. 그들의 방책防柵은 일반적인 목재나 대나
무로 되어 있었고, 캐논포는 거의 없었다. 보병은 장비도 거의 없었
는데, 일부는 커다란 양손 검이나 창을 가지고 다녔다. 다른 병사들
은 화승총이나 수발총燧發銃, flintlock을 가지고 다녔는데 자신들이 사
용할 화약은 직접 만들어야 했다. 탄환은 쇠를 망치로 두드려서 만

---

12) 아편전쟁 시기의 중국의 무기에 대해서는 다음의 자료들을 보라. Jack
Beeching, T*he Chinese Opium Wars* (New York, 1975), pp. 51-52; Fay,
pp. 209, 272-73 and 344-45; Greener, pp. 123-24; John Lang
Rawlinson, *China's Struggle for Naval Development, 1839-1895*
(Cambridge, Mass., 1967), pp. 6-15; G. R. G. Worcester, "The Chinese
War Junk," *Mariner's Mirror* 34(1948):22; and Barton C. Hacker, "The
Weapons of the West: Military Technology and Modernization in
19th-Century China and Japan," in *Technology and Culture* 18 no. 1
(Jan. 1977):43-47. 그리고 파리의 오뗄 데 앵발리드(Hôtel des Invalides)의
앞뜰(Cour d'Honeur)에는 두 문의 중국에서 온 청동제 활강식 24파운드 캐논
포가 전시되어 있는데 이것들은 1858년 다쿠 요새에서 가져온 것이다. 이 캐
논포들은 18세기 유럽의 캐논포와 매우 닮았다.

든 것으로 총신에 꼭 맞지 않고 느슨했으며 사거리가 짧았다. 프레더릭 매리엇 대령에 따르면, "이들의 머스킷은 십중팔구 발사가 되지 않지만, 발사가 된다고 해도 탄환이 목표물에 미치지 못하고 떨어진다. 화약이 효과가 없기 때문이다."라면서 다음과 같이 결론을 내렸다.

…… 미얀마인들이 우리의 것과 같은 무기를 똑같이 공급받았다면 미얀마가 그리 쉽게 복속되지는 않았을 것이다. 그들의 방어 체계는 좋았고 용감함은 의심할 바 없었는데 효과적인 무기가 없었다.13)

알제리는 또 다른 예이다. 알제리는 인도보다 훨씬 작고 가치도 없었지만, 프랑스는 영국이 인도 때문에 치른 비용보다 더 많은 비용을 치르고 알제리를 얻었다. 알제리인들은 유럽인들과 오랫동안 관계가 있었는데 대부분 적대적인 관계였다. 그들은 유럽인들만큼 우수한 총포를 가지고 있었으며 총포를 다루는 실력도 뛰어났다. 1830년 알제 시(市)를 공격했던 프랑스 원정대는 나폴레옹 방식으로 중무장을 했다. 보병은 머스킷을 가지고 있었고 기병은 창과 검을 가지고 있었으며, 포병artillery은 특히 강력했는데, 30문의 24파운드 포, 20문의 16파운드 포, 수십 문의 이보다 더 작은 캐논포, 곡사포, 박격포, 로켓을 가지고 있었다. 이때 가장 새로웠던 것으로 나폴레옹

---

13) Capt. Frederick Marrayat, *Olla Podrida* (Paris, 1841), pp. 80-82. 다음의 자료도 보라. Maung Htin Aung, *A History of Burma* (New York and London, 1967), p. 213. 자신들의 논문 "Western Imperialist Armies in Asia"의 말미에서 네스와 슈탈은 3차에 걸친 영국-미얀마 전쟁을 짧게 다룬다(pp. 22-23). 그러나 이들은 미얀마의 무기만 아니라 강에서 이용된 증기선, 후장식 총이나 기관총(machine guns) 같은 영국의 무기를 언급하지 않고 인도의 경험을 미얀마에 적용하는 실수를 한다. 그렇기 때문에 "기술만이 결정적인 변수였던 것처럼 보이지는 않는다"고 한 그들의 결론은 틀린 것이다.

도 놀랐을 무기는 증기선 스핑크스Sphinx 호였는데, 이 증기선 덕분에 알제 시를 포격할 수 있었다.14) 알제를 방어하던 터키의 병사와 알제리 민병民兵도 좋은 수발총을 가지고 있었지만, 이들의 포는 낡은 것이었기 때문에 프랑스군의 포격 아래 방어망이 무너져 내렸다.15)

프랑스인들이 내륙으로 이동해 옴에 따라 알제리인들의 저항도 강해졌다. 내륙의 두드러진 지도자였던 토후emir 압델 카데르Abd-el Kader는 침입자들을 몰아내기로 결정을 했다. 처음 프랑스는 친선관계를 맺고자 했기 때문에 1833년 데미셸 장군General Desmichels은 그에게 400정의 새 머스킷과 탄약을 주었다. 다음해에 데미셸과 압델 카데르 사이에 맺은 조약을 통해 압델 카데르는 무기, 화약, 황sulphur을 살 권리를 보장받았다. 1835년 6월 압델 카데르의 무장된 군대는 2천500명의 프랑스 군대를 공격하여 승리했다. 1837년 6월에 맺은 타프나 조약16)의 비밀 부속 문서에서 뷔고 장군General Bugeaud은 압델 카데르에게 3천 정의 라이플과 탄약을 약속했고, 프랑스는 작은 지역들을 확보하기 위해 압델 카데르에게 자신들이 소유한 양과 맞먹는 총을 공급했다. 1840년에 이르면 프랑스의 세력은 해안의 도시로 제한되었던 데 반해 압델 카데르는 8만의 병력으로

---

14) Duncan Haws, *Ships and the Sea: A Chronological Review* (New York, 1975), p. 126. 이 배의 두 모델이 파리에 있는데, 하나는 해양 박물관(Musée de la Marine. 여기에는 엔진 모델도 있다)에, 다른 하나는 국립공예원(Conservatoire National des Arts et Métiers)의 기술 박물관(Musée de la Technique)에 있다.

15) 알제의 황제 요새(Fort l'Empereur)의 캐논포들 중 하나를 1830년 프랑스인들이 가져갔고 지금 그것은 파리의 오텔 데 앵발리드(Hôtel des Invalides)의 앞뜰에 전시되어 있다. 이 캐논포는 오토만 제국 사람들이 1581년 알제에서 주조한 청동제 활강식 24파운드 포이다.

16) 역주: 다른 자료들에서는 1837년 5월 30일이다.

내륙을 지배하게 되었다. 그는 영국으로부터도 2천 정 정도의 라이 플을 구입했는데, 이것들은 지브롤터와 모로코를 통해서 밀수된 것 들이었다. 그는 프랑스와 스페인 장인들의 도움으로 직접 티아레트 Tagdempt에서는 라이플을, 틀렘센Tlemcen에서는 캐논포를 만들기 시작 했다. 1840년 이후 육군 원수元帥가 된 뷔고가 알제리를 공격하기로 결정을 했을 때, 프랑스는 영국이 압델 카데르에게 무기를 공급하지 못하도록 설득해야 했다. 이때 프랑스는 병력의 3분의 1인 10만 6천 명을 동원하고서야 알제리를 정복할 수 있었다. 많은 대학살과 초토 화 작전을 거쳐 1857년 알제리가 완전히 진압되었을 때 프랑스군은 군사작전으로 2만 3천787명을 잃었고, 질병으로 수천 명을 잃었 다.[17]

앞의 19세기 초 제국주의 전쟁의 네 가지 예로부터 우리는 어떤 결론을 이끌어낼 수 있을까? 1차 영국-미얀마 전쟁과 아편전쟁에서 미얀마인들과 중국인들의 두 가지 약점은 낡은 무기로 무장하고 있 었고, 이미 살펴본 것처럼 강에서 증기선을 이용한 공격에 취약했다. 따라서 영국은 비교적 짧은 시간에 큰 힘을 들이지 않고 목표를 달 성할 수 있었다. 그러나 인도와 알제리는 매우 달랐다. 19세기 초, 인도의 토호국들과 알제리의 부족들은 유럽의 보병 무기에 맞먹는

17) 프랑스가 알제리를 정복하는 과정에서 사용한 무기에 대해서는 다음의 자료들을 보라. Pierre Boyer, *La vie quotidienne à Alger à la veille de l'intervention française* (Paris, 1963), p. 140; Raphael Danziger, *Abd al-Qadir and the Algerians: Resistance to the French and Internal Consolidation* (New York, 1977), pp. 25, 117, and 224-56; Charles-André Julien, *Histoire de l'Algérie contemporaine*, Vol, 1: *La Conquête et les débuts de la colonisation (1827-1871)* (Paris, 1964), pp. 53, 178-82, and 279; and Maj. George Benton Laurie, *The French Conquest of Algeria* (London, 1909), pp. 21-36, 91-101, and 208-09.

보병 무기를 소유하고 있었다. 이들은 처음의 자신들의 조직이 가장 효과적이지 않으면 곧 그 조직을 개발했다. 그리고 인도와 알제리는 전투를 위해 강용江用 증기선이 필요한 지역이 아니었다. 결국 유럽 군인들은 적의 진영 한 가운데서 같은 조건으로 싸울 수밖에 없었다. 이런 이유로 인도와 알제리의 정복은 시간은 오래 걸리고 비용도 많이 들면서 어려웠던 것이다. 미얀마나 중국과는 대조적으로 인도와 알제리는 기술의 우세라는 이점 없이 제국주의 전쟁을 벌여야 했던 예가 될 것이다. 그리고 바로 그 때문에 유럽은 인도와 알제리에 끌려 들어가 생명과 돈을 인도와 알제리에 기꺼이 바치게 되었던 것이다. 유럽의 증기선으로 미얀마나 중국이 받은 혜택도 없고, 나중에 후장식 총으로 아프리카가 받은 이점도 없었다.

|5장|
후장식後裝式 혁명

1850년대의 군사용 라이플은 그보다 앞서 나왔던 머스킷에 비해 정확성과 점화의 일관성 면에서 훨씬 뛰어났다. 그러나 사용하기에는 여전히 시간이 걸리고 불편했다. 총신이 쉽게 막히고 연기를 내뿜었으며 종이 탄약통은 약하고 습기에 취약했다. 최악인 것은 병사가 서 있을 때만 장전을 할 수 있었다는 것이다. 다시 말해 적에게 몸이 완전히 보이는 상태에서만 장전할 수 있었다. 아군보다 무장이 안 된 적과 싸울 때는 그 이점이 상당했지만 그것도 압도적인 것은 아니었다. 유럽의 식민지 군대가 압도적인 화력을 누리기 위해서는 또 하나의 획기적인 후장식 혁명을 기다려야 했다.

총을 뒤로 장전하는 아이디어는 총포 설계에서의 다른 모든 기술혁신과 마찬가지로 수 세기 동안 반복해서 나타났다가 결국 현실화된 것이다. 퍼거슨Ferguson 라이플, 홀Hall 라이플 , 샤프스 카빈Sharp's carbine같이 초창기에 실제로 쓰인 몇몇 후장식 총은 미국식 총으로, 아마도 개척기에 화기에 대한 욕구 때문에 나타난 결과일

것이다.1)

유럽에서 후장식 총이 받아들여지는 데는 많은 시간이 걸렸다. 유럽에서 나온 모든 후장식 총의 선구는 드라이제 니들 건Dreyse needle-gun이었다. 1820년대 요한 니콜라우스 폰 드라이제Johann Nikolaus von Dreyse에 의해 발명된 이 총은 1841~42년에 프러시아 군대에 의해 채택이 되었으나 프러시아는 1848년이 되어서야 자신들이 사용하던 머스킷을 드라이제 니들 건으로 바꾸었다. 이 총은 노리쇠 후미 구조bolt-action breech mechanism로 종이 탄약통을 사용했다. 긴 침이 탄약통을 뚫고 들어가서 탄환 밑의 뇌관을 때려 화약에 불을 붙이는 방식이었다.

드라이제 총의 장점은 장전 속도였다. 독일의 몇몇 주를 놓고 싸운 1866년의 프러시아-오스트리아 전쟁에서 프러시아의 병사들은 오스트리아 병사들이 서서 장전하고 한 번 발사하는 속도보다 일곱 배나 빠르게 무릎을 꿇거나 누운 채 드라이제 총을 쏠 수 있었다. 짧은 시간 벌어진 이 전쟁은 자도바 전투Sadowa2)에서 프러시아의 승리로 판가름 났다. 이 전투는 독일 내에서 프러시아의 우위를 확고하게 해 주었을 뿐 아니라 전쟁술에도 혁명을 가져왔다. 이 전투 이전에는 군대들은 새로운 병기兵器를 일괄적으로 채택할 필요를 느끼지 않았다. 무기가 낡아서 없어지는 만큼 새로운 무기를 점진적으로 취득하면 되었다. 그러나 자도바 전투 이후에는 유럽의 모든 강대국들이 앞다퉈 후장식 총으로 바꾸고자 했다. 무기 경쟁이 시작된 것이었고, 빠르게 발전하는 총 설계 기술에 의해 몇 년마다 경쟁은 새로워졌다. 군대는 더 새롭고 더 좋은 총포를 요구했으며 군대 실험

---

1) 파리의 군사박물관(Musée de l'Armée)에 있는 17세기, 18세기의 후장식 총은 시험적으로 만든 총들이지 대량으로 생산된 것이 아니다.
2) 역주: 쾨니히그레츠 전투

실은 필요를 충족시키기 위해서 민간 발명가들과 경쟁했다. 신新화력의 의미를 군 지휘관들이 깨닫기 훨씬 이전에 전쟁을 치른 국가들의 운명은 평화 시에 생산된 무기 덕분이었다. 세계의 다른 지역의 운명은 부분적으로는 유럽 열강들의 점점 증가하는 화력에, 부분적으로는 수년마다 국제 무기 시장에 홍수처럼 넘쳐나는 버려진 구식 무기에 달려있게 되었다.

　자도바 전투가 있었던 1866년에 프랑스 군은 샤스포 총을 채택했는데, 이 총은 1분에 6발씩 발사되는 노리쇠 침타총으로 공식 사거리는 드라이제 총의 350야드보다 긴 650야드였다. 오래되었지만 여전히 편리한 전장식 총 미니에도 후장식으로 개조했다. 두 가지 형태의 라이플이 모두 프랑스-프러시아 전쟁에서 사용되었지만, 어느 것도 전문가들을 만족시키지 못했다. 둘 다 총신이 빨리 막혔으며 뜨거운 가스가 후미로 새어나왔고, 막힘이 심할수록 새어나오는 가스도 많아서 병사들은 뜨거운 가스에 피부가 그을리는 것을 막기 위해서 총을 가급적 몸에서 멀리 띄워 발사해야 했다. 그 결과 라이플을 통해 얻을 수 있었던 정확성을 얻을 수 없었다.
　그러한 문제를 영국인들이 해결했다. 영국군은 전장식 엔필드를 버리는 대신 뉴욕의 자코브 스나이더Jacob Snider가 개발한 노리쇠 breech-block를 붙여서 엔필드를 후장식으로 개조했다. 울리치 왕립 병기 연구소Royal Laboratory at Woolwich Arsenal의 소장이었던 복서 대령Colónel Boxer은 후장식 총의 불편함의 대부분이 탄약통 때문이라는 것을 깨달았다. 1866년 그는 황동 탄약통을 개발했는데, 이 탄약통은 이동 중에 탄약을 보호하고 발사 순간 후미를 완벽하게 막아주었다. 이제는 탄환을 더 단단하고 빈틈없이 그리고 강선은 이전보다도 얕아도 되었으며 가스 누출의 걱정도 없었다. 그 결과 탄환의 탄도는 길고 납작해서 스나이더-엔필드 총의 사거리는 드라이제 총의 세 배 정도가 되었다. 1869년 영국군은 엔필드를 개조하려던 생각을 버리고 새로운 마티니-헨리Martini-Henry를 채택했다. 이 총이야말로 빠르고 정확하고 단단하고 기후의 영향을 받지 않아 다른 무기들을 쓸모없게 만드는 새로운 세대가 만족할 만한 첫 라이플이었다. 물론 프랑스인들과 프러시아인들도 뒤처지지 않았다. 프랑스-프러시아 전쟁이 끝나자마자 두 나라도 더 좋은 무기를 찾기 시작했다. 프랑스가 1874년 그라스Gras 총을 채택함으로써 재무장에 앞섰고, 프러시아는 3년 뒤인 1877년 모제르Mauser 총으로 그 뒤를 따랐다. 그리고 얼마 지나지 않아 유럽의 작은 나라들이 그 뒤를 이었다.3)

---

3) 초기의 후장식 총에 대해서는 다음의 자료들을 보라. William Young Carman, *A History of Firearms from Earliest Times to 1914* (London, 1955), pp. 117–21; J. F. C. Fuller, *Armament and History* (New York, 1933), p. 116; William Wellington Greener, *The Gun and its Development; with Notes on Shooting*, 9th ed, (London, 1910), pp. 119–22, 590, 631, and 701–11; Robert Held, with Nancy Jenkins, *The Age of Firearms, a Pictorial History*, 2nd ed. (New York, 1978), p. 184; James E. Hicks, *Notes on French Ordnance, 1717 to 1936* (Mt, Vernon, N. Y., 1938), p. 26; J. Margerand, *Armement et équipement de l'nifanterie française du X VIe au X Xe siècle* (Paris, 1945), p. 117; Col. Jean Martin, *Armes à feu de l'Armée française: 1860 à 1940, historique des évolutions précédentes, comparaison avec les armes étrangères* (Paris, 1974), pp. 124–86; H. Ommundsen and Ernest H. Robinson, *Rifles and Ammunition* (London, 1915), pp. 65–90; Thomas A. Palmer, "Military Technology," in Melvin Kranzberg and Carroll W. Pursell, Jr., eds., *Technology om Western Civilization*, 2 vols. (New York, 1967), 1:493–94; "Small Arms, Military," in *Encyclopedia Britannica* (Chicago, 1973), 20:670–71; and G. W. P. Swenson, *Pictorial History of the Rifle* (New York, 1972), pp. 19–32.

강대국들은 최신의 후장식 총을 채택하자마자 다시 재무장을 해야 했는데, 이번에는 연발 라이플repeating rifles을 획득하는 것이었다. 미국의 가장 앞선 연발총은 1855년의 스미스 앤 웨슨Smith and Wesson과 남북전쟁 때의 헨리Henry 라이플, 그리고 1867년 윈체스터Winchester 연발총이다. 그러나 이 연발총들은 빠른 발사는 가능했지만, 유감스럽게도 탄환이 다른 탄환에 닿으면 폭발하는 경향이 있었다. 그래서 유럽의 군대에서는 탄환을 잘 담아 후미에 안전하게 삽입하기 위한 몇몇 장치들이 설계되었다.

프랑스군은 자신들이 사용하던 그라스 단발 라이플을 그라스-크로파첵Gras-Kropatchek 연발총으로 개조했는데, 총신 밑에 7개의 탄약통이 들어가는 튜브형 탄창을 붙인 것이다. 독일인들이 1880년대의 다양한 마우저Mauser로 그 뒤를 이었고 영국인들은 리-멧포드Lee-Metford를 내놓았는데, 이 총은 1879년 제임스 리James Lee가 특허받은 박스형 탄약통을 사용했다.

연발 장치 만큼이나 중요했던 것은 무연화약無煙火藥의 발명이었다. 1885년에 프랑스인 비에유Vieille는 니트로셀룰로오스nitrocellulose가 폭발성이 있음을 발견했다. 이 화학물질과 또 그 친척인 니트로글리세린은 타도 연기나 재가 생기지 않았기 때문에 병사들이 눈에 띄지 않을 수 있었고 총신을 닦는 수고를 상당히 줄일 수 있었다. 무연화약에는 다른 이점도 있었다. 무연화약은 더 균일하게 연소했고 화약보다도 더 많은 에너지를 가지고 있었으면서 화약보다도 습기에 강했다. 영국군은 식민지 전쟁을 위해 코르다이트Cordite라고 불리는 특히 안정적인 폭약을 개발했다.

19세기 동안 총의 정확성이 증가되면서 총의 구경(총신의 직경)이 작아졌다. 브라운 베스의 .75"(19mm)에서 엔필드의 .584"(14.6mm)로, 마타나-헨리나 그라스-크로파첵 같은 연발 라이플은 .44~.46"(11~11.5mm)로 작아졌다. 새로운 폭약explosives은 초속初速, muzzle velocity이 더 좋아졌기 때문에 총기 제작자들은 총의 구경을 훨씬 더 작은 .32"(8mm)까지 만들어낼 수 있었다. 또한 1890년대의 연발총 같은 경우는 그보다도 훨씬 더 작은 구경이 나올 수 있었으며, 사거리와 정확도도 증가되었다.

유럽 국가들의 군대가 수백만 정의 새 라이플을 단기간에 획득할 수 있었다는 사실은 놀랄만한 현상이었다. 이러한 놀라운 일을 만들어내는 데 기여한 것이 산업화로 가능하게 된 총기 제작 혁명이었다. 총기 산업의 발전을 설명하려면 더 많은 시간을 할애해야 할 것이다. 여기서는 총기 산업 발전의 주요 구성 요소 두 가지 "미국식 체계"와 강철을 언급하기로 한다. 부분품 교체가 가능한 것이 특징인 "미국식 체계"는 1797년에 엘리 휘트니Eli Whitney에 의해 처음으로 총기 제조에 적용되었지만, 구식 총기의 세계에 도달하는 데에는 60년이나 걸렸다.

1851년의 만국 박람회에 전시된 미국의 총기에 충격을 받은 울리치 왕립 병기 연구소의 관리들은 매사추세츠 주에 있던 스프링필드 병기 제작소Springfield Armory에 대표단을 보내고, 엔필드를 부분품을 교체할 수 있는 방식으로 대량 생산하고자 새로 엔필드 병기 공장을 세웠다. 강철에 대해서 이야기하자면, 강철이 군사용 총기의 으뜸 재료가 된 것은 경제적 요인 때문이었다. 1875년 이전에는 라이플의 총신은 흔히 단철鍛鐵, wrought iron로 만들거나, 사냥용 고급 총의 경우에는 철과 강철을 섞어서 만들었다. 그러나 새로운 강철 제조 방식인 베서머Bessemer 법, 지멘스-마틴Siemens-Martin 법, 길크리스트-토머스Gilchrist-Thomas 법이 19세기의 삼사분기에 도입되면서 조강粗鋼, crude steel의 제조 비용이 4분의 3이나 그 이하로 떨어져서 저렴하게 고품질의 총신을 군사용으로 제조하는 것이 충분히 가능해졌다. 앞으로 살펴보겠지만 이런 요인들은 아시아와 아프리카에서 아주 중요했는데, 그렇게 생산한 유럽의 새로운 총들은 대장장이들이 더 이상 모방해서 만들거나 수리가 불가능했는데, 산업용 강철과 기계로 작업을 하는 공장을 필요로 했기 때문이다.[4]

총기 혁명을 설명하는데서 기관총 이야기가 빠지면 온전한 이야기가 되지 않는다. 첫 기관총은 미국 남북전쟁 때의 개틀링Gatling 기관총, 1870년에 프랑스를 구하는데 실패했던 몽티니 기관총Montigny Mitrailleuse, 1870년대 말의 호치키스Hotchkiss, 가드너Gardner, 노르덴 펠트Nordenfelt 같이 다루기 불편하고 손으로 크랭크를 돌리는 여러 개의 총신銃身을 가진 장치였다. 이 총들은 무겁고 쉽게 고장이 났지만 배에서 사용하기에는 최고였다. 무연화약이 발명되고 나서야 신뢰할 만한 기관총이 나올 수 있었다. 이 신뢰할 만한 기관총은 맥심 Hiram S. Maxim의 독창적인 생각에서 나온 것이었다. 그가 1884년에 특허를 받은 총은 하나의 총신만 가진 것이었다. 무연 탄약통은 에너지양量이 균일했기 때문에 가스 압력이나 반동을 이용해서 탄환을 장전할 수 있어서 크랭크를 사용하지 않아도 되었다. 맥심 기관총은 보병이 가지고 다닐 수 있을 정도로 가볍고 눈에 띄지 않게 장치할 수도 있었다. 거기에다 일초에 11발의 탄환을 뿜어냈다. 곧 다른 제

---

4) 연발총에 대해서는 다음의 자료들을 보라. Carman, pp. 112-22 and 178; Russel I. Fries, "British Response to the American System: The Case of the Small-Arms Industry after 1850," in *Technology and Culture* 16(July 1975):386-87;Fuller, pp. 111 and 120: Greener, pp. 241, 283-84, 590, 703-17,and 727-31; Held, p. 184; Hicks, pp. 27-28; Margerand, p. 118; Martin, pp. 247-328; Ommundsen and Robinson, pp. 54-65, 78-101, 111-12, and 118; "Small Arms," 20:671-77; and Swenson, pp. 24-35.

작자들도 소구경에다 연기가 나지 않고 탄환을 빠르게 발사하는 자기들만의 기관총을 생산해냈다. 엔필드 병기 공장에서 만들어진 1892년형 노르덴펠트는 다섯 개의 총신을 가지고 있었고 1초에 10발을 발사했는데, 이 속도는 화약을 쓰던 이전 기관총의 발사 속도보다 세 배나 빠른 것이었다.

총기 혁명은 1860년대에 시작되어 1890년대에 마무리되었다. 이제는 유럽의 어떤 보병도 어떤 날씨든 몸을 숨긴 채로 엎드려서 반 마일 떨어져 있는 목표물을 향해 수 초 내에 15발에 달하는 탄환을 쏘아댈 수 있었다. 기관총 사수는 이보다 훨씬 더 큰 힘을 가지고 있었다. 군 지휘관들은 수십 년 동안 못 깨닫겠지만 거친 용기와 날붙이의 시대는 가고 무기 경쟁과 산업화된 살육industrial slaughter의 시대가 시작된 것이다.5)

아시아와 아프리카에 주둔하던 식민지 군대가 총기 혁명의 첫 수혜자들이었다. 신무기가 나오면 유럽에 주둔하는 병력보다 식민지 군대에 먼저 주는 일들도 있었고, 때로는 식민지 군대가 기술 변화의 과정에 작게나마 기여하는 일도 있었다.

1870년대 중반까지는 프랑스 식민지 현지 군대는 샤스포 총이나 그보다 이전의 전장식으로, 1861년의 세네갈 저격병이나 해군은 수발총으로 무장하고 있었다. 1874~76년 기간에 프랑스 파견군(알제리 외에 프랑스 식민지에 있던 식민의 프랑스 군대)은 그라스 단발 후장식

5) 초기의 기관총에 대해서는 다음의 자료들을 보라. Lt. Col. Graham Seton Hutchison, *Machine Guns, Their History and Tactical Employment* (*Being Also a History of the Machine Gun Corps, 1916-1922*) (London, 1938), pp. 31-50; and "Machine Gun," in *Encyclopaedia Britannica* (Chicago, 1973), 14:521-26.

총Gras single-shot brechloaders 으로 무장했다. 그 사이에 영국군은 기관총에 관심을 가졌고 자국의 식민지 군대를 위해 다수의 .45구경 개틀링을 구입했다. 이 총들은 1871년과 1879년의 줄루족과의 전투에서, 1874년에 아샨티족과의 전투에서 사용되었다. 그 후 1884년에 영국군은 이집트 전투에서 노르덴펠트를 사용했다.

1878년 이후 연발총이 식민지에 모습을 드러냈다. 1878에 처음 선보인 그라스-크로파첵은 프랑스 군이 1884년 통킹Tonkin을 공격할 때와 1885~86년 세네갈 강 상류와 니제르 강 상류의 전투에서 사용되었다.6) 이 연발총의 뒤를 이어 신형인 레벨Lebel이 사용되었는데, 이 총은 1892년부터 수단에서 전투에 쓰었다. 새로운 라이플들은 유럽에 있던 군인들보다는 식민지 군대에 큰 이익을 주었다. 새로운 라이플의 황동 탄약통과 무연화약은 종이 탄약통과 화약보다 훨씬 더 장거리 수송과 열대지방의 기후를 잘 이겨냈기 때문이다. 그리고 무게도 3분의 1이 덜 나갔기 때문에 밀림에서 총을 나를 짐꾼도 3분의 1을 줄일 수 있었다.

1890년대에는 맥심 기관총과 다른 경기관총들이 식민지의 전장戰場에 나타났다. 아샨티족을 정복한 울즐리 경Lord Wolseley은 1885년 맥심을 방문해서 "그 총과 그 총의 혁신적 개혁에 대해 깊은 관심을 드러냈다. 그리고 특히 식민지 전쟁에서 총을 실제로 사용할 수 있는 용도에 대해 생각하면서 맥심에게 몇 가지 제안을 했다." 독일의 참모 본부German General Staff는 여전히 독일군이 맥심 기관총을 사용하는 것에 대해서는 강력하게 반대하면서도 식민지에 파견된 군인들이 사용하도록 아프리카에 몇 정 보낼 것을 허락했다.7) 후장식

---

6) Col. Henri-Nicolas Frey, *Campagne dans le Haut Sénégal et dans le Haut Niger (1885-1886)* (Paris, 1888), pp. 60-62.

총이 1870년대와 1880년대에 그랬던 것처럼 기관총도 세기 전환기에 식민지 전쟁에서 결정적인 역할이 증명되어야 했다.

세기 전환기에 식민지에서 사용할 무기를 설계하는데 있어 몇 가지 실험이 있었다. 예를 들어 프랑스군은 특별히 인도차이나 지역의 현지인 보병대에서 사용하기 위해 레벨을 개량한 "모델 1902"를 개발했다. 이 총은 이후 1907년 모델인 "식민지 총Fusil Colonial"으로 발전해서 식민지에서 근무하던 모든 군인들에게 보급되었다. 이후 "식민지총"은 1차 세계대전 시에 프랑스 보병의 기본적인 무기가 되었다. 보병 무기에 더해 식민지에 있던 부대들은 요새화된 도시의 성벽을 무너뜨릴 수 있는 폭탄爆彈, explosive shells을 발사할 수 있는 경輕곡사포와 캐논포도 지니고 있었다. 이 무기들은 19세기 초에 사용되던 콩그리브 로켓을 대신하는 것이었다.[8]

총포의 발전에서 "발달"의 마지막 부분은 제국의 특수한 요구를 채우는 과정에서 나온 것이다. 역사가 옴문센Ommundsen과 로빈슨의 이야기이다.

　　…… 우리가 늘 전쟁을 벌이는 야만 부족들은 마크 2 탄환에 크게 충격을 받지 않았다. 사실, 그들은 그 탄환을 무시했다. 그리고 네댓 곳을 맞고도 불쾌할 정도로 가까운 거리까지 다가왔었다.

1897년의 특허로 이 불쾌함을 해결했는데, 그것은 콜카타 근처의 덤덤Dum-Dum에 있던 탄약통으로 격발 뇌관 공장Cartridge and Percussion Factory의 버티-클래이Bertie-Clay 대위가 발명한 덤덤탄彈이었다. 덤덤탄은 탄환이 목표물에 맞으면 버섯처럼 퍼지면서 폭발하는 탄환이었다. 이 특별한 발명품은 너무 잔인한 것으로 생각이 되어

---

7) Hutchison, pp. 54-55.
8) Frey, pp. 52-53.

"문명화된" 국가들은 서로에 대해서는 사용하는 것에 대해 자제했
다.9)

---

9) Col. Charles E, Callwell, *Small Wars: Their Principles and
Practice*, 3rd ed. (London, 1906), pp. 378 and 438–39; Carman, p. 81;
John Ellis, *The Social History of the Machine Gun* (New York, 1975),
pp. 82 and 98; Hicks, pp. 27–28; Hutchison, pp, 31–39 and 54;
Margerand, pp. 117–18; Ommundsen and Robinson, pp. 93 and 118;
Yves Person, *Samori:Une Révolution Dyula*, 3vols. (Dakar, 1968),
2:907,

|6장|
아프리카의 무기

역사가들이 신제국주의라고 부르는 정복의 돌풍은 19세기의 마지막 4반세기에 아프리카에서 일어났다. 이때 아프리카의 분할에는 몇몇 요인이 있는데, 그 중 몇 가지에는 키니네 예방법의 발견, 프랑스-프러시아 전쟁, 벨기에 레오폴드 왕의 야심, 1880년대의 경제 위기를 들 수 있다. 그러나 정복의 기술과 양식은 총기 혁명의 결과물이기도 했으며, 총기 혁명으로 인해 아프리카인들과 유럽인들 사이에 화력의 격차가 생긴 것 때문이기도 하다. 그렇기 때문에 아프리카와 아프리카인들의 무기에 주의를 돌려야 한다.

19세기 아프리카인들의 무기는 문화적, 경제적, 생태적 조건이나 지역에 따라 상당히 달랐다.[1] 그러나 크게 세 지역으로 구분해 볼

---

1) 다행히 19세기 아프리카에서의 무기와 전투에 관해 최근에 많은 논문이 나왔다. 그 가운데 다음의 연구들이 있다. a) Michael Crowder, ed., *West African Resistance: The Military Response to Colonial Occupation*(London, 1917) 에 실린 다음의 글들. Michael Crowder, "Preface," pp. xiii-xiv and "Introduction," pp. 1-18; J. K. Fynn, "Ghana-Asante (Ashanti)," pp. 19-52; B.

수는 있다. 여러 부분이 겹치기도 하고 19세기 동안에 그 경계들이
변화했다는 점은 기억해야 하지만. 유럽인들과 오랫동안 긴밀한 접
촉을 해 온 지역들(주로 서부 해안에 위치한 곳들)은 수입을 통해 머스
킷과 탄약이 잘 공급되었고, 아프리카의 동부에서 서부까지 펼쳐진
수단의 대초원savannas처럼 힘들더라도 말이 들어가서 생존할 수 있
었던 내부 지역에는 화기는 알려졌으나 귀했다. 이런 곳에서 기병騎兵
은 창과 칼을 가지고 있었다. 마지막으로, 풍토병으로 동물 수면병이

Olatunji Olorumtimehin, "Senegambia-Mahmadou Lamine," pp. 80-110; Yves
Person, "Guinea-Samori," pp. 111-43; David Ross, "Dahomey," pp. 144-69;
Robert Smith, "Nigeria-Ijebu," pp. 170-204; Obaro Ikime, "Nigeria-Ebrohimi,"
pp. 205-32; and D. J. M. Muffett, "Nigeria-Sokoto Caliphate," pp. 268-99.
b) *Journal of African History*에 실린 다음의 논문들. R. W. Beachey, "The
Arms Trade in East Africa," 3 no. 3 (1962):451-67; M. Legassick,
"Firearms, Horses and Samorian Army Organization 1870-1898," 7
(1966):95-115; Robert Smith, "The Canoe in West African History,"
11(1970):515-33: Gavin White, "Firearms in Africa: An Introduction," 12
(1971):173-84; R. A. Kea, "Firearms and Warfare in the Gold and Slave
Coasts from the Sixteenth to the Nineteenth Centuries," pp. 185-213:
Humphrey J. Fisher and Virginia Rowland, "Firearms in the Central
Sudan,: pp. 215-39: Myron J. Echenberg, "Late Nineteenth-Century
Military Technology in Upper Volta," pp. 241-54; Shula Marks and Anthony
Atmore, "Firearms in Souther Africa: A Survey," pp. 517-30; Anthony
Atmore and Peter Sanders, "Sotho Arms and Ammunition in the Nineteenth
Century," pp. 535-44; Anthony Atmore, J. M. Chirinje, and S. I. Mudenge,
"Firearms in South Central Africa," pp. 545-56: J. J. Guy, "A note on
Firearms in the Zulu Kingdom with Special Reference to the Anglo-Zulu
War, 1879," pp. 557-70; Sue Miers, "Notes on the Arms Trade and
Goverment Policy in Southern Africa between 1870 and 1890," pp. 571-77;
Joseph P. Smaldone, "Firearms in the Central Sudan: A Revaluation,"
13(1972):591-607; and R. A. Caulk, "Firearms and Princely Power in
Ethiopia in the Nineteenth Century," pp. 603-30.

있었던 지역들(적도, 동부, 남부 아프리카의 대부분이 포함되는 지역)에는 말이나 총이 거의 없었고, 그곳 사람들이 사용한 무기는 주로 던지는 창인 투창assegai이나 활과 화살이었다.

서부 아프리카 해안지대 국가의 사람들이 화기를 안 것은 적어도 300년은 되었다. 노예무역이 이루어지던 때는 노예를 공급하고 수입한 주요 상품 가운데 한 가지가 총이었고, 이 총들은 더 많은 노예를 포획하는데 사용되었다. 노예무역이 공식적으로 종결되었다지만 총기 수입은 끝나지 않고 계속 증가했다. 1829년에 영국은 서부 아프리카에 5만 2천540정의 총을 보냈다. 1844년에는 약 8만 530정의 머스킷, 596정의 권총과 6정의 산탄총散彈銃이 아프리카로 들어갔다. 1860년대에는 버밍엄Birmingham으로부터 아프리카로의 총기 수출은 매년 10만 정에서 15만 정이었다. 1845년부터 1889년까지 영국에서 수출한 총기의 6.3퍼센트에서 17.8퍼센트가 아프리카로 향했다. 아프리카 외에 이 정도의 영국 총기를 수입한 곳은 인도밖에 없었다. 여기에 더해서 벨기에 리에주Liège의 총기 제조업자들도 매년 평균 1만 8천 정, 어떤 해는 4만 정이 넘는 머스킷을 아프리카로 보냈다. 인도에는 거의 수출을 하지 않던 프랑스나 스페인, 그 외 다른 나라들도 아프리카 시장을 위해서는 머스킷을 제조했다.

아프리카로 보내진 그 총들은 세계의 다른 지역들로 보내진 총들보다 품질이 떨어졌다. 아프리카와의 무역에서 흔히 "덴마크인 총 Dane guns" 2)으로 불리는 이 총들은 유럽인들이 만들어 낼 수 있는 가장 간단하고, 싸고, 질이 나쁜 부싯돌식 점화 장치의 활강 머스킷이었다. 1844년에 인도에 팔린 영국 머스킷은 평균 2파운드였고, 수

---

2) 역주: Dane guns은 당시 서부 아프리카에서 질이 떨어지는 유럽산 구식 화기를 가리키는 말이었는데, 주로 덴마크 상인들이 공급했기 때문에 '덴마크' 라는 말이 붙게 되었다.

백 정의 산탄총은 평균 6파운드 이상에 판매되었지만 아프리카에 판매된 영국제 머스킷은 한 정에 반 파운드도 되지 않았고 리에주산(雀)은 4실링 정도밖에 되지 않았다. 서부 아프리카 현지의 가치로 1870년대의 머스킷 한 정 가격은 $17\frac{1}{2}$야드의 캘리코calico나 13파운드의 화약 가격과 같았다.[3)]

이렇게 싸게 만들어진 무기는 목표물만이 아니라 그 무기의 사용자에게도 위험했다. 그 무기들은 습기 찬 날씨에는 발사가 되지 않았고 자주 폭발했다. 아프리카인들도 이런 결점들을 알고 있었다. 1855년 이보족Igbo이 5개월 동안 라고스의 야자유 시장 참가를 거부했는데, 부분적으로 그 시장에 나온 결함이 있는 총에 대한 항의이기도 했다. 그래도 덴마크인 총은 여러 가지 면에서 아프리카에 잘 맞는 총이었다. 마을의 대장장이들도 더 높은 질의 무기보다 쉽게 고칠 수 있었기 때문이다. 아프리카에서 이용할 수 있었던 화약도 수입을 한 것이든 수입한 황(黃), sulphur을 이용해서 만든 것이는 질이 좋지 않았다. 아프리카산 화약은 습기를 흡수했고 사격이 고르지 않았다. 수입 화약은 습기를 막고 좀 더 쉽게 타도록 작게 뭉쳐져 있었지만 값이 비쌌다. 아프리카의 사냥꾼들은 자신들이 사용하는 총신이 정확하지 않고 납이 매우 비쌌기 때문에 종종 산탄총을 사용하

---

3) Kea, pp. 200-201; John D. Goodman, "The Birmingham Gun Trade," in Samuel Timmins, ed,, *The Resources, Products, and Industrial History of Birmingham and the Midland Hardware District* (London, 1866), pp. 388, 419, and 426; White, pp. 176-83; Russell L. Fries, "British Response to the American System: The Case of the Small-Arms Industry after 1850," in *Technology and Culture* 16(July 1975): 380 and 398; David Birmingham, "The Forest and Savanna of Central Africa," in John E. Flint, ed., *Cambridge History of Africa vol. 5: From c. 1790 to c. 1870* (Cambridge, 1976), p. 264.

듯이 돌멩이 몇 개를 닦아서 사용했다. 유럽인들이 정말로 정밀한 라이플을 아프리카에 가져왔을 때에야 아프리카인들도 그처럼 정밀한 라이플에 대한 필요를 느꼈다.[4]

사하라 사막과 서부 아프리카 삼림들 사이의 수단 지역 귀족 사회에서 말은 매우 중요했고, 기병대는 왕권의 핵심이었다. 기마 전사들은 쇠사슬로 된 경갑輕甲 또는 누빈 천이나 가죽으로 된 옷을 입고 창, 칼, 방패로 싸웠다. 보병들은 깃이 없는 독화살을 단거리에서 쏘거나 전투용 도끼戰斧나 투창assegais을 휘둘렀다. 마을은 어도비 벽돌로 지은 벽으로 보호되었다. 총은 알려지지 않았다. 15세기 이래 북부 아프리카에서 내려오는 무역상들과 약탈 원정대가 반복적으로 화기를 수단 내부로 가지고 들어왔다. 총으로 무장한 군대들이 수단 전쟁에 주기적으로 참전했다. 그렇다고 하더라도 수입 총과 화약은 가격이 비쌌고 수단의 대장장이들은 그들의 총을 만들 수 없었기 때문에 화기는 가끔 볼 수 있는 것들이었다.[5]

---

4) Beachey, pp. 451–52; K. Onwuka Dike, *Trade and Politics in the Niger Delta 1830–1855: An Introduction to the Economic and Political History of Nigeria* (Oxford, 1956), p. 107; Echenberg, pp. 251–52; Fries, pp. 392–93; Jack Goody, *Technology, Tradition and the State in Africa* (London, 1971), p. 52; Jan S. Hogendorn, "Economic Initiative and African Cash Farming: Pre-Colonial Origins and Early Colonial Developments," in Peter Duignan and L. H. Gann, eds., *Colonialism in Africa, 1870–1960*, vol. 4: *The Economics of Colonialism* (Cambridge, 1975), p. 298; Kea, pp. 203–05; Robin Law, "Horses, Firearms and Political Power," in *Past and Present* 72(1976):113–32.

5) Fisher and Rowland, pp. 215–39. 다음의 연구들도 보라. Echenberge, pp. 245–54; Pierre Gentil, *La conquête du Tchad (1894–1916)*, 2 vols. (Vincennes, 1961), 1:55; Goody, pp. 47–58; Muffett, p. 277; and Thomas R. De Gregori, *Technology and the Economic Development of the Tropical African Frontier* (Cleveland and

그러한 면에서 볼 때 아프리카의 세 번째 지역은 대략 위도 북위 4도 남쪽에 있었다. 이 지역은 해안에서 시작해서 중부와 남부 아프리카의 내륙으로 들어갈수록 총이 점점 더 귀해지는데 그 이유는 수송 문제와 해안에 있던 국가들의 무역 정책 때문이었다. 체체파리가 옮기는 동물 수면병으로 인해 말을 기를 수 없었던 아프리카 내륙 지역의 국가들은 작고 경계가 느슨했으며 활과 투창이 주요 무기였다. 이 지역의 아프리카인들이 유럽인을 처음으로 만났을 때 그들은 화기를 거의 본 적이 없거나 전혀 본 적이 없었다. 그렇기 때문에 유럽인들과 처음으로 만나 살아남았던 한 아프리카인은 그 만남을 이렇게 기억했다. "백인들은 우리가 하듯이 적의 몸을 잡지 않았다. 그들은 멀리서 천둥을 쳤다.…… 폭풍우 속에서 죽음(의 기운)이 뿜어져 나오는 것처럼 죽음이 모든 곳에서 날뛰고 있었다." 6) 다른 곳과 다르게 몇 안 되는 머스킷은 심리적 효과를 위해 사용되었다. 이에 대해 데이비드 버밍엄은 이렇게 말했다. "최소한의 기술을 이용하는 것임에도 불구하고 머스킷이 폭발하는 커다란 소리는 마을 전투의 승패를 결정짓는 주요 요인이었다." 7) 19세기에 수단 동부와 인도양 쪽 해안으로부터 점진적으로 전진해오던 이슬람 노예 사냥꾼들이 아프리카 내륙의 비이슬람 사람들에게 큰 혼란을 야기한 것이다. 그들은 단지 머스킷으로 무장을 하고 있기는 했지만.8)

Lodnon, 1969), p. 121.

  6) Marks and Atmore, p. 519.

  7) Brimingham, p. 262.

  8) H. A. Gemery and J. S. Hogendorn, "Technological Change, Slavery and the Slave Trade," in Clive Dewey and Antony G. Hopkin, eds., *The Imperial Impact: Studies in the Economic History of India and Africa* (London, 1978), pp. 248-50; and Dennis D. Cordell, "Dar Al-Kuti: A History of the Slave Trade and State Formation on the Islamic

사하라 이남의 아프리카인들이 수입 총에 의존했던 근본 원인은 그들의 제철 산업 때문이었다. 이들의 철은 손으로 돌리는 풀무나 불의 자연적인 상향 통풍으로 산소를 공급하는 마을의 용광로에서 만들어졌다. 자동차는 거의 알려져 있지 않았고 동물, 바람, 떨어지는 물도 에너지원源으로 사용되지 않았다. 따라서 아프리카인들은 기계로 작동되는 풀무나 공기 펌프를 사용하지 않았다. 통풍이 잘 되지 않았기 때문에 그들의 용광로는 주철鑄鐵, cast iron을 생산해 낼 수 있는 온도까지 달궈지지 않았다. 그 대신에 구멍이 많은 괴련철塊鍊鐵을 대장장이들이 계속 두드려 단철鍛鐵이나 강철을 만들어냈다. 그러한 금속은 손 연장을 만드는 데는 적당했지만 총신이나 정밀 부품을 만들 만큼은 아니었다. 게다가 생산성의 문제도 있었다. 아프리카의 철 생산 비용은 너무 높고 공급양은 적어서 유럽의 값싼 화기와 경쟁할 총을 만들 수 있을 만큼의 철을 공급할 수도 없었다.9)

1870년 이후 유럽인들이 빠르게 발사되는quick-firing 후장식 총을 아프리카에 들여오면서 아프리카에서는 무기 경쟁이 시작되었다. 이 새로운 총은 아프리카인들에게 새 무기를 획득하고자 하는 강력한 동기를 부여했기 때문이다. 아프리카인들이 제조업자로부터 무기를

Frontier in Northern Equatorial Africa (Central African Republic and Chad) in the Nineteenth and Early Twentieth Centuries" (박사학위 논문, Univ. of Wisconsin, 1977).

9) Walter Cline, Mining and Metallurgy in Negro Africa (Menasha, Wis., 1937), 특별히 4장과 10장; and Goody, pp. 26-29 and 38. 중국인들은 기원전 4세기 이후 주철을 만들어왔고 기원전 1세기부터 물레방아로 돌리는 풀무를 사용해온 반면에 유럽인들은 14세기 말 이후 풀무를 돌리고 주철을 생산하기 위해서 물레방아를 사용해왔다.; see Joseph Needham, *The Grand Tradition: Science and Society in East and West* (London, 1969), pp. 38-39.

직접 구입할 수 있는 경우도 몇 번 있었다. 예를 들어, 이집트의 이스마일 총독은 후장식 총과 강철로 만든 포를 사기 위해 1866~67년 유럽에 사절단을 보냈다.10) 일반적인 것은 무역상들과 총포 밀수업자들에게 구입하는 것이었다. 유럽 각국의 군대가 정기적으로 더욱 강력한 무기로 재무장을 함에 따라 이들의 구식 무기는 기업에 팔렸고, 그들에 의해 이 무기들은 세계 전역에 팔렸다. 나폴레옹 3세가 1866년 이후에 국민군Garde Nationale을 해체했을 때, 국민군의 머스킷 60만 정은 상인들에게 팔렸고, 그들은 그 중 많은 수를 아프리카에 팔았다. 1874년 프랑스군이 그라스 라이플로 재무장했을 때, 구식 샤스포는 리에주의 총기 제조업자들의 손으로 넘어갔고 그들은 샤스포를 재조립해서 무역상들에게 팔았다. 1890년에는 아프리카 해안에서 샤스포를 자유롭게 구할 수 있었다.11) 1890년대에 다호메이 Dahomey의 폰Fon 족은 프랑스-프러시아 전쟁과 미국의 남북전쟁에서 남은 샤스포와 다른 무기들—드라이제, 마우저, 몽티니 기관총, 스펜서Spencers, 윈체스터, 그리고 그 외—을 대량으로 살 수 있었다.12) 영국 영사의 보고서에 따르면 독일, 포르투갈, 그리고 프랑스의 관리들은 모든 종류의 화기와 군수품munitions을 영국령 동부 아프리카에 도입하려고 음모를 꾸몄다.13)

남부 아프리카의 원주민들은 근대적인 무기를 자신들과 살고 있던 백인으로부터 얻었다. 그들은 당시 최신식 라이플을 때때로 분실하거나 원주민들에게 직접 주기도 했다. 광산 관리자들의 경우에는 원

---

10) R. Hill, *Egypt in the Sudan, 1820-1882* (London, 1959), P. 109.

11) Yves Person, *Samori: Une Révolution Dyula*, 3 vols, (Dakar, 1968), 2:908 and 991 n. 48.

12) Kea, p. 213; Ross, p. 158.

13) Beachey, pp. 454-67.

주민 노동자들을 고용하는 최고의 방법은 그들에게 라이플을 주는 것이라는 것을 알게 되었다. 수입을 얻기 위해 필사적이었던 관공서들은 화기에 높은 세금을 매겨 수입세로 이익을 얻었고 화기가 퍼져 나가는 것을 장려했다. 심지어 리빙스턴 같은 선교사들조차도 개종자들에게 방어용 무기를 제공했다. 레소토Lesotho나 그리퀄랜드웨스트 Griqualand West에서처럼 많은 남부 아프리카인들이 유럽인들의 침입에 저항할 수 있었던 것도 무기 구입이 가능했기 때문으로 볼 수 있다.14)

그렇다고 하더라도 아프리카인들이 근대식 무기를 구입하는 데는 큰 어려움이 있었다. 비용도 그 장애물들 가운데 하나였다. 1895년에 수단 중부의 라바Rabah가 세운 수도 디콰Dikwa에서는 마티니-헨리 한 정의 가격이 100레반트 달러였는데 라바의 주요 수출품이었던 노예의 한 명 가격이 3~7달러였다.15) 그리고 "미친 뮬라Mad Mullah"로 불리는 모하메드 빈 압둘라Mohammed Bin Abdullah가 1898년 소말리아에서 저항을 위해 봉기했을 때는 라이플 한 정을 사기 위해 5~6 마리의 암낙타를 주어야 했다.16)

근대식 라이플이 비쌌던 것은 제조와 운송비용만이 아니라 많은

---

14) Atmore, Chirinje, and Mudenge, pp. 546-53; Miers, pp. 571-72; Marks and Atmore, p. 517; Guy, p. 559.

15) Joseph P. Smaldone, "The Firearms Trade in the Central Sudan in the Nineteenth Century," in Daniel F. McCall and Norman R. Bennett, eds., *Aspects of West African Islam* (Boston, 1971), p. 162.

16) Beachey, p. 464. 비앙니(J. J. Vianney)는 1900년에 라이플 한 정에 낙타 300마리였다고 하는 훨씬 더 높은 숫자를 제시하는데 이 수치는 신뢰하기는 좀 힘들다: see his "Mohamed Abdulla Hasan: A Reassessment," in *Somali Chronicle* (Mogadiscio, Nov. 13, 1957), p. 4, cited in Robert Hess, "The 'Mad Mullah' and Northern Somalia," *Journal of African History* 5(1964):420.

정치적인 제한 때문이기도 했다. 아프리카에 있던 유럽인들은 아프리카인들이 무기를 손에 넣는 것을 걱정했으며 그런 일이 일어나지 않도록 노력했다. 19세기 중반부터 나탈Natal과 케이프 식민지Cape Colony의 백인 정착민들은 화기를 등록시키고 화기 판매를 제한하거나 심지어 아프리카인들을 무장해제 시키기 위해서 많은 계획을 제안했다. 1854년 영국은 아프리카인들에게 후장식 총의 판매를 중단하는데 동의했으나 오렌지 자유 주Orange Free State에는 계속 판매하도록 했다.[17] 1880년대에 이르러 유럽인들은 후장식 총이 아프리카로 유입되는 데 대해 점점 불안을 느꼈다. 잔지바르Zanzibar의 영국 총영사 에반-스미스Evan-Smith는 1888년에 기록하기를,

동부 아프리카로 이처럼 엄청난 양의 무기들이 수입되어 들어오는 것을 막기 위한 조치를 취하지 않는다면, 이 거대한 대륙을 개발하고 진압하는 데에 대부분의 사람이 최고급 후장식 라이플로 무장한 엄청난 수의 사람들과 맞서 진행되어야 할 것이다.[18]

무기의 유입을 막기 위해 1890년의 브뤼셀 조약Brussels Treaty은 북위 20도와 남위 22도 사이의 아프리카인들에게 후장식 총의 판매를 금지하고 활강 머스킷을 팔도록 했다. 유럽 식민주의 국가들은 이 조처로 만족하지 못하고 1892년과 1899년에 비슷한 조처들을 더 내놓았다. 대체로 그 정책은 목적을 달성했다.[19]

무기 제한의 효과가 가장 잘 나타난 곳은 수단 중부의 왕국들인 소코토, 보르누, 와다이였다. 이곳들에서는 앞서 본 것처럼 화기가 알려져 있었으나 귀하고 값이 비쌌다. 그 이유는 무기가 수단 중부

---

17) Atmore and Sanders, p. 539; Marks and Atmore, p. 524.
18) Beachey, p. 453.
19) Beachey, pp. 455-57; Marks and Atmore, p. 528; Miers, p. 577.

로 들어가기 위해서는 몇몇 다른 국가들을 거쳐야 했고, 각 국가는 무기 교역을 제한할 이유가 있었다. 1830년 이후 프랑스가 알제리를 정복하고, 1835년 이후 오토만이 트리폴리를 점령하면서 북쪽에서의 무기 교역은 실제로 끝이 났다. 유럽 무역상들은 1854년 이후 니제르 강 상류로 들어가면서 자신들이 가져간 라이플의 일부를 요루발란드Yorubaland나 이바단Ibadan에서 팔 수 있었다. 그러나 라이플 무역상들이 수단 중부의 왕국들로 사업 영역을 확장하기 이전인 1890년에 브뤼셀 조약으로 근대적 무기의 공식 수입은 종지부를 찍었다.

1890년 이후 키레나이카Cyrenaica와 사하라 사막 오아시스 몇 군데를 손에 넣은 사누시 교도는 이러한 교역 단절에 대해 새로운 무기 원武器源을 찾아 부분적으로 대처했다. 19세기에 와다이에서 발견된 무기 수량을 보면 교역의 결과를 알 수 있다. 1836년~ 1858년에 술탄 무하마드 살레 아쉬 샤리프Muhammad Saleh ash-Sharif는 300정의 머스킷을 모았던 것으로 보인다. 술탄 알리(1859~1874)는 4천 정의 머스킷을, 술탄 도드무라(Doudmourra, 1902~1909)는 1만 정의 총을 모았는데 도드무라의 경우, 1만 정 중에 2천500정이 후장식 총이었다. 그러나 도드무라의 군대는 무기의 사용법을 교육받지 못했다. 수단 중부에서 화기는 귀중한 것으로 전쟁이 임박해야 군인들에게 화기를 맡겼다. 그리고 화약과 탄약은 값이 너무 비싸 연습을 할 때는 사용하지 않았다. 수단 중부의 왕국들은 수 세기 동안 총기를 알고 있었음에도 불구하고 유럽인들이 자신들을 침공할 때에야 화기의 시대로 막 접어들고 있었다.[20]

---

20) Smaldone, "The Firearms Trade" and "Firearms in the Central Sudan," pp. 591-607; Fisher and Rowland, pp. 223-30.

|7장|
무기 격차와 식민지에서의 충돌

1870년 이후 유럽인들과 아프리카인들이 충돌한 것은 역사상 가장 일방적인 싸움이었다. 이때의 충돌이 아프리카인들에게는 당황스러움과 절망적인 투쟁이었던데 반해, 유럽인들에게는 전쟁이라기보다 사냥에 가까운 것이었다. 키니네 예방법이 말라리아 장벽을 무너뜨렸듯이, 후장식 총은 아프리카인들의 저항을 결정적으로 좌절시켰다. 물론 양측의 만남은 마을을 통과한 고독한 탐험가에서부터 극단적으로는 전면적 전투에 이르기까지 아주 다양한 형태로 이루어졌다. 그래도 이 모든 만남을 특징지었던 것은 사용된 무기의 품질質이었다.

모든 탐험가들은 라이플을 지니고 다녔다. 리빙스턴이나 캐머런Cameron, 바르트Barth 같은 일부의 사람들은 라이플을 사냥과 자기 방어만을 위해서 사용했다. 이들은 여행지의 사람들과 친구가 되면서 나아갔고 뛰어난 사격 솜씨로 그곳 사람들을 즐겁게 하기도 했다. 예를 들어 사보르냥 드 브라자Savorgan de Brazza의 세네갈인 동료associate였던 멜라민Malamine은 자신의 윈체스터 연발총으로 스탠리

풀Stanely Pool 주변에서 가장 유명한 사냥꾼이자 지역 추장들의 친구가 되었다.[1]

그러나 그런 우호적인 만남은 예외에 속한다. 유럽인 탐험가들이 총의 위력을 과시할 수밖에 없는 상황이 많았기 때문이다. 1893년 서부 아프리카 전역을 여행했던 독일인 탐험가 하웁트만 클링Hauptmann Kling은 기관총으로 벽을 부수면서 힘을 과시했다. 그는 그렇게 해서 자신을 초청한 사람들이 자신을 좋아하지는 않아도 존중하도록 만들었다.[2] 보르누를 방문했던 구스타브 롤프스Gustav Rohlfs는 "한 마을의 주민들이 우리가 캠프를 치는 것에 강하게 반대하려고 할 때 ……되는 대로 몇 발 쏘니 말을 알아들었다"고 기록했다.[3]

어떤 탐험가들보다도 16세기 스페인 정복자처럼 행동했던 사람은 스탠리Henry Morton Stanley였다. 그는 1877~78년의 탐험 때 아프리카를 동부에서 서부로 횡단하면서 빅토리아 호 기슭에 있던 마을 붐비레Bumbireh의 주민들과 싸우게 되었다. 그곳을 벗어나기 위해서 스탠리는 창과 활로 무장하고 있던 마을 주민들을 코끼리 사냥총elephant guns으로 쏘았다. 그리고 몇 달 뒤에 250명의 사람들과 다시 그곳으로 가서 주민들을 대량 학살했다. 잔지바르 주재 영국 영사였던 존 커크 경Sir John Kirk은 이 사건을 "이제까지 한 번도 총소리를 들어본 적이 없었던 원주민들에게 자신이 가진 현대적 무기의 힘을 무모하게 사용한 사건, 아프리카 발견의 역사에서 유례를 찾아볼 수 없

---

1) Henri Brunschwig, *French Colonialism 1871-1914: Myths and Realities*, trans. William Glanville Brown (London, 1966), p. 47.

2) Jack Goody, *Technology, Tradition and the State in Africa* (London, 1971), p. 62.

3) Wolfe W. Schmokel, "Gerhard Rohlfs: The Lonely Explorer," in Robert I. Rotberg, ed., *Africa and its Explorers: Motives, Methods and Impact* (Cambridge, Mass., 1970), p. 208.

는 사건"이라고 했다.[4)]

이후에 스탠리는 콩고 강 하류로 내려가면서 창과 활로 자신을 맞는 사람들을 만났다. 그때 스탠리 측의 사람들은 윈체스터 총이나 스나이더 총을 쏘면서 적을 쫓아갔다. 스탠리는 자신이 어디까지 적을 쫓아갔는지 다음과 같이 기록했다.

　　…… 나는 그들의 마을까지 쫓아가곤 했다. 마을의 거리에서 전투를 벌여 그들을 숲속으로 쫓고, 상아로 만든 신전은 부서뜨리고, 오두막은 불사른 다음에 카누는 물 한복판까지 끌고 가서 떠내려가도록 버려두었다.[5)]

마지막 대규모 여행이었던 1886~88년의 에민 파샤 구조 원정대 Emin Pasha Relief Expedition 때에 스탠리는 510정의 레밍턴 라이플과 10만 발의 탄약, 50정의 윈체스터 기관총과 5만 개의 탄창, 발명가 맥심이 선물로 준 맥심 기관총 한 정을 가지고 갔다. 그는 또 교역 상품으로 2만 7천262야드의 직물과 3천600파운드의 구슬을 가져갔고, 식량으로는 런던 피커딜리에 있던 포트넘 앤 메이슨 백화점에서 주문한 최고의 식품으로 40명의 짐꾼이 옮길 수 있을 만큼 가져갔다. 역사상 그 어느 시대에도 이때만큼 관광객인지 정복자인지 구별하기 어려웠던 적이 없었다.[6)]

　　4) Eric Halladay, "Henry Morton Stanley: The Opening Up of the Congo Basin," in Rotberg, pp. 242-45; Peter Forbath, *The River Congo: The Discovery, Exploration and Exploitation of the World's Most Dramatic River* (New York, 1978), pp. 278-81.

　　5) Halladay, p. 244. 다음의 자료들도 보라. Forbath, pp. 296 and 304-08; and Henry Morton Stanley, *Through the Dark Continent, or the Sources of the Nile around the Great Lakes of Equatorial Africa and down the Livingstone River to the Atlantic Ocean*, 2 vols, (New York, 1879), 1:4 and 2:211-12 and 300.

　　6) Henry Morton Stanley, *In Darkest Africa, or the Quest, Rescue,*

탐험가들이 지나가고 군인들의 시대가 왔다. 1870년대와 1880년대 유럽의 정치가들은 자신들의 군대는 아프리카의 모든 저항을 분쇄할 수 있다는 오만한 확신에 차 있었다. 이러한 확신으로 아프리카 대륙의 지도에 어디를 정복할 것인지를 보여주는 선을 그었다. 1873~74년에 울즐리Wolseley 장군은 서부 아프리카에서 가장 강력한 왕국 가운데 하나였던 아샨티 왕국을 라이플, 개틀링 총, 7파운드 야포野砲로 무장한 6천500명의 병력으로 정복했다.7) 마찬가지로 세네갈의 지도자 마마두 라민Mahmadou Lamine의 군대도 창, 덴마크인 총, 독화살을 들고 프랑스에 맞섰지만 그라스-크로파첵으로 무장한 1천400명의 프랑스 병력에 패배했다.8)

그리고 1890년대에 들어와 유럽의 식민주의 군대가 맥심 기관총과 속사 경포輕砲까지 사용하게 되면서 유럽과 아프리카 사이의 전투는 더욱 더 일방적이 되어서 아예 대학살이나 몰락이 되었다. 1891년 포르토노보Porto Novo 근처에서 프랑스군 파견부대 300명은 두 시간 반 동안에 2만 5천 발의 탄환을 사용하면서 폰족 군대를 패배시켰다.9) 1897년 32명의 유럽인과 507명의 아프리카인으로 구성된 왕립

---

and Retreat of Emin, Governor of Equatoria, 2 vols. (New York, 1890), 1:37-39.

7) John Keegan, "The Ashanti Campaign, 1873-4," in Brian Bond, ed., Victorian Military Campaigns (London, 1967), p. 186; J. K. Fynn, "Ghana-Asante (Ashanti)," in Michael Crowder, ed., West African Resistance: The Military Response to Colonial Occupation (London, 1971), p. 40.

8) B. Olatunji Oloruntimehin, "Senegambia-Mahmadou Lamine," in Crowder, pp. 93-105; M. Legassick, "Firearms, Horses and Samorian Army Organization 1870-1898," Journal of African History 7(1966):102; and Col. Charles E. Callwell, Small Wars: Their Principles and Practice, 3rd ed. (London, 1906), p. 378.

니제르 회사Royal Niger Co의 병력은 캐논포, 맥심 기관총, 스나이더 라이플로 무장하고 소코토의 누페족 토후의 3만 1천 명 병력과 싸워서 이겼다. 누페족의 병력 중에도 후장식 총을 가진 군인들이 있었지만, 훈련이 잘 되지 않아서 총을 쏘아도 적의 머리 위로 총이 날아갔다.

차드Chad에서는 1899년에 서부 아프리카 현지인 대부분으로 구성된 320명의 병력이 수단 지역의 가장 악명 높은 노예 사냥꾼 라바흐 Rabah의 1만 2천 명 병력과 2천500정의 총에 대항해서 이겼다.10) 소코토의 칼리프령懽은 1903년에 27명의 장교, 730명의 병력, 400명의 짐꾼으로 구성된 영국군의 공격을 받고 나서 결국 무너졌다.11) 그리고 1908년에는 와다이의 1만 명으로 구성된 군대가 프랑스 병력 389명에게 참패를 당했다.12)

영어권에서 가장 유명했던 식민지 전투는 아마도 1898년에 있었던 키치너 장군의 수단 정복일 것이다. 영국인들은 수단의 데르비시 Dervishe들이 기술이 뛰어나고 광적인 전사들이어서 1885년 고든 Gordon 장군에게 패배를 안긴 것으로 믿었다. 그래서 키치너의 원정대는 최신식 무기들—후장식 연발 라이플, 맥심 기관총, 야포, 강에

---

9) Callwell, p. 260; David Ross, "Dahomey," in Crowder, p. 158.

10) Pierre Gentil, *La conquête du Tchad (1894-1916)*, 2 vols. (Vincennes, 1971), 1:99.

11) A. Adeleye, *Power and Diplomacy in Northern Nigeria 1804-1906: The Sokoto Caliphate and its Enemies* (New York, 1971), pp. 182-83; Obaro Ikime, *The Fall of Nigeria: The British Conquest* (London, 1977), p. 203.

12) Joseph P. Smaldone, "Firearms in the Central Sudan: A Revaluation," *Journal of African History* 13(1972):591-607; and Humphrey J. Fisher and Virginia Rowland, "Firearms in the Central Sudan," *Journal of African History* 12(1971):223-30.

서 이용할 수 있고 고성능 포탄을 발사하는 포함砲艦 6척—을 갖추었다.

한 번은 영국의 낙타부대가 데르비시의 공격에 거의 제압당했다. 이 전투에 참가했던 윈스턴 처칠은 영국군의 대응을 다음과 같이 묘사했다.

그렇지만 결정적인 순간 포함이 현장에 도착해서 맥심 기관총이 불을 뿜기 시작했고, 라이플에서는 빠르게 총알이 발사되기 시작했다. 거리가 짧았기 때문에 효과는 엄청났다. 물결을 따라 우아하게 움직이는 그 무서운 기계, 그 아름다운 흰 악마는 포연砲煙에 감싸였다. 다가오는 수천 명의 적군들로 붐볐던 케레리Kerreri 언덕의 비탈은 파괴되어 먼지가 구름처럼 피어오르고, 바위는 모래가루가 되었다. 공격하던 데르비시들은 넘어져 서로 몸이 얽히고 더미들이 되었다. 그들의 뒤를 따르던 병력은 멈춰 서서 무엇을 할지 모르고 있었다. 그들도 너무 힘든 상황이었다.

옴두르만Omdurman에서 키치너는 데르비시 주력 부대 4만 명을 만났다. 처칠의 이야기를 들어보자.

보병은 서두르거나 흥분하거나 동요하지 않고 총을 쏘았다. 적들은 멀리 있고 장교들은 신중했기 때문이다. 게다가 병사들은 그 일에 관심이 있었고, 고생도 많이 했다. 그러나 곧 단순한 물리적 행동이 지루해졌다……

데르비시 쪽은 아주 다르게 보였다.

그리고 다른 쪽의 벌판 위에서는 탄환이 살을 찢으며 날아가고 뼈를 부숴 산산이 조각을 내고 있었으며, 끔찍한 상처에서는 피가 솟아오르고 있었다. 소리를 내며 날아다니는 금속, 폭발하는 포탄, 솟아오는 먼지로 된 지옥 속을 용감한 사람들이 헤치고 나아갔지만, 고통과 절규 속에서 죽어갔다.

이렇게 다섯 시간의 전투 후에 사망자는 영국군이 20명, 영국을 도왔던 이집트군이 20명, 데르비시는 1만 1천 명이었다.

과학적인 무기로 야만인을 누른 가장 상징적인 옴두르만 전투는 그렇게 끝이 났다. 가장 강력하고 무장이 잘 된 야만 군대가 현대 유럽의 강대국에 도전했다가 다섯 시간 만에 파괴되고 사라졌다. 이런 결과를 내는 데 우리는 어려운 점이 거의 없었고, 작은 위험은 승리를 위한 사소한 손실이었다.[13]

아프리카에서 19세기 말에 유럽인들이 우세한 화력으로 아프리카인들의 저항을 눌렀다는 일반적인 사실에도 예외가 없는 것은 아니다. 수단 서부와 에티오피아의 경우에서 주로 볼 수 있는 몇몇 경우에 아프리카인들은 유럽인들을 오랫동안 막아낼 수 있었다. 이 경우에도 신무기新武器의 중요성을 잘 보여준다.

니제르 강 상류와 세네갈 강 상류 사이의 고지대高地帶 출신이었던 사모리 투레Samori Touré는 갑자기 큰 권력을 잡은 사람으로 이슬람 세계의 전통적인 방식인 군사지도자와 종교지도자의 지위를 겸한 인물이었다. 그는 낡은 군사문화military customs의 방해를 받지 않았고 당시의 어떤 아프리카 지도자들보다도 더 근대 무기의 중요성을 이해하고 있었다. 그는 자신의 전 병사들을 총으로 무장시킨 그 지역 첫 번째 지도자였다. 1870년대 초에 사모리는 머스킷을 다량으로 구입했는데 이를 통해 수단의 다른 통치자들보다 전략적 우위를 누릴 수 있었고 추종자들을 모을 수 있었다. 그는 1886년까지 50정의 후장총을 구입했는데 그 대부분이 샤스포였다. 1890년부터는 시에라리

---

13) Winston Churchill, *The River War: An Account of the Reconquest of the Soudan* (New York, 1933), pp. 274, 279, and 300. 다음의 자료들도 보라. Lieut. Col. Graham Setton Hutchison, *Machine Guns: Their History and Tactical Employment* (*Being Also a History of the Machine Gun Corps, 1916-1922*), pp. 67-70; and Callwell, pp. 389 and 439.

온의 거래상들로부터 입수할 수 있는 대로 가능한 한 많은 수의 그라스와 마우저 라이플을 샀다. 사모리는 연발총—그라스-크로파첵과 레벨—으로 무장한 프랑스 병력들과 몇 번 전투를 치른 뒤에 시에라리온에서 구입하든지 전장戰場에서 빼앗든지 모든 방법을 동원해서 연발총을 획득하려고 노력했다. 이렇게 해서 1887년에 36정이던 그의 연발총은 마침내 그가 패하던 해인 1898년에는 4천 정으로 늘어났다. 사모리는 마지막 10년 동안 근대적 무기를 현명하게 잘 이용했던 점과 또 군대의 기동력 덕분에 전진하는 프랑스 군대에 버텨낼 수 있었다. 사실 그의 방법은 데르비시들의 대규모 공격보다 20세기 말 해방전쟁의 게릴라 전술을 더 많이 닮았다.

사모리의 생애에서 가장 흥미 있는 점은 그가 무기 산업체를 만들려고 했던 점이다. 그는 대장장이 한 명을 생-루이에 있는 병기공장에 보내 프랑스의 기술을 배우도록 했다. 그리고 300~400명의 대장장이를 고용했고 일주일에 12정의 총을 만들어냈다. 대부분 그라스-크로파첵을 모방한 것이었다. 또 그 대장장이들은 하루 200~300개의 탄약통까지 만들었으며 부인들은 화약을 만들었다. 그렇지만 근대식 총포를 만드는 데는 공작 기계와 우수한 품질의 강철이 필요했기 때문에 사모리가 사제로 만든 무기들은 프랑스의 진격을 오랫동안 막을 정도로 수량이 많지도 않았고 정밀하지도 못했다. 결국 프랑스가 시에라리온과 리비아의 공급선을 끊었을 때 사모리는 패하게 되었다.[14]

14) Yves Person, *Samori: Une Révolution Dyula*, 3 vols, (Dakar, 1968), 2:905-12, and "Guinea-Samori," in Crowder, pp. 122-23; and Legassick, pp. 99-114. 프랑스쪽에 대해서는 다음의 자료를 보라. Alexander S. Kanya-Forstner, *The Conquest of the Western Sudan: A Study in French Military Imperialism* (Cambridge, 1969), pp. 10-12.

마찬가지 상황이 에티오피아에서도 벌어졌는데, 에티오피아의 경우는 규모가 더 컸다. 테오도로스 황제Tewodros, 1855~68가 통치하던 시기에 다양한 지역의 군대는 머스킷과 대포를 이용했고 기병들도 있었다. 1868년 영국군이 멕델라Meqdela에서 테오도로스의 군대를 패배시키는데 후장식 총이 부분적으로 기여했다. 그러고 나서 영국군은 본토로 돌아갔고, 그들의 기술적 유산은 에티오피아에 남았다. 테오도로스는 선교사로 온 숙련공을 이용해서 캐논포를 주조했다. 그와 경쟁 관계에 있던 군벌軍閥 베르비즈 카사Berbiz Kasa는 커크햄Kirkham이라는 영국군 병장을 고용해서 자신의 군사들을 훈련시켰다. 1871년 카사는 적을 무찌른 뒤에 황제 요하니스 4세Yohannis IV가 되었다. 1880년대의 에티오피아는 여러 지역 지배자들과의 전쟁, 서쪽에서는 수단의 마디스트들Mahdists, 동쪽에서는 이탈리아인들과의 전쟁 중이었다. 이 전쟁의 시기에 외국의 무기가 에티오피아로 쏟아져 들어왔다. 쇼와Showa의 메넬리크Menelik 황제는 홍해紅海의 마사와Massawa에 있던 이탈리아인들로부터 후장식 총과 탄약을 획득할 수 있었다. 1896년에 이르러 그의 군대는 어떤 아프리카 통치자의 군대보다도 더 좋은 무기를 갖추게 되었다. 그의 병기고에는 수천 정의 후장식 총, 몇 정의 기관총, 심지어는 몇 문의 야포까지 있었다. 1만 7천 명으로 구성된 이탈리아 군대가 에티오피아로 진군해 들어갔을 때, 이탈리아 군인들은 자신들만큼 무기를 잘 갖추고 자신들보다 훈련이 더 잘된 군대와 마주쳐야 했다. 1896년 3월 1일 아드와Aduwa에서 이탈리아가 패배한 것은 전술상의 실수를 하기도 했지만, 메넬리크에게 무기를 공급하기로 약속했던 위챌Wichelle 조약의 결과이기도 하다.15)

무기만이 아니라 식민지 전쟁에 관련된 전략과 전술을 살펴보는

---

15) R A Caulk, "Firearms and Princely Power in Ethiopia in the Nineteenth Century," *Journal of African History* 13(1972):610-26.

것도 가치가 있다. 전략과 전술을 살펴보면 서로 대결했던 군대들과 1차 세계대전 이전의 유럽의 군사 이론가들의 생각이 어떠했는지에 대해서 알 수 있기 때문이다. 유럽 군대는 아시아와 아프리카에서 고전적인 전쟁 법칙의 대부분이 깨졌다. 숲과 덤불이 있는 지역에서 유럽 병사들은 좁은 길을 따라 일렬로 전진해야 했다. 그리고 험준한 지형에서는 수 마일 동안 노출된 보급선에 전적으로 의존해야 했다. 때로는 물과 음식을 짐꾼과 동물만이 아니라 병사들을 통해서 옮기기도 했다.16) 이러한 상황에서 이들은 게릴라 전술의 피해를 받을 수 있었다. 알제리와 인도의 북서쪽 경계 같은 몇몇 지역에서는 게릴라 전술을 사용하는 토착 저항 세력이 제국주의 국가의 군인들을 오랫동안 붙잡아둘 수도 있었다. 그러나 게릴라 전술은 드물었다. 게릴라 전술은 당시 비서구 사회 대부분에서 볼 수 있었던 사회 구조보다 더 유연한 사회 구조와 더 높은 정치의식을 필요로 했기 때문이다.

유럽인들이 수단에서 남부 아프리카까지, 서부 아프리카에서 중국까지 가장 흔하게 만났던 전투 방식은 정면 공격, 즉 엄청난 수의 전투원이 앞으로 돌진해 오는 방식이었다. 그들은 뛰어난 용기와 자신들이 익숙한 전투에 적합한 전술과 규율을 과시했다. 그러나 근대적 라이플에 이런 방식들은 소용이 없었다. 새로운 상황에서는 달리면서 총을 쏘고, 서서 재장전을 하거나 투창을 위해 전속력으로 달리는 것은 자살과도 같았다. 인해전술을 펼치는 전사들을 막으려고 제국주의 국가 군대는 나폴레옹 시대의 방진方陣, square을 되살렸다.

---

16) 식민지 전투에서의 병참(兵站, logistics)에 대해서는 다음의 자료들을 보라. Callwell, pp. 57-63, pp. 86-87; J. J. Guy, "A Note on Firearms in the Zulu Kingdom with Special Reference to the Anglo-Zulu War, 1879," *Journal of African History* 12(1971):567-68; and Crowder, p.11.

즉 인간 성채를 만들고 그 성채를 우박처럼 쏟아내는 총알로 두르는 것이었다. 이 성채는 저급한 무기로 아무리 많은 사람들이 달려든다 해도 뚫기가 거의 불가능했다.[17]

이런 식의 전투가 1893년 10월에 남부 아프리카의 짐바브웨 근처에서 있었다. 남부 아프리카 영국 경찰부대가 로벤굴라Lobengula 왕의 엔데벨레Ndebele 전사 5천 명과 싸우게 되었다. 엔데벨레 부족들은 투창과 방패를 가지고 있었고, 영국인들은 맥심 기관총 4, 노르덴펠트 기관총 1, 가드너 기관총 1정을 가지고 있었다. 싸운 지 한 시간 반 만에 3천 명의 엔데벨레 전사들이 죽었다. 지나치게 장식적인 말로 제국사帝國史를 기록한 영국 작가이자 육군 중령이었던 그레이엄 허치슨Graham Hutchison은 이 전투를 서술하기를,

> 사나운 원주민들은 인종적 광신으로 흥분해서 투창으로 무장하고 전사단과 대규모 병력으로 전투에 나아갔다. 전쟁을 알리는 100개의 북은 점점 거친 소리를 내면서 흩어져 있는 마을들 사이로 원시적인 복수의 신호를 보냈다. 남부 아프리카 영국 경찰부대는 짐바브웨인 지원자들로 서둘러 숫자를 더하기는 했지만, 처음부터 수적으로 크게 밀렸다. …… 그들은 차진wagon laager을 형성하면서 방어자세를 취했다. 차진 내부에 여성, 아이들, 식량을 모아 놓았다. 그러고는 마타벨레족의 공격을 유도했다. 맥심 기관총은 방진의 각을 따라 놓여졌고, 마타벨레족은 자신들의 독을 바른 투창을 찔러보지도 못하고 죽어갔다.[18]

---

17) 다음의 자료들을 보라. D. J. M. Muffett, "Nigeria-Sokoto Caliphate," in Crowder, p. 290; Bond, p. 25; Crowder, p. 9; and Callwell, pp. 30-31.

18) Hutchison, p. 63. 다음의 자료들도 보라. Edward L. Katzembach, Jr., "The Mechanization of War, 1880-1919," in Melvin Kranzberg and Carrol W. Pursell, Jr., eds., *Technology in Western Civilization*, 2 vols. (New York, 1967), p. 551; and John Ellis, *The Social History of the Machine Gun* (New York, 1975), p. 90.

제국 시대의 전투에는 패러독스paradox가 있다. 유럽인들의 전략은 본래 공격적이었다. 즉 적을 찾아내고 그들의 군대와 정부를 쳐부수고 적의 땅을 차지하는 공격적인 것이었는데, 그들의 전술은 방어적인 것이었다. 유럽인들의 공격적인 전략이 이렇게 방어적인 전술과 결합한 것은 그들의 화력이 새롭게 증대되었기 때문이고, 아프리카와 아시아인들이 새로운 화력에 대응할 게릴라전술을 바로 개발해내지 못했기 때문이다.

1871~1914년까지는 식민지에서의 전투의 기술과 이론에 대한 관심은 거의 존재하지 않았다. 대부분의 유럽의 군사 작전가들은 그때나 지금이나 그 시기를 평화의 시기로 보기 때문에 그 "소규모 전투들"에는 거의 주의를 기울이지 않았다.[19] 19세기 식민지 전투에 대한 몇 안 되는 연구 중의 하나는 찰스 콜웰charles Callwell 대령의 『소규모 전쟁들 : 원칙과 실제Small Wars: Their Principles and Practice』이다. 1906년에 장교들을 위해서 출판된 이 교과서에서 저자는 공격적 전략과 방어적 전술이 흥미롭게 함께 존재한 것을 인정했지만, 그 의미에 대해서는 파고들지 않았다. 그는 유럽인들의 화력의 우위를 당연한 것으로 받아들여 그것에 대한 설명은 거의 하지 않았다.[20] 그 대신에 양측 사이에 존재했다는 정신의 차이만 반복적으로 강조했다. 유럽인과 유럽인들이 이끈 군인들이 열정과 결단력, 모험심, 박력, 대담함, 용기, 그 외의 고귀한 미덕으로 가득했다면 반대로 야만인 무리는 잔인하고 광신적이거나 기껏해야 반문명화半文明化

---

19) 이러한 태도를 보여주는 최근의 예들에 대해서는 다음의 자료들을 보라. Theodore Ropp, *War in the Modern World*, rev. ed. (New York, 1962) and Maj. Gen. J. F. C. Fuller, *War and Western Civilization 1832-1932* (London, 1939).

20) Callwell, p. 398을 보라.

된 인종들이었다는 것이다.

이러한 경향을 보인 또 다른 작가는 찰스 월리스Charles B. Wallis이다. 시에라리온에서 현지 감독관이었던 그는 그 지역에 배치된 영국군 장교들을 위해서 『서부 아프리카에서의 전투West African Warfare』라는 책을 썼는데, 이 책이 좀 더 사실적이다. 그도 역시 "괴상하고 믿을 수 없는 주변 환경, 사람의 신경을 괴롭히는 기후"와 "숲 속 야생 동물들처럼……교활한 야만인들"에 대해 감정적이 되어 말을 많이 늘어놓게 되었다. 그는 또 "서부 아프리카 전투라는 기계에서의 필수 요소인 영국 장교"가 이끄는 영국군의 엄격한 훈련과 열정적인 "단결심"을 높이 평가했다. 그러나 적어도 개인적인 경험에서 볼 때 그는 근대의 라이플과 맥심 기관총의 가치를 알고 있었고, 대격전의 경우에는 모퉁이에 맥심 기관총을 설치하는 방진을 사용할 것을 주장했다.[21]

식민지 전투 경험을 보면 1차 세계대전 시의 전략이 왜 재앙이었는지를 이해할 수 있다. 40년 동안 영국, 프랑스, 독일은 식민지 전쟁만 했고, 그들의 승리의 열쇠는 압도적인 화력의 지원을 받은 나폴레옹 시기의 전략 원칙을 확인하는 것이었다. 1차 세계대전에서 참모들이 잘못 이해한 것은, 신식 라이플과 기관총을 무기로 한 식민지에서의 승리는 무장이 안 된 적을 막는 방어 전술이라는 점이었다.

콜웰, 월리스, 허치슨이 속한 계급과 문화는 식민지에 있는 군인들에게 정신력이 뛰어나고 인종적으로 우수하다는 헛된 아우라를 심어주었다. 사실 그 아우라는 전술에 있어서 기술의 혁신을 숨긴 것이었다. 라이플이나 기관총과 함께 플랑드르 지방의 참호에 있던 병사도 옴두르만의 방진이나 엔데벨랜드Ndebeland의 차진車陣에 있던 군

---

21) Charles B. Wallis, *West African Warfare* (London, 1906).

인들만큼 적의 공격에 흔들리지 않았다. 그렇지만 반대로 플랑드르의 참호를 벗어난 병사는 데르비시나 엔데벨레 전사만큼 공격에 취약했다. 1차 세계대전의 놀라운 점은 공격이 자살과 같았다는 점이다. 전투력, 생명력élan vital, 용기, 단결심 그리고 그 외 유럽의 전투원이 가졌다는 모든 덕성들이 똑같은 라이플과 기관총 앞에서는 아무 의미가 없었다.

근대적인 보병의 무기는 유럽 전장戰場과 아프리카 전장에서의 결과가 정반대였다. 새로운 화기는 유럽의 강대국들에게 익숙했던 빠르고 손쉬운 승리가 아니라 승리를 불가능하게 만들었던 것이다.

3부

커뮤니케이션 혁명

|8장|

증기와 인도까지의 육로

      로마인들과 마찬가지로 영국인들도 늘 통신communications을 강조해왔
다. 아마도 영국의 식민지 통치의 진수는 관리 기술만이 아니라 공학 기술에도
있었다고 할 수 있을 것이다.[1]

   15, 16세기에 먼 외국을 향해 고향을 떠난 유럽인들은 유럽과 어
떤 접촉도 하지 못하고 몇 개월 혹은 몇 년을 지내야 했다. 그들은
방문지에서 필요한 것들을 주로 마련했다. 그러나 19세기에 아프리
카와 아시아에 간 유럽인들은 이전 사람들보다 훨씬 많은 자원을 가
졌다. 그 대신 그들은 앞선 사람들보다는 유럽에 종속되어 있었다.
라이플과 탄약통, 증기 엔진과 완두콩 통조림, 키니네, 관리들의 문
구文具, 그 외 천여 종의 다른 필수품이 유럽에서 특별히 만들어져서

----

   1) G. S. Graham, "Imperial Finance, Trade and Communications
1895-1914," in E. A. Benians, James Butler, and C. E. Carrington,
eds., *Cambridge History of the British Empire*, vol. 3: *The Empire
Commonwealth 1870-1919* (Cambridge, 1959), p 466.

세계의 중간 지점까지 배달되어 먼 땅에 나가 있는 유럽인들에게 힘과 안락함을 유지해주었다. 상품보다 더 중요했던 것은 정보로써 유럽 제국주의를 지탱시켜 준 혈액이었다. 사업거래, 관리 보고서, 특파원 소식, 개인적인 서신은 식민지 개척자들의 생활을 돕고 다른 사람들의 도움을 확신할 수 있게 했다. 19세기의 "신" 제국주의는 "구" 제국주의에 시간적으로 뒤지기 때문에 "신" 제국주의로 불린 것만은 아니다. 앞의 제국주의와는 성격 자체가 다른 현상이었다. 역사상 처음으로 식민모국의 수도는 가장 멀리 떨어진 식민지와 거의 즉시 의사소통을 하고 이전의 어떤 제국에서도 운송비용을 감당할 수 없었을 부피가 큰 상품들을 대량으로 거래할 수단을 확보했다. 세계는 19세기에 이전의 어떤 세기보다도 더욱 변화했고, 그 중에서 유럽과 세계를 연결시킨 통신·운송의 결과보다도 더 눈부신 변화는 없다.

1830년까지는 한 영국인이 인도에 있는 누군가와 소식을 주고받는다면, 그의 편지는 동인도회사의 무역선에 실려서 아프리카를 돌아 5개월에서 8개월 만에 목적지에 도착했다. 그리고 인도양의 계절풍monsoon 때문에 그가 편지에 대한 답장을 받는 것은 2년 뒤였다. 1850년경에는 런던에서 보낸 통신문은 기차로 프랑스를 가로지르고 증기선으로 알렉산드리아로, 알렉산드리아에서 카이로로 갔다. 그 다음에는 낙타에 실려 수에즈로 갔고 수에즈에서는 증기선으로 봄베이나 콜카타로 갔다. 런던에서부터 계산하면 30일에서 45일 뒤에 도착한 것이다. 답장을 받는데 또 30일이나 45일이 걸렸으니 한 번 왕복하는데 총 2~3개월이 걸렸다고 할 수 있다.[2] 20년 뒤에는

---

2) 버나드 핀(Bernard S. Finn)은 1852년에 (세계의 다른 곳에서 발송한) 우편물이 런던에 도착하는데 걸린 평균 일수를 다음과 같이 보여준다. 뉴욕에서는 12일, 알렉산드리아에서는 13일, 케이프타운이나 (수에즈 운하를 거쳐서)

(런던에서 보낸) 편지가 봄베이에 도착하는 데는 여전히 한 달이 걸렸지만, 전보는 5시간이라는 짧은 시간에 봄베이에 도착했고 답장도 같은 날 받아볼 수 있었다. 1924년 대영제국전람회British Empire Exhibition에서 조지 5세는 자신에게 전보를 보냈다. 이 전보는 영국이 설치한 전선을 타고 지구를 한 바퀴 돌아서 80초 만에 조지 5세에게 도착했다! 이렇게 보면 제국주의 시대의 영국인들 중 대부분이 그들이 차지한 세계 제국은 영국 산업의 놀랄 만한 창의성에 걸맞은 것이라고 생각한 것도 놀라운 일은 아니다.

증기가 배를 나아가게 할 수 있는 수단이라는 점이 증명되자마자 몇몇 사람들은 증기의 힘으로 대양을 가로지르는 꿈을 꾸었다. 다른 사람들은 터무니없고 자연의 힘에 반하는 것이라고 놀렸지만 그들은 꿈을 꾸었다. 두 쪽 다 맞았다. 증기의 가능성은 명백했다. 최고의 범선 항해조차도 시간에 맞서 모험하게 하는 변덕스러운 바람으로부터 해방될 가능성이 있었다. 그러나 그것을 성취하기는 길고 어려운 과정이었다. 1830년대에야 증기에 의한 대양 횡단의 기술적 가능성이 증명되었고, 1850년대가 되어서야 경제적으로도 타당성이 증명되었기 때문이다.

바다로 나간 첫 증기선들은 범선에 보조 엔진을 단 하이브리드 선

봄베이로부터는 33일, (수에즈 운하를 거쳐서) 콜카타로부터는 44일, 샌프란시스코나 싱가포르로부터는 45일, 상하이로부터는 57일, 시드니로부터는 73일. 그의 *Submarine Telegraphy: The Grand Victorian Technology* (Margate, 1973)의 p. 10을 보라. 다음의 연구도 보라. C R Fay, 'The Movement Toward Free Trade, 1820-1853," in J Holland Rose, A. P. Newton, and E. A. Benians, eds., *Cambridge History of the British Empire*, vol. 2: *The Growth of the New Empire 1783-1870* (Cambridge, 1940), pp 412-13.

船이었다. 1819년 미국에서 잉글랜드로 대서양을 가로지른 사바나 Savannah 호는 27일간의 횡단 기간 동안 배에 설치된 증기 엔진을 사용한 것은 4일도 되지 않았다. 처음 인도에 갔던 증기선 엔터프라이즈 호는 1825년 펄마우스Falmouth에서 콜카타까지 항해한 113일 동안 증기의 사용은 65일이었다. 1838년 두 척의 증기선 시리우스Sirius 호와 그레이트 웨스턴Great Western 호는 마침내 증기만을 사용해서 대서양을 횡단했다. 그리고 2년 뒤에는 대서양을 가로지르는 증기선 운항이 정기적으로 시작되어 범선에 대한 대안으로 공개되었다.3)

영국 광산에서 물을 퍼내는데 증기 엔진을 사용한 이후로 한 세기가 지나도록 오랜 시간을 끈 뒤에 증기 엔진을 사용하게 된 주된 이유는 저압의 증기 엔진은 바다에서의 에너지원으로는 자유롭게 부는 바람과 경쟁이 되지 않았기 때문이다. 1830년대 이전의 증기 장치는 크고 정밀했으며 자주 조절하고 윤활유를 발라야 했다. 바닷물을 채운 보일러는 사나흘 간격으로 끼고 단단한 막을 형성한 소금을 긁어내야 했다. 높은 파도는 자주 증기선의 외륜外輪을 부숴놓았다. 그러한 위험 때문에 1831년에 의회는 "증기선 항해로 일어나는 빈번한 참화와 이것의 재발을 막을 최고의 방법을 연구할……" 위원회를 만들었다.

---

3) 시리우스 호와 그레이트 웨스턴 호 사이의 경쟁은 당시 증기선 개발을 주도했던 인물들 사이의 경쟁이기도 했다. 시리우스 호는 영미 증기선 항해 회사(British and American Steam Navigation Co.)의 이사회 의장이었던 맥그리거 레어드가 개발을 주도했고 그레이트 웨스턴 호는 그레이트 웨스턴 철도(Great Western Railway) 회사의 수석 엔지니어였고 후에 유명한 배 그레이트 브리튼Great Britian 호와 그레이트 이스턴Great Eastern 호를 설계한 이잠바드 브루넬(Isambard K,. Brunel)이 개발을 주도했다. 다음의 자료를 보라. L. T. C. Rolt, *Victorian Engineering* (Harmondsworth, 1974), pp. 85-88.

증기 엔진의 가장 큰 단점은 연료를 너무 많이 소비한다는 점이었다. 석탄값이 쌌던 영국 근처나 나무가 많았던 미시시피 강 근처에서는 큰 문제가 아닐 수 있었다. 그러나 바다에서는 엄청나게 많은 양의 석탄을 배에 싣거나 범선으로 공급을 받아야 했다. 석탄 공급지로부터 거리가 멀면 문제는 한층 더 심각해졌다. 그레이트 웨스턴 호의 경우에 440마력의 엔진이 설치되어 대서양 횡단에 650톤의 석탄을 태웠는데, 이것은 1마력을 얻기 위해 한 시간에 평균 8파운드의 석탄을 태운 것이라고 할 수 있다. 쿠나드 정기선 회사Cunard Line의 첫 정기선이었던 1840년의 브리태니아Britannia 호는 총 화물 적재량이 865톤이었는데, 그 중에서 석탄이 640톤을 차지했다. 1마력을 얻기 위해서는 석탄을 한 시간에 약 5파운드씩 태웠다.4)

초기 증기선의 이러한 단점 때문에 엄청나게 비싼 비용을 치르고도 이익이 있을 경우에만 증기선이 이용되었다. 증기선은 두 곳에서 장거리 수송에 사용되었다. 하나는 영국과 미국 간이었는데, 이용자가 많았고 부자들은 바다를 빨리 건너기 위해서는 아무리 비용이 비싸더라도 낼 각오가 되어 있었다. 또 하나는 영국과 인도 사이였다.

---

4) Harold James Dyos and Derek Howard Aldcroft, *British Transport* (Leicester, 1969), pp 238-39; Carl E. McDowell and Helen M. Gibbs, *Ocean Transportation* (New York, 1954), p. 28; Charles Ernest Fayle, *A Short History of the World's Shipping Industry* (London, 1933), p. 241; Ambroise Victor Charles Colin, *La navigation commerciale au X Ⅸe siècle* (Paris, 1901), pp. 39-41 and 48; Duncan Haws, *Ships and the Sea: A Chronological Review* (London, 1975), pp. 115-19; H. A. Gibson-Hill, "The Steamers Employed in Asian Waters, 1819-39," *Journal of the Royal Asiatic Society, Malayan Branch* 27 pt. 1 (May 1954):147ff; and Rolt, pp. 85-86.

역사적으로 보면 유럽에서 인도로 가는 데는 세 가지 방법이 있었다. 첫 번째는 이집트를 가로질러 홍해로 가서 아라비아 해海를 건너는 것이고, 두 번째는 시리아를 가로질러 메소포타미아로 간 다음 유프라테스 강, 페르시아 만으로 내려가 아라비아 해로 나가는 것이었다. 세 번째는 아프리카를 도는 것이었다. 각 시대마다 해양 기술과 중동 정치에 따라 이 세 가지 방법 가운데 한 방법이 다른 방법보다 더 많이 이용되었다.

　아프리카 주위를 도는 희망봉 루트는 19세기 초에 동인도회사가 선호한 루트였다. 이 루트는 안전했다. 나폴레옹 시대의 전쟁에서 영국이 네덜란드와 프랑스 함대를 제거했기 때문이다. 그리고 이 루트를 이용하면 도중에 사람이나 짐을 옮겨 실어야 할 필요도 없었고 투르크인, 이집트인, 아랍인들과 복잡하고 까다로운 관계를 맺을 필요도 없었다. 그러나 이 루트는 너무 길었다. 반 년 동안은 인도 쪽으로 불고 반 년 동안은 다른 쪽으로 부는 계절풍 때문에 바람의 방향과 배의 진행 방향이 같을 때는 항해가 수월했지만 반대의 경우에는 항해가 불가능했기 때문이었다. 그래서 동인도회사의 인도 무역선은 한 번 갔다 오는 데 약 2년이 걸렸다.

　영국인들은 중동을 통과하는 두 길을 "육상陸上" 루트라고 불렀다. 메소포타미아를 통과하는 루트에서는 유럽에서 시리아, 다시 페르시아 만의 시작 지역에서 인도 사이의 항해가 쉬웠다. 그러나 그 사이에는 오스만 제국의 일부가 포함되어 있었는데, 이곳에는 외국인을 혐오하는 아랍 부족들, 신뢰할 수 없는 터키 관리들이 살고 있었고, 이들은 때로는 믿을 수 없는 오스만 제국 정부의 외교 정책에 복종해야 했다. 홍해 루트는 정치적인 어려움은 메소포타미아 루트보다 적었으나 범선으로는 극복하기 어려운 자연의 장벽이 있었다. 홍해는 변덕스러운 바람, 오랜 무풍無風 상태, 갑작스런 폭풍으로 악명이 높았다. 또 암초와 산호초들이 위험하게 널려 있고 해안은 톱 날 같았으며, 해안 주민들은 난파선을 약탈할 기회가 생기면 좋아했 다.

이런 이유 때문에 배짱 있는 유럽인 여행가나 긴급한 우편물 꾸러 미가 있는 경우에만 육상 루트의 미로迷路를 통과했는데, 이런 일은 가끔 있는 일이었다. 19세기 초까지는 대부분 희망봉 루트가 동방으 로 가는 정해진 경로였다. 그러나 동방의 바다에 증기선이 나타나면 서 이 모든 것이 변하게 되었다.5)

동인도회사는 훌륭한 선단船團을 소유했고 영국의 동방 무역을 독 점해서 이익을 낼 수 있었기 때문에 아프리카를 도는 긴 항해는 피 할 수 없는 일이었다. 그렇다고 해도 인도와 영국 간의 무역량이 급 속히 증가하면서 양국의 사업가들은 더 짧은 루트가 필요하다고 소 리를 높였다. 1790년과 1817년 사이에 동방에 대한 영국의 수출은 2 만 6천400톤에서 10만 9천400톤으로 증가했다. 인도에 대한 영국의 직물 수출이 특별히 중요했는데 1814년에 20만 1천182파운드 가치의 81만 7천 야드에서 1832년에는 323만 8천248파운드 가치의 5천183 만 3천913야드로 증가했다. 이 무역에 관여한 기업가들이 19세기의 해상 교통의 개선에 촉매 역할을 한 사람들이었다.

1822년 영국의 해군 장교 제임스 헨리 존스턴James Henry Johnston은

---

5) 19세기 초에 세 루트가 가지고 있던 상대적인 장점에 대해서는 다음의 자료들을 보라. Halford Lancaster Hoskins, *British Routes to India* (London, 1928), pp. 82-83, 88-89, and 105; Ghulam Idris Khan, "Attempts at Swift Communication Between India and the West before 1830," *Journal of the Asiatic Society of Pakistan* 16, no. 2 (Aug, 1971):120-21; and John Marlowe, *World Ditch: The Making of the Suez Canal* (New York, 1964), p. 41.

영국의 증기선 항해에 대한 열정을 알고 콜카타와 수에즈 간 증기선 사업을 시작하기로 결정했다. 그는 자신의 계획을 콜카타에 있던 인도 거주 영국인들이 받아들이게 하기 위해서 배를 타고 인도로 갔다. 그런데 그들에게는 재촉할 필요가 없었다. 후글리Hooghly 강에서 작은 배 다이애나 호의 성능을 본 콜카타 거주 영국인들은 "영국과 인도 간에 증기선 항해를 촉진하기 위한 협회"를 만들었다. 이 "증기선 협회"는 6만 9천903루피의 "증기선 기금"을 만들었다. 인도 총독 앰허스트Amherst가 2만 루피를 기부했고, 아우드Oudh의 태수가 2천 루피를, 나머지는 콜카타의 여러 기업가들이 기부한 것이다. 이 돈은 벵갈과 영국 간을 네 번 연속 항해해서 평균 항해 70일인 기선의 소유주에게 상금으로 주기로 했다. 물론 희망봉 루트를 이용하는 것을 의미했다. 존스턴은 상금을 탈 배를 만들기 위해 영국으로 돌아갔다.

존스턴은 런던 자본가들의 열렬한 지원을 받으며 대양 항해를 할 첫 영국제 증기선을 만드는데 착수했다. 엔터프라이즈 호라고 이름이 붙은 그 배는 당시로서는 큰 배였다. 길이가 114피트, 적재량이 464톤이었고 60마력의 모즐리 엔진 두 개를 장착하고 있었다. 배를 건조한 사람들은 이 배가 케이프타운에 들러 연료 공급만 한 번 받으면 60일 내에 콜카타에 도착할 것이라고 기대하면서 시험 운항도 해보지 않은 채 1825년 8월 바다에 띄웠다. 그러나 불행히도 이 배는 너무 느렸고 엔진은 연료를 너무 많이 소비해서 연료가 곧 바닥이 나게 되었다. 콜카타에 도착하는 데 총 113일이 걸렸는데, 그 중에서 단지 63일만 증기를 이용했다. 결국 상금을 받지 못하자 콜카타의 증기선 지지자들은 실망했다. 벵갈 정부는 이 배를 미얀마 전쟁에 사용하기 위해서 샀고, 협회는 그의 노력을 인정해서 "증기선"의 존스턴에게 상금의 반을 주었다.[6]

엔터프라이즈 호의 항해는 콜카타에서는 실패했지만 인도 전체에 대해서는 실패가 아니었다. 계절풍 때문에 유럽에서 오는 범선은 인도의 서부 해안보다는 동부 해안에 더 빨리 도착할 수 있었다. 그러나 증기선은 바람의 힘으로 나아가는 것이 아니었고, 1820년대의 기술로는 희망봉 루트를 이용할 장거리 증기선은 만들 수 없었다고 해도 봄베이를 통한 육상 루트는 가능성이 있었으며 봄베이는 인도의 새로운 관문이 될 수 있었다. 이런 이유로 봄베이에 있는 인도 거주 영국인들은 육상 루트 아이디어를 받아들였고, 콜카타의 인도 거주 영국인들에게는 굴욕이었다. 각 집단은 각자의 정부의 지지를 받고 있었다. 봄베이는 봄베이 관구와 인도 해군(1830년까지는 봄베이 해병대로 알려져 있었다)의 지지를 받았지만, 콜카타는 콜카타 관구, 마드라스 관구와 인도 총독의 지지를 받고 있었다. 그리고 동인도회사와 영국 정부는 거리를 두고 두 경쟁 세력 사이를 왔다갔다하고 있었다. 민간기업만으로는 비용을 감당하기 어려운 증기선 기술은 그렇게 해서 영국령 인도의 복잡한 정치 상황에 휩쓸려 들었다.[7]

6) 존스턴, 콜카타 증기선 협회, 엔터프라이즈 호에 대해서는 다음의 자료들을 보라. Hoskins, pp. 86-96; Khan, pp. 119-20, 142-44, and 151-56; Gibson-Hill, pp. 122 and 134-39; Henry T. Bernstein, *Steamboats on the Ganges: An Exploration in the History of India's Modernization through Science and Technology* (Bombay, 1960), p. 32; Marischal Murray, *Ships and South Africa: A Maritime Chrnonicle of the Cape, with Particular Reference to Mail and Passenger Liners from the Early Days of Steam down to the Present* (London, 1933), pp. 2-3; and Auguste Toussaint, *History of the Indian Ocean*, trans. June Guicharnaud (Chicago, 1966), pp 205-06. 아직도 논의가 되고 있는 상금의 액수와 엔터프라이즈 호의 크기에 대해서는 나는 Gibson-Hill의 해석을 따르기로 했다.

7) 다음의 자료들을 보라. Khan, pp. 144 and 149; Hoskins, pp 97-98; and Daniel Thorner, *Investment in Empire: British Railway and Steam Shipping Enterprise in India, 1825-1849* (Philadelphia, 1950), pp 23-25.

영국과 인도 사이에 증기선 왕래를 시작한 공功은 기업가들보다는 봄베이 관구 정부로 돌아가야 한다. 1823년 봄베이의 총독 마운트스튜어트 엘핀스턴Mountstuart Elphinstone은 런던의 동인도회사 이사회에 홍해를 통과하는 증기선 사업을 승인하도록 요청하고, 1825~26년에도 재차 승인을 요청했다. 그는 답을 받지 못하자 앞서 그의 계획을 진행해서 봄베이 해병에게 아라비아 해와 홍해의 해안을 측량하도록 지시했다. 1827년 이후에는 그의 후임자 존 말콤 경Sir John Malcolm이 엘핀스턴의 계획을 계속 이어가면서, 그의 형제들인 동인도회사 해군 경정警正 찰스 말콤 경과 영국 해군 지중해 소함대의 제독 풀트니 말콤 경의 도움을 받았다. 1828년에 수에즈 경로에 석탄이 배치되었고, 봄베이 해병은 엔터프라이즈 호를 수중에 넣었다. 그리고 엔터프라이즈 호가 고장났을 때, 말콤 형제들은 새로운 배를 봄베이에서 건조했다. 증기선 계획을 거부한 동인도회사 이사회를 놀리기 위해 배의 이름은 동인도회사 이사회 의장의 이름을 따서 휴 린지Hugh Lindsay 호로 지었다.

휴 린지 호는 티크로 만들어졌으며 길이가 140피트, 폭이 25피트였고 동력은 두 대의 80마력 모즐리 엔진을 이용했다. 엔터프라이즈 호가 불충분한 연료 공급 때문에 실패했던 것을 기억하고 있던 찰스 말콤은 휴 린지 호에 연료 공급이 잘 되도록 주의를 기울였다. 그 배는 1830년 3월 20일 화물실, 여객실, 갑판에 배가 움직이기 어려울 정도로 석탄으로 가득 채우고 봄베이에서 출항했다. 그럼에도 불구하고 이 배는 목적지의 3분의 2지점인 아덴Aden에서 석탄이 부족하게 되었다. 수에즈까지 여정의 3분의 1인 12일을 연료를 재공급받는데 썼다. 모든 연료는 범선이 아프리카를 돌아서 가져왔는데 비용은 톤당 13파운드였다. 그리고 봄베이에서 수에즈까지의 왕복 경비는 1천700파운드라는 엄청난 비용이 들었다. 그렇지만 이 돈은 잘 사용한 것이다. 휴 린지 호의 성공을 확보했기 때문이다. 엔터프라이즈 호가 인도에 도착하는데 범선만큼의 시간이 걸렸다면, 휴 린지 호가 봄베이에서 런던에 배달한 우편물은 59일이라는 기록적인 시간에 도착했다.8)

홍해 루트가 열리게 되자 영국 증기선의 힘, 따라서 영국의 정치력政治力이 세계의 새로운 지역에 들어가게 되었다. 휴 린지 호에 석탄을 공급할 장소를 얻기 위해서 아프리카의 뿔Horn of Africa 지역에 있는 소코트라Socotra 섬의 통치자는 1835년 그 섬을 봄베이 관구에 팔라는 권고를 받았지만 거절하자 군대가 강제로 섬을 점유했다. 얼마 안 있어 소코트라보다 아덴이 항구로서 더 낫고 기후도 건강에 좋은 것을 발견하게 되었다. 그곳의 통치자 술탄은 협박도 받고 뇌물도 받았지만, 끝까지 버티다가 1839년 무력에 굴복했다.9) 아덴의 정복은 미얀마나 펀자브의 정복처럼 2차적 제국주의secondary imperialism의 고전적 경우로, 영국이 점령한 것이 아니라 영국령 인도가 점령하고 나중에 영국 정부가 마지못해 받아들인 지역이다.

그러는 동안 홍해 루트는 발전하고 있었다. 휴 린지 호는 봄베이와 수에즈 사이를 증기의 힘으로 빠르게 달려 한 번 항해하는데 단지 21일 걸렸다. 우편물은 수에즈에서 낙타에 실려서 카이로로 갔고, 카이로에서는 바지선에 실려 나일 강을 따라 알렉산드리아로 내려갔다. 알렉산드리아에서는 지나가는 상선이 몰타까지 우편물을 옮겨

---

8) 휴 린지 호에 대해서는 다음의 자료들을 보라. Hoskins, pp. 101-09 and 183-85; Khan, pp. 150-57; Gibson-Hill, pp. 147-51; and Thorner, pp. 25-26.

9) Hoskins, pp. 123, 188-89, and 196-207; and Marlowe, *World Ditch*, pp. 33 and 42.

주기를 기다렸는데 때로는 한 달을 기다린 적도 있었다. 그리고 몰타에서는 영국 해군성의 정기 증기선이 출발했다. 이 루트를 통해서 얻는 이익은 사실 얼마 되지 않았다. 초기 몇 번은 두 명의 여객과 수십 통의 우편물만 싣고 항해를 한 적도 있었다. 비용 때문에 동인도회사 이사회는 더 이상의 증기선 항해를 거듭 금지했고 우편물을 싣기 위해 알렉산드리아에 증기선을 보내는 것도 거절했다.

그러나 1834년 증기선 항해에 관한 특별위원회Select Committee on Steam Navigation to India를 만들도록 의회에 압력을 넣었던 여론은 여전했다. 1835년 영국 우편공사British Post Office는 이집트를 경유해서 인도로 가는 우편물을 취급할 것이라고 발표했다. 프랑스도 마르세유-알렉산드리아 노선의 증기선 사업을 재빠르게 시작해 영국 선박이 취급하던 수송량의 일부분을 빼앗았다. 다음 해 피콕은 유프라테스 루트의 실패를 확신하고 동인도회사 이사진에게 배수량 617톤에 210마력 엔진을 가진 아탈란타Atalanta 호와 배수량 765톤에 220마력 엔진을 가진 버레니스Berenice 호를 새로이 주문할 것을 설득했다. 이제 바다용 증기선은 제 기능을 하게 되었고, 아탈란타 호는 증기만으로 68일 만에 희망봉을 돌아 인도에 도착했다.

1837년 6월 유프라테스 탐험대 대원들이 영국으로 돌아왔을 때 전임 인도 총독이었던 윌리엄 벤팅크William Bentinck는 하원에 "증기선으로 홍해를 경유해서 인도와 교통할 최선의 방법을 찾기 위한" 특별위원회를 만들자고 제안했다. 벤팅크는 오랫동안 증기선 지지자였다. 그는 1828~1834년까지 인도 총독으로 있었을 때 갠지스 강에 증기선 운항을 도입했었다. 이후에는 글래스고Glasgow 출신 의회의원으로서 인도까지의 증기선 교통에 관한 대부분의 계획에 그의 이름을 올렸다. 그에게 인도까지의 증기선 교통의 의미는 다음과 같다.

······ [인도의] 정신 개량을 할 수 있는 위대한 엔진이다. ······두 나라 사이에 오고 가는 것이 쉬워지고 그 거리가 짧아지는 것에 비례해서 사실상 이 미개한 지역들이 문명화된 유럽에 가까워질 수 있을 것이다. 다른 식으로는 전혀 크게 개량될 수 없다.

벤팅크가 새로운 특별위원회의 위원장이 되었고 홉하우스는 위원이 되었다. 특별위원회는 증기선 휴 린지, 아탈란타, 버레니스의 장점에 대해 논의하고 홍해 루트에서의 추가 증기선의 비용과 효용에 대해 논의했다. 다시 피콕을 불러서 증기선 운항의 비용과 인도까지의 다양한 루트들의 상대적 거리에 대해서 증언을 들었다. 1837년 7월 15일자 특별위원회의 보고서는 이미 확실하게 드러난 홍해 루트의 승리를 단지 확인하고 있는 것이다.[10]

1838년 동인도회사 이사회는 한걸음 더 나아가 오랜 역사와 자부심으로 뭉친 동인도회사의 해군에게 우편물과 여객 운송을 위한 증기선 사업 체제로 전환하라는 명령을 내렸다. 새로운 증기선들이 곧 추가되었다. 1838년에는 세미라미스Semiramis 호가, 1839년에는 제노비아Zenobia 호와 빅토리아Victoria 호가, 1840년에는 오클랜드Auckland 호, 클레오파트라Cleopatra 호, 세소스트리스Sesostris 호가 추가되었다. 한 달에 한 번씩 이집트를 경유하는 정기 증기선이 현실이 되었다. 봄베이 정부의 기술적인 해결책이 파머스턴의 정치적인 생각이나 콜카타의 증기선 로비를 눌러 이긴 것이다.[11]

---

10) "Report from the Select Committee on Steam Communication with India; together with the Minutes of Evidence, Appendix and Index," *Parliamentary Papers*, 1837, Ⅵ:361-617; and John Rosselli, *Lord William Bentinck: the Making of a Liberal Imperialist* (Berkeley, Calif., 1974), pp. 285-92.

11) 홍해 루트의 승리에 대해서는 다음의 자료를 보라. Hoskins, pp.

동인도회사의 해군이 일단 홍해 루트를 열자마자 오래 안 되어 민간기업도 참여했다. 처음으로 참여한 기업은 반도-동방 증기선 항해 회사Peninsular and Oriental Steam Navigation Co, 즉 P&O였다. 이 회사는 더블린 런던 정기선 회사Dublin and London Steam Packet Co로 시작되었으나 1835년 스페인의 비고Vigo까지 노선을 더한 뒤에 반도 증기선 항해 회사Peninsular Steam Navigation Co가 되었다. 2년 뒤에 이 회사는 지브롤터까지의 우편물 운송 계약을 영국 정부로부터 따냈는데, 이 계약은 영국 정부가 민간기업과 맺은 첫 번째 계약이었다. 그리고 이후로 이 회사는 돈이 되고 확실한 우편물 운송으로 성장할 수 있었다. 1840년에는 반도-동방Peninsular and Oriental이라는 회사명으로 몰타와 알렉산드리아까지 서비스를 제공한 것을 계기로 봄베이에서 수에즈까지 우편 사업을 했던 동인도회사의 해군과 연결이 되었다. 1842년에는 수에즈에서 콜카타까지의 계약을 따내 홍해와 인도양에까지 들어갔고 인도 동부에 살던 인도 거주 영국인들의 꿈도 이루어졌다. 이 회사는 사업을 위해 힌두스탄Hindustan 호를 건조했는데 1천

109-26, 193-94, and 209-25; Gibson-Hill, p 135; Murray, p. 8; "Biographical Introduction," in Thomas Love Peacock, Works (The Halliford Edition), ed. by Herbert Francis Brett-Smith and C. E. Jones, 10 vols. (London and New York, 1924-34), 1;clxx; and Carl Van Doren, The Life of Thomas Love Peacock (London and New York, 1911), pp. 218-19. 아탈란타 호와 베레니스 호에 대해서는 다음의 자료를 보라. India Office Records, L/MAR/C 578: "Memorandum and Appendix on the progress of the 'Atalanta' and 'Berenice'," and 579: "Papers relating to the construction, &c. of the 'Atalanta' and 'Berenice'," 세미라미스 호에 대해서는 India Office Records, L/MAR/C 580: "Copies of various papers relating to the purchase, repairs &c. of the 'Semiramis'," and letters by "Philamos" (pseudonym for Peacock) and "Old Canton" in The Times, October 31 and November 5, 6, and 7, 1838.

800톤에 520마력의 배로 무척 호화롭고 커서 동인도회사 해군의 무장 증기선들도 여기에 견주면 비좁아 보였다. 다음 해에 이 회사는 동인도회사에 봄베이-수에즈 루트를 양도할 것을 제안했는데, 그렇게 되면 동인도회사는 매년 3만 파운드를 절약할 수 있었지만 동인도회사는 자존심 때문에 이 제안을 거절했다.

그동안 육상 루트를 이용하는 여객은 급속히 증가했다. 1839년에 275명이던 여객은 1845년에 2천100명이 되었고, 1847년에는 3천 명이 육상 루트를 이용했다. 그리고 1840년대 중반에는 육상 우편으로 운송되는 우편물이 매번 10만 건이었다. 1845년 P&O는 페낭, 싱가포르, 홍콩까지 정기선 사업을 확장했다. 1850년대 중반 예전에는 힘들고 위험했던 동방으로의 여행이 빠르고 비교적 쉬운 것이 되었다. 동인도회사가 1854년에 결국 포기한 수에즈-봄베이 루트를 위해서 P&O는 세계에서 가장 큰 증기선이었던 3천500톤의 히말라야 Himalaya 호를 취역시켰다. 속도는 1840년대의 8 또는 9노트에서 1850년대 중반에는 11~14노트로 증가했고, 런던에서 봄베이까지는 단지 한 달 밖에 걸리지 않았다. 1860년대 초에는 P&O의 39척의 배는 인도만이 아니라 말라야, 싱가포르, 중국, 오스트레일리아까지 취항했다. 그리고 이 회사는 모든 배에 연료를 공급하기 위해서 수십 척의 석탄선sailing collier뿐만 아니라 카이로와 수에즈 사이에는 수백 마리의 낙타떼를 이용했다.12)

---

12) A. Fraser-Macdonald, *Our Ocean Railways; or, the Rise, Progress, and Development of Ocean Steam Navigation* (London, 1893), p. 95; W. E. Minchinton, "British Ports of Call in the Nineteenth Century," *Mariner's Mirror* 62 (May 1976):149-51; Hoskins, pp. 213-15 and 233-65; Khan, p. 151; and Thorner, pp. 33-39.

|9장|
효율적인 증기선의 등장

1820년대와 1830년대에 증기선 사업을 운영하는 것은 이익이 남지 않았기 때문에 정부용으로 제한되었고, 그것도 인도와의 연락 같은 긴급한 정치적 요구가 있을 때만 이용되었다. 통상적인 화물이나 여객 운송은 여전히 범선에 의존했다. P&O조차도 오로지 우편물 운송 때문에 살아남을 수 있었다. 바다용 증기선 사업은 몇 가지 점이 개선되고 나서야 보조금 없이 지탱할 수 있는 민간사업이 되었고, 동방으로의 원거리 항해도 범선에 비해 경제적인 경쟁력을 갖출 수 있었다. 그것은 쇠로 만든 선체, 프로펠러, 고압의 엔진 덕분이었다.

쇠는 목재보다 강점이 많은 조선 재료이다. 쇠는 목재보다 훨씬 강하기 때문에 2인치 반짜리 철제 보girder는 2피트짜리 오크 갑판 보의 역할을 할 수 있었다. 그래서 철선은 같은 배수량의 목선보다 무게는 4분의 1이 덜 나가고, 화물 적재 공간은 6분의 1이 더 많은 데다 단단했다. 선박의 무게에서 오는 장점과 추가로 화물 적재 공간을 더하면 결국 철선에 짐을 가득 적재할 경우 총 무게의 65퍼센트까지 화물을 적재할 수 있다는 것을 의미했다. 이것은 50퍼센트밖에 안 되는 목선의 경우와 비교되는 것이었다. 또 철선은 가벼워서 적은 에너지로 더 많이 갈 수 있었고, 이 점은 연료 소비가 심각한 증기선에 아주 중요한 점이었다.

목선은 구조적인 한계 때문에 가장 좋은 오크로 만든 배도 최대 길이가 300피트였다. 18세기에는 길이 150피트의 상선도 큰 배로 간주되었으며, 동인도회사의 무역선 가운데 가장 큰 배의 하나였던 호프Hope 호는 길이가 200피트, 선폭船幅은 40피트였다. 전함조차도 작아서 넬슨 제독의 빅토리Victory 호가 길이 186피트, 선폭 52피트로 1418년의 그라스디유Grâce Dieu 호와도 비교할 수 없었다.

이와는 대조적으로 철선은 어떤 크기로든 만들 수 있었다. 영국의 대담한 엔지니어였던 이삼바드 킹덤 브루넬Isambard Kingdom Brunel은 배의 적재량은 선체 부피의 세제곱만큼 증가하는데 반해 선체가 물의 저항에 대해 견디는 힘은 선체의 부피의 제곱만큼 증가한다는 것을 계산해냈다. 이 계산을 통해 그는 훨씬 큰 배들을 건조하게 되었고, 결국 1858년에 그레이트 이스턴Great Eastern 호를 진수시키게 되었다. 길이가 692피트였던 이 배는 20세기 이전에 만들어진 모든 배를 난장이로 만들었고, 크기에 맞는 엔진, 항구, 고객이 있었더라면 이 배는 브루넬이 옳았다는 것을 증명했을 것이다.[1] 이 배의 선체는 모든 약속을 지켰으니까.

철선은 형체에 있어서도 장점이 많았다. 목선은 높은 파도의 압력

---

1) 역주: 이 배는 건조 과정에서부터 많은 문제를 가지고 있었다. 우선 자금 문제와 항해 중의 파손으로 인한 문제 등으로 결국 여객 운송의 임무는 몇 년 밖에 하지 못한다. 소유 회사의 경제적 문제로 주인이 바뀌어 결국 해저 케이블 설치 작업에 사용되다가 수명을 다했다. 또 저자가 엔진, 항구, 고객이라고 한 것은 이 배를 성공을 가로막은 요소들을 뜻한다.

에 견디기 위해서 매우 견고해야 했고, 1847년의 목선은 평균적으로 길이가 폭보다 4.3배 길었다. 그러나 쇠로 배를 만들 경우 선체는 길면서도 폭은 좁게 만들 수 있었고, 그렇게 하면 저항은 덜 받고 더 많은 돛을 달아 빠르게 항해할 수 있었다. 사실 1870년대에 가장 빠른 범선들도 철선이었고, 길이는 폭에 비해 6배, 7배, 또는 8배까지 길었다.[2] 쇠는 목선보다 다른 형태로 만들기가 더 쉬운데, 예를 들어 전형적인 포함砲艦은 넓고 평평한 바닥과 움직일 수 있는 용골을 가지고 있으며, 강에도 들어갈 수 있게 바닥이 얕지만 바다의 파도를 이겨낼 정도로 충분히 튼튼하다.

철선은 목선보다 비용 효율이 더 높을 뿐 아니라 안전했다. 첫째, 쇠는 목재보다 더 강하고 유연해서 배가 충돌하거나 좌초되는 경우에 부서질 확률이 적었다. 둘째, 철선은 수밀 격벽水密隔壁으로 건조해서 선체에 구멍이 생길 경우 물이 새지 않도록 하나의 격실로 한정시킬 수 있었다. 마지막으로 철선은 목선보다 불에 탈 가능성이 적었는데, 이것은 증기선에서 특별히 중요하게 고려를 해야 하는 점이었다.

끝으로, 철선은 목선보다 내구력이 더 강했다. 목선, 특히 증기선을 괴롭히는 문제들—보일러 주변의 건조 부패, 따뜻한 물에 사는 보어 웜bore-worms과 말선두리water beetle, 엔진의 진동으로 기구가 느슨해지는 문제 같은 것— 중에 여러 가지가 철선에는 없었다. 잘 가공해서 10년 동안 건조한 양질의 오크 목재로 건조한 목선은 최고의 조건하에서라면 한 세기 정도까지도 지탱할 수 있었다. 그러나 목선은 2~3년만 지나도 썩기 시작했고 평균 12년에서 15년 정도 사용할 수 있었다. 그에 비해 철선은 정기적으로 페인트칠만 해주면 조난되

2) Maurice Daumas, ed., *Histoire générale des techniques*, 3 vols. (Paris, 1968), 3:328.

거나 고철로 팔릴 때까지 사용할 수 있었다.3)

철선의 장점은 오랫동안 눈에 띄지 않았다. 쇠를 조선造船에 사용하기 위해서는 그때까지 조선에 쇠를 사용한 적이 없었다는 점과 함께 역사가 오랜 조선 산업의 편견을 이겨낼 경제적 자극이 필요했다. 첫 철선은 18세기 말에 만들어진 작은 실험선들로, 1777년 요크셔의 포스 강에 띄우기 위해 만든 12피트의 유람선과 1787년에 제철업자 존 윌킨슨John Wilkinson이 운하에서 사용하기 위해 만든 7피트의 트라이얼Trial 호가 있다. 첫 철제 증기선인 에어런 만비Aaron Manby 호는 1820년 스태퍼드셔의 호즐리 제철소에서 만들어진 것이다. 제작자들은 먼저 이 배의 부분품을 런던으로 보내 탬즈 강에서 조립을 했다. 이 일은 오랜 영국 증기선 키트steamboat kits의 시작을 알린 것이다. 1821년 에어런 만비 호는 영불해협을 가로지른 후 센Seine 강

___

3) 철선이 목선에 비해 가진 장점에 대해서는 다음의 자료들을 보라. Bernard Brodie, *Sea Power in the Machine Age: Major Naval Inventions and their Consequences on International Politics, 1814-1940* (London, 1943), pp. 149-54; Daumas, 3:359; Cammell Laird & Co. (Shipbuilders & Engineers) Ltd., *Builders of Great Ships* (Birkenhead, 1959), p. 12; Ambroise Victor Charles Colin, *La navigation commerciale au XIXe siècle* (Paris, 1901), pp. 55 and 60-61; Harold James Dyos and Derek Howard Aldcroft, *British Transport* (Leicester, 1969), p. 239; Charles Ernest Fayle, *A Short History of the World's Shipping Industry* (London, 1933), p 240; Duncan Haws, *Ships and the Sea: A Chronological Review* (New York, 1975), p. 117; L. T. C. Rolt, *Victorian Engineering* (Harmondsworth, 1974), pp. 85-86; David B. Tyler, *Steam Conquers the Atlantic* (New York, 1939), p. 113; René Augustin Verneaux, *L'industrie des transports maritimes au XIXe siècle et au commencement du XXe siècle*, 2 vols, (Paris, 1903), 1:304 and 2:4-8; and Halford Lancaster,Hoskins, *British Routes to India* (London, 1928), p. 81.

을 거슬러 올라가 30년 동안 여객 서비스를 제공했다.

철제선 건조가 본격적으로 시작된 것은 1830년대로, 이 시기는 해운업에서 유례없는 혁신의 시대였다. 1837년에 레어드 집안이 철제 증기선 가운데 가장 큰 198피트 길이의 레인보rainbow 호를 건조했다. 그리고 다음 해에는 그레이트 웨스턴 호와 시리우스 호가 바다에서 경쟁을 하면서 몇 시간 차이를 보이며 공전의 기록인 15일 만에 뉴욕 항에 도착함으로써 증기로 대서양을 정복했다. 같은 해에 두 선박에 새로운 추진 장치인 스크류-프로펠러가 설치되었다. 한 배는 프랜시스 페팃 스미스 경Sir Francis Pettit Smith의 아르키메데스 Archimedes 호였다. 그리고 다른 배, 레어드가 건조한 로버트 스톡턴 Robert F. Stockton 호는 스웨덴 사람 존 에릭슨John Ericsson이 설계한 프로펠러를 장착했다. 프로펠러로 추진되는 래틀러Rattler 호와 외륜선 알렉토Alecto 호는 크기와 힘이 같은 슬루프함인데, 시합에서 래틀러 호가 가볍게 이김으로써 프로펠러의 우위를 증명했다. 이 장치는 특별히 대양 항해에 적합했다. 대양 항해에서는 높은 파도로 외륜이 물속으로 들어갔다 나왔다 했고 파도 때문에 기계 장치가 손상되고 무리가 갔기 때문이다. 이런 이유로 이후 10년 동안 새로운 증기선에는 거의 모두 프로펠러를 설치했다.4) 그리고 1839년에는 네메시스 호의 경우에서처럼 조지 에어리 교수가 나침반 문제를 해결했다.5) 이제 더는 증기선의 수용을 제지할 기술적인 어려움은 없었다.

이 새로운 기술들의 절정이 1843년에 진수된 브루넬의 그레이트 브리튼Great Britain 호였다. 이 배에는 당시 조선造船 지식의 모든 것

---

4) W. A. Baker, *From Paddle-Steamer to Nuclear Ship: A History of the Engine-Powered Vessel* (London, 1965), pp. 10-12; Colin, pp. 41-43; Haws, p 130; and Verneaux, 2:44-45.

5) 2장, 주11.

이 집약되어 있었다. 그때까지 만들어진 배 중에 가장 컸으며 철선이었고, 프로펠러를 장착하고 호화로운 장비를 갖춘 진정한 의미의 첫 원양 정기선ocean liner이었다. 1843년부터 시작되는 이 배의 이력을 보면 1840년대 철제선 건조의 완벽함이 드러난다. 1846년에 아일랜드 해안에서 몇 개의 암초에 좌초를 하는데 다른 배라면 배 자체가 파괴되었겠지만, 이 배는 전혀 손상을 입지 않았다. 곧 수리를 하고 이 여객선은 또 다시 40년 동안 자신의 임무를 수행했다. 1886년부터 1937년까지는 바다 위의 창고로 이용되다가 포클랜드 제도에서 배로서의 수명을 다해 바다에 수장되었다. 오늘날, 다시 구조하여 수리한 그레이트 브리튼 호는 자신이 건조되었던 브리스톨 항구에서 증기와 철의 영웅적인 시대를 증명하는 박물관이자 기념물의 역할을 하고 있다. 이 배의 선체는 아직도 튼튼하다.6)

목선에서 철선으로의 이동은 경제력 때문이기도 했다. 18세기와 나폴레옹 전쟁 기간에 영국은 자국의 안보와 영광을 지킬 배들을 건조하기 위해서 마지막으로 거대한 삼림지대를 희생했다. 목선 1톤을 건조하는데 드는 비용이 1600년에는 5파운드이던 것이 1775년 이후에는 20파운드였고, 1805년에는 36파운드로 올랐다. 그 시기 전함

---

6) 최초의 철선들에 대해서는 다음의 자료들을 보라. James P. Baxter, III, *The Introduction of the Ironclad Warship* (Cambridge, Mass., 1933), p. 33; Charles Dollfus, "Les origines de la construction métallique des navires," in Michel Mollat, ed., *Les origines de la navigation à vapeur* (Paris, 1970), pp. 63-67; Haws, p. 117; George Henry Preble, *A Chronological History of the Origin and Development of Steam Navigation*, 2nd ed. (Philadelphia, 1895), pp. 119-35; Hereward Philip Spratt, *The Birth of the Stemaboat* (London, 1958), p. 40; Tyler, pp 112-13; and Verneaux, 2:8-9. 그레이트 브리튼 호에 대해서는 다음의 자료들을 보라. Rolt, pp. 89-91 and Carl E. McDowell and Helen M. Gibbs, *Ocean Transportation* (New York, 1954), p. 27.

건조 비용의 60퍼센트는 목재 가격이었다.[7] 영국 조선업자들은 조금씩 해외 목재로 눈길을 돌렸는데, 주로 스칸디나비아와 북아메리카였다. 그 사이에 영국만큼 강력한 해양 전통을 가진 신흥국가 미국은 급속하게 발전하고 있는 조선소에 값싼 목재를 충분히 공급했다. 1840년경 영국의 총 선박 톤수가 272만 4천 톤이었던 것과 비교해서 미국의 총 선박 톤수는 214만 톤으로 영국의 상선 보유량 추월을 위협하고 있었다.[8]

영국을 구한 것은 산업혁명의 두 기둥인 증기와 철이었다. 선철銑鐵 생산이 증가하면서 가격이 내려갔다. 1810년에 톤당 6.30파운드였던 선철 가격은 1820년에는 4.50파운드로, 1830년에는 3.44파운드로, 1840년에서 1870년 사이에는 평균 2.60파운드로 떨어졌다. 그동안 생산은 다음과 같이 증가했다.

1800년	20만 톤
1810년	36만 톤
1820년	40만 톤
1830년	65만 톤
1840년	140만 톤
1850년	200만 톤
1860년	400만 톤
1870년	550만 톤

이러한 요소들이 철의 장점과 합쳐서 조선업자들과 고객들의 마음을 움직였고, 영국의 조선업과 해운업의 우위를 반세기 이상 유지시

---

7) Daumas, 3:359-60.
8) Colin, pp. 2-4; Dyos and Aldcroft, pp 235-36.

컸다.9)

1850년 즈음 철제 증기선은 더 이상 새로운 것이 아니라 일반적으로 인정되는 배의 표준이 되었다. 그 전환 시점은 에어런 만비 호 같은 혁신적인 배의 탄생이나 그레이트 브리튼 호처럼 특별히 유명한 사례 같지 않고 알기 어렵다. 그러나 P&O에서 목선을 괴롭히던 흰개미에 지쳐 인도양을 항해할 첫 철제 증기선을 구입했던 1848년이 그 전환점이라고 할 수도 있다. 또는 1850년대 중반이 그 전환점이었다고 할 수도 있을 것이다. 이 시기까지는 영국우편공사가 우편물을 외륜 목선으로 운송할 것을 고집했고, 커너드 정기선 회사도 영국우편공사의 주장을 존중해서 1856년이 되어서야 이 회사의 첫 철선인 페르시아Persia 호를 구입했기 때문이다. 또한 1856년에 런던의 로이즈Lloyds 보험회사도 철제 상선에 대한 조항specifications을 제안했다. 이처럼 보수적인 기관들이 혁신을 받아들였을 때, 진정으로 혁신이 일어났다고 확인할 수 있다.10)

1840년대의 최고의 증기선들—예를 들어 그레이트 브리튼 호—은 거의 모든 면에서 클레어몬트 호나 휴 린지 호보다 20세기의 원양 정기선에 가까웠다. 단지 이 배들의 엔진은 여전히 초보적인 것이었다. 19세기 초부터 엔지니어들은 증기압을 높임으로써 엔진을 더 효율적으로 만들 방법을 알고 있었다. 사실, 콘월Cornwall 지방의 주석 광산에서 물을 퍼내는 데 쓰인 엔진같이 고정시켜 가동하는 육상 엔진은 어떤 해상 엔진보다도 효율적이었다. 해상 엔진의 문제점은 바

---

9) 철의 경제적인 면에 대해서는 Charles K. Hyde, *Technological Change and the British Iron Industry, 1700-1870* (Princeton, N. J., 1977), pp. 137-39, 163, 170, 234, and 245, Brodie, pp. 131-33도 보라.

10) Haws, p. 142; Cammell Laird, p. 18; and Verneaux, 2:61-62.

닷물을 사용하기 때문에 보일러에 소금 침전물을 남긴다는 것이다. 고압의 엔진에 소금 침전물이 쌓이는 것은 극도로 위험했다. 그래서 1850년대의 해상 엔진은 1제곱 인치당 약 25파운드의 압력으로 제한되었다. 1834년 새뮤얼 홀Samuel Hall은 증기를 회수해서 소금이 함유되지 않은 증류수를 재활용하는 방법을 고안해서 보일러의 부식을 막고 압력을 더 높일 수 있었다. 홀의 표면응축기surface condenser는 점차 개선되어 1850년대에 이르러서는 새로 만드는 거의 모든 해양 증기선의 일부가 되었다.[11]

표면응축기로 고압이 가능하게 되자 이 고압을 더욱 효율적으로 사용할 수 있게 복합 엔진compound engine이 나왔다. 찰스 루돌프 Charles Rudolph와 존 엘더John Elder가 특허를 얻은 이 시스템은 두 개의 실린더를 사용했다. 보일러에서 나온 고압 증기가 공급되는 작은 실린더와 작은 실린더에서 배출된 저압의 증기로 채워지는 큰 실린더를 사용했다. 이 장치는 이미 1854년에 소개되었지만, 1860년대가 되어서야 제대로 사용되었다. 1862년 토목 엔지니어였던 알프레드 홀트Alfred Holt가 특별히 동방에서의 해양 교역을 위해서 클리에이터 Cleator 호를 건조했다. 그리고 3년 뒤에는 복합 엔진을 이용한 증기선 세 척, 아가멤논Agammenon 호, 아약스Ajax 호, 아킬레스Achilles 호를 건조했다. 홀트는 그 배들로 대양 증기선 회사Ocean Steamship Co를 설립하고 인도양과 극동까지 진출했다. 엔진의 압력이 1제곱 인치당 9파운드이고 1시간에 1마력을 얻기 위해서 5파운드의 석탄을 태웠던 1843년의 브리태니아 호와는 대조적으로 홀트의 배들은 1제곱 인치

---

11) 표면응축기에 대해서는 다음의 자료를 보라. A. Fraser-Macdonald, *Our Ocean Railways; or, The Rise, Progress, and Development of Ocean Steam Navigation* (London, 1893), p. 213; Rolt, pp. 96–97; "Ship" in *Encyclopedia Britannica* (Chicago, 1973), 20:407; and Daumas, 3:355–56.

당 약 60파운드의 압력을 가졌고, 1시간에 1마력을 얻기 위한 석탄 소비는 2,25파운드였다. 1865년에 홀트의 배는 잉글랜드와 8천 500마일 떨어져 있는 모리셔스까지 연료의 재공급 없이 항해했다. 그동안 루돌프와 엘더는 복합 엔진을 만들어 그들이 만든 태평양 증기 항해 회사Pacific Steam Navigation Co를 위해 사용했고, 이 회사는 극동 지역으로 진출했다. 마침내 해상용 증기선이 화물을 운반하는 민간 해운업자들의 관심을 불러일으킬 정도로 충분히 경제성이 있게 되었다.12)

12) 1850년대와 1860년대의 복합 엔진에 대해서는 다음의 자료들을 보라. Colin, pp. 48-49; Dyos and Aldcroft, pp. 238-40; Fraser-Macdonald, pp. 213-14 and 225; Haws, pp. 120, 142, 149, and 157; Francis E. Hyde, *Liverpool and the Mersey: An Economic History of a Port 1700-1970* (Newton Abbot, 1971), pp. 53-54; Adam W. Kirkaldy, *British Shipping: Its History, Organization and Importance* (London and New York, 1914), pp 90-101; McDowell and Gibbs, p 28; Thomas Main (M. E.), *The Progress of Marine Engineering from the Time of Watt until the Present Day* (New York, 1893), pp, 56-66; "Ship," 20:409; Verneuax, 2:36-39; and Roland Hobhouse Thornton, *British Shipping* (London, 1939), p. 66.

10장

수에즈 운하

어떤 기술들은 증기나 철같이 사람들이 잘 모르는 가운데 태어나 그 기술 자체가 발전하면서 주변을 서서히 바꾸어 놓는다. 이와 달리 오랫동안 예고되었던 신세계 같은 기술들도 있다. 사람들이 19세기 수에즈 운하의 개통만큼 열렬히 기대하거나, 극적이고 열정적으로 기념한 사건은 없다. 1869년 11월 17일 프랑스의 황후 외제니Eugénie는 수에즈까지 3일간의 항해를 위해 황실 요트 에이글Aigle 호를 타고 수에즈 운하로 들어갔다. 오스트리아 황제, 프러시아의 왕세자, 러시아의 대공, 그리고 고위인사들, 이름을 알리고 싶어 하는 사람들, 기자들, 사교모임에 빠지지 않는 사람들이 68척의 증기선을 타고 뒤를 따랐다. 이야기들과 샴페인이 넘쳐났다. 수에즈 운하 개통식은 세기적 사교모임이었고, 비용만 130만 파운드가 든 엄청난 사건이었다.

운하 이야기는 아이러니로 가득 차 있다. 파라오 시대에도 홍해에서 나일 강에 이르는 운하들은 있었지만, 지중해와 홍해를 연결하는 운하를 처음 제안한 사람은 8세기의 칼리프 하룬 알-라시드Harun al-Rsahid였다. 보나파르트 나폴레옹은 1797~98년 이집트를 침략했을 때, 엔지니어들에게 과거에 제안되었던 운하 루트를 측량하도록 지시했다. 이때 엔지니어들이 실수로 홍해가 지중해보다 32인치 높다는 잘못된 결론을 내렸고, 이로 인해 운하건설 계획은 수십 년 동안 연기되었다.

휴 린지 호가 개척했던 홍해 루트 덕분에 운하가 필요하다는 것은 명백해졌다. 어쩌면 수월한 여정이었을 이집트 통과 루트는 동방 루트 가운데 가장 심각한 병목 지점으로 금방 드러났다. 여행자들은 사막을 통과하고도 밖에서 자거나 수에즈의 악명 높고 더러운 호텔에서 기다리는데 8일에서 10일을 보내야 했다. 게다가 인도행 증기선에 쓰일 석탄은 모두 낙타 등에 싣고 수에즈로 가야 했다.

1830년대에 탐험가 프란시스 체스니와 프랑스인 엔지니어 리낭 드 벨퐁Linant de Bellefonds은 이전 사람들의 계산 오류를 발견하고 이집트의 파샤 메흐메트 알리에게 해수면 높이의 운하를 제안했다. 1841년에는 영국과 이집트 사이의 전쟁이 한창일 때 P&O의 경영인 아더 앤더슨Arthur Anderson은 육상 통과 루트를 조사하기 위해 이집트로 갔다. 그는 메흐메트 알리의 친절한 환대를 받았고 그에게 운하의 필요성을 이야기했다. 1846~47년에는 실증주의자 생시몽Saint-Simon 백작의 제자인 프로스페르 앙팡탱Prosper Enfantin이 수에즈 운하 연구회Société d'Etudes pour le Canal de Suez를 설립했다. 몇 팀의 엔지니어들이 제안된 운하의 루트를 측량하고 나서는 모두 다음과 같은 결론을 내렸다. 즉 홍해와 지중해의 수면은 같으며, 둘 사이의 땅은 모래언덕砂丘과 염분이 있는 늪의 평평한 지역이기 때문에 운하건설자들에게 공학적 문제는 없다는 것이다. 단지 정치적 문제로 수에즈 운하는 20년이나 늦게 건설하게 되었다.

메흐메트 알리는 운하 계획을 내켜하지 않았으며 그의 뒤를 이은 그의 손자 아바스Abbas, 1849~54는 운하 건설을 승인하지 않았다. 모하메드 사이드Mohammed Saïd가 파샤가 되었을 때 비로소 프로젝트가 시작되었다. 사이드는 프랑스 영사 페르디낭 드 레셉스와 친구가 되었는데, 레셉스는 리낭 드 벨르퐁과 프로스페르 앙팡탱이 제안한 운하 계획을 실행하기를 원했다. 1854년 11월 30일 사이드는 레셉스에게 운하 건설 특권을 주었다.

그럼에도 불구하고 중요한 장애물이 하나 남아 있었는데, 파머스턴의 근동 문제에 대한 생각이었다. 파머스턴은 수에즈 운하가 생긴다면 그것은 제2의 보스포루스Bosporus 해협이 될 것이라는 점, 즉 모든 강대국에 전략적으로 중요한 수로水路가 될 것이라는 것을 인정했다. 그 운하가 건설된다면 이집트는 오토만 제국에서 분리되어 운하를 지배하게 될 유럽 국가의 영향력을 받게 될 것이라고 생각했다. 그러나 영국은 러시아의 야망을 막기 위해 오토만 제국을 지지할 필요가 있었다. 게다가 프로젝트를 지휘하는 사람이 프랑스인이고, 프랑스 정부도 프로젝트를 지지하고 있으므로 영국 정부로서는 이 프로젝트를 반대해야 했다.

영국 정부의 이러한 정책은 영국의 기업들에게 가장 나쁘게 받아들여졌다. 조선업자들, 면綿제조업자들, P&O, 동인도회사, 그리고 『콜카타 리뷰Calcutta Review(인도 거주 영국인 사회의 대변지)』는 모두 운하 건설을 지지했다. 1857년의 인도인들의 대항쟁(세포이의 난) 때 영국 정부의 느린 대응도 이들의 지지를 강하게 한 점이었다. 해가 갈수록 영국 정부의 입지는 약해졌다. 영국 정부는 어려움을 벗어나기 위해 일시적으로 운하에 대한 대안을 제시했다. 그 중 하나가 카이로-수에즈 간 철도였는데 1850년대에 건설된 이 철도는 여객 수송 문제는 크게 해결했으나 화물 수송에는 별로 의미가 없었다. 다른 대안은 유프라테스 계곡 철도였는데, 이것은 오래전의 메소포타미아 루트 이야기가 되살아난 것이었다. 그러나 20년 전의 체스니의 꿈처럼 실패로 끝났다.

운하 건설은 가장 논리적인 해결책이기는 했지만 현실화되기 위해서는 오랜 투쟁이 필요했다. 레셉스는 조금씩 목표를 향해 나갔다. 1856년에는 대규모 홍보전을 통해서 영국 기업가들과 조선업계의 지지를 받을 수 있었다. 그는 쉬지 않고 카이로, 콘스탄티노플, 파리, 런던 사이를 여행하면서 1인 외교를 수행했다. 결론적으로 보면 운하 건설에 사용된 3억 프랑(1천 2백만 파운드) 중에서 3분의 1이 정치와 홍보, 그리고 부수적인 비용이었다.

1859년에 레셉스는 운하 건설을 기정사실로 받아들일 만큼 반대 분위기가 약해진 것을 감지했다. 그래서 그는 세계 수에즈 해양 운하 회사Compagnie Universelle du Canal Maritime de Suez를 대부분 프랑스에서 온 자본으로 설립하고 운하 건설을 시작했다. 지중해에서 홍해까지 땅을 파는 작업은 당시의 공학 지식으로 충분히 가능한 것이었다. 사실 그 당시에는 배의 크기와 수가 점점 더 증가하고 있었기 때문에 그 수를 감당하기 위해서 전 세계적으로 항구와 배의 항로를 더욱 깊게 넓히고 있었다. 수에즈 운하 건설의 경우 그 어려움은 사업의 규모와 주변 환경에 있었다.

1864년까지 땅파기 작업은 이집트 정부와 운하 회사와의 계약에 의해 이집트 정부가 제공한 강제 노역corvée에 의해 이루어졌다. 공사가 가장 활발하게 이루어졌던 때에는 2만 명이나 그 이상의 남성들이 한 달 동안 일하고 또 교대 인력 2만 명이 투입되었다. 공사 현장으로 이동하는데 걸린 시간과 현장에서 보낸 시간을 합하면 이들은 약 3개월 동안을 집을 떠나 있었다. 건설 현장에는 물류 문제가 심각했다. 공사를 시작한 첫 몇 년 동안은 담수淡水를 나일 강에서 길어와야 했는데 이 일에만 모두 3천 마리의 낙타와 당나귀가 이용되었다. 그럼에도 불구하고 사람들은 자주 갈증에 시달렸으며 이질과 콜레라를 앓았다. 1862년 이후에는 나일 강에서 시작되는 담수 운하가 수에즈와 지중해의 중간 지점인 이스마일리아Ismailia까지 연결되어 식수 문제를 다소 해결해 주었다.

유럽에서 수입해 왔던 연장들은 바퀴가 없던 사회에 문화적 충격을 야기한 경우들도 있었다.

> 원주민들에게 손수레wheel-barrow를 사용하게 하는데 약간 어려움이 있었다. 어느 정도였느냐 하면, 어떤 원주민들은 처음에는 손수레를 머리에 이고 나르기도 했다. 원주민들은 몇 줌의 흙밖에 넣을 수 없는 작은 바구니를 이용하는 습관이 있었고, 한 사람이 흙을 삽으로 파서 자루에 넣으면 다른 사람이 그것을 옮기는 일을 했다.[1]

흙을 파는 운하 굴착 작업보다도 더 어려웠던 것은 북쪽 끝에 새로운 항구를 만드는 일이었다. 포트사이드Port Said는 모래가 끊임없이 흐르는 얕은 해안에 위치해 있었기 때문에 두 개의 방파제를 만들어야 했는데, 하나는 바다로 2마일이나 나가는 것이었다. 이 방파제들과 도시를 건설하기 위해서 가장 가까운 채석장에서 배로 돌을 실어왔는데, 그 가장 가까운 채석장은 서쪽으로 150마일, 알렉산드리아를 지나서 있었다. 그리고 이후에는 포트사이드 항을 폭풍우와 조류로부터 지키기 위해 32만 7천 입방 야드의 콘크리트 블록을 바다에 부어 넣었다. 이 블록은 운하 준설기를 이용해서 현지에서 만

---

1) J. Clerk, "Suez Canal," Fortnightly Review 5 (New Series, 1869): 207. 아랍 지역에서 바퀴를 사용하지 않았다는 사실을 조리 있게 설명한 자료는 Richard W. Bulliet, *The Camel and the Wheel* (Cambridge, Mass., 1975).

든 것이었다.

운하 건설이 계속 진행되면서 늘 의혹에 찬 시선으로 바라보던 영국 정부는 강제 노역에 대해 격렬하게 비난하기 시작했다. 이런 비난을 비판적으로 보는 사람들은 그 속사정을 알고 있었다. 강제 노동에 대해 인도주의적으로 분노하는 이면에는 이집트의 면화 수확에 대한 걱정도 있었다는 것이다. 미국에서의 남북전쟁으로 인해 "면화 기근"을 겪고 있던 랭커셔의 면화 산업은 이집트의 면화를 간절히 원하고 있었기 때문이다. 그 동기야 어떻든 영국이 오토만 정부와 이집트 정부에 압력을 넣는 바람에 운하 회사는 기술상의 혁명을 일으켜야 할 처지가 되었다.

1863년에 이르러 노동자들은 수에즈 지협地峽의 대부분을 통과하는 좁은 수로를 완성하게 되었는데, 이 수로는 준설기가 들어갈 수 있을 정도의 크기였다.[2] 이때 1864년 6월까지 단계적으로 폐지하게 될 강제 노역 대신에 운하 회사는 기계를 발주했고, 1년 뒤에 기계들이 도착하기 시작했다. 이 기계들은 체인이 두 개의 드럼 주위를 돌면서 철제 버킷을 끌어당기는 준설기였다. 드럼 하나는 이동식 팔걸이 끝에 붙어 있었고, 다른 드럼은 몸체 위의 뼈대에 붙어 있었다. 이 준설기들 중에서 가장 큰 것은 길이 110피트에 75마력 엔진을 가지고 있었고, 하나당 가격이 2만 파운드였다. 준설한 토사를 옮기기 위해서 레셉스의 하청업자 중 한 사람이었던 프랑스 엔지니어 라발레이Lavallay가 두 대의 새로운 기계를 만들었다. 롱쿨루아long couloir

---

2) 역주: 수로가 완성되어 물이 통과하게 되면 노동자들이 땅을 팔 수 없기 때문에 준설기가 필요하게 되었다. 강제 노역에 대해 오토만 정부도 반대했고, 영국 정부도 오토만 정부에 압력을 넣었으므로 강제 노역을 더 이상 지속시킬 수도 없었다.

는 준설기에서부터 아래로 경사지게 내려가는 246피트 길이의 수송 관으로 물과 체인이 끌어당기는 패들paddle을 이용해 토사를 옮겼다. 그리고 운하의 둑이 너무 높아 롱쿨루아를 사용할 수 없는 곳에는 164 피트 길이의 경사면을 가진 승강기를 설계했는데, 준설한 토사를 통 에 담아 체인의 힘으로 경사면의 가장 높은 곳까지 끌어올려서 아래 로 쏟아 붓는 방식이었다. 굴착 작업에는 궤도를 만들어서 증기 엔 진 차나 당나귀로 운반했다.

1868년 말에 이르면 이런 기계에 들어간 비용이 240만 파운드라 는 놀라운 액수가 된다. 매달 2만 파운드어치의 석탄을 태워 1만 마 력 이상의 동력을 생산하고, 총 260만 입방 야드의 흙을 굴착했다. 전체적으로 1861~1864년까지 사람의 손으로는 2천만 입방 야드의 흙을 굴착했고, 1865~1869년까지 기계의 힘으로는 7천850만 입방 야드의 흙을 굴착했던 것이다. 초기 파라오 시대부터 이집트의 전통 인 대규모 인력에 의한 공사의 시대는 지나가고 기계의 힘을 잘 결 합해서 크게 집중시키는 시대가 된 것이다

공사가 완공이 되어가면서 오토만 정부도 마침내 반대 입장을 거 두었고, 영국도 마찬가지였다. 1869년에 이르면 영국 외교의 적극적 목표는 운하를 중립지대로 만들고 그 안전을 보장하는 것이 되었다.

수에즈 운하는 유럽과 동방 사이의 거리를 확실하게 줄였다. 희망 봉 루트와 비교했을 때, 런던에서 봄베이까지는 51퍼센트, 콜카타까 지는 32퍼센트, 싱가포르까지는 29퍼센트가 줄었다. 수에즈 운하의 가장 중요한 영향은 동-서 무역과 조선에 있었다. 운하의 경영은 첫 10년 동안은 어려웠는데, 범선은 운하를 이용할 수 없었고 동방 으로의 긴 항해에 맞는 장비를 갖춘 증기선도 그때까지는 거의 없었 기 때문이다. 그러나 1882년에 이르러 운하의 운영이 최고조에 달했 다. 1887년 이후 선박에 전기 전조등이 도입이 되면서 야간항해가

가능하게 되어 이동시간이 반으로 줄었다. 점점 더 크고 많은 배들이 운하를 이용하게 되면서 몇 번에 걸쳐 운하를 곧게 만드는 정리와 확장, 그리고 깊게 만드는 공사를 했다. 다음 표는 운하 이용의 증가 과정을 보여준다.[3]

연도	배의 수	총 톤수
1870	486	43만 6천609
1875	1천494	200만 9천984
1880	2천26	305만 7천422
1885	3천624	633만 5천753
1890	3천389	689만 94
1895	3천434	844만 8천383
1900	3천441	973만 8천152

수에즈 운하는 동양과 서양을 잇는 세계적인 업적이었다. 운하의 대부분이 이집트인들의 노동력과 프랑스의 자본과 기술로 건설되었지만, 주로 영국의 이익을 위해서 사용되었다. 처음 통행료를 내고 운하에 들어간 배가 영국 배였고, 몇 년 이내 운하를 사용한 배의 4분의 3 이상이 영국 선적의 배들이었다. 운하가 이익을 내기 시작하면서 이스마일 총독은 점점 더 빚더미에 앉게 되었다. 1875년 그는 운하 회사의 자기 소유 주식 17만 6천602주를 영국 정부에 397만 6천582파운드에 매각했다. 그는 사치스러운 취미와 서양 강대국들에게 과도하게 빌린 빚 때문에 4년 뒤에 파산하고, 오토만 제국에 의해 자리에서 쫓겨났다. 1882년에 영국은 이집트 재정의 지급 능력을 구실로 이집트를 제국에 편입시켰다. 인도로 갈 수 있는 홍해 루트

---

3) René Augustin Verneaux, *L'industrie des transports maritimes au XIXe siècle et au commencement du XXe siècle*, 2 vols. (Paris, 1903), 1:329. Halford Lancaster Hoskins, *British Routes to India* (London, 1928), pp. 447, 469, and 473은 약간 다른 수치를 보여준다.

에 대한 생각으로 영국인들은 그들이 오랫동안 가졌던 영토 팽창에
대한 양심의 가책을 드디어 없앨 수 있었다.[4]

---

4) 수에즈 운하 건설에 대해서는 다음의 자료들을 보라. Clerk, pp,
80-100 and 207-25; John Marlowe, *World Ditch: The Making of the
Suez Canal* (New York, 1964); Lord Kinson, *Between Two Seas: The
Creation of the Suez Canal* (London, 1968), 특별히 pp. 149-225; and
Hoskins, pp. 292-315, 345-72, 400-407, and 447-79.

11장

해저 케이블

우리 시대의 특징이 "정보 폭발"의 시대라는 것은 이제 흔한 일이다. 고등교육의 목표도 적은 양의 정보를 잘 저장해서 박식해지는 것이 아니고 많은 양의 정보를 획득하고 다루는 방법, 즉 연구 방법론이 되었다. 비즈니스 세계에서도 자료를 신속하게 획득하는 것은 노동력, 기계, 원자재만큼이나 중심적 문제가 되었다. 각국 정부는 정보기관에 의존하는 정도가 점점 더 심해지고 미디어에 빠진 일반인들은 증권 시황판을 바라보는 투자자들처럼 매일 뉴스를 기다린다.

물론 자료와 속도에 대한 열광은 전혀 새로운 일이 아니다. 인도와의 증기선을 통한 연결이 시작되게 된 배경 원인 가운데 한 가지도 신속한 정보의 필요 때문이었다. 그러나 자료와 속도에 대한 열광은 이것을 훨씬 뛰어넘어 전신선telegraph wire과 해저 케이블의 네트워크를 만드는 것으로 이어졌고, 메시지를 이전에는 생각할 수 없었던 속도로 전 지구에 전달했다. 이 케이블은 역사가 버나드 핀Bernard Finn에 따르자면, "빅토리아 시대의 위대한 기술"이다.[1]

육상 전신이 현실이 된 지 20년 후에 수중 전신의 시대가 되었다. 이 차이는 의지나 비용의 문제가 아니라 기술 때문이었다. 1860년대 까지는 대양의 수심을 알 수 없었고, 물리학에서 수천 마일 너머까지 전기적 신호를 보내는 방법은 아직 초기 단계였다. 이 문제들은 과학 연구와 값비싼 시행착오가 있고 나서야 해결할 수 있었다.

첫 번째 수중 전신의 시도는 1839년 콜카타의 후글리 강을 가로지른 케이블이었던 것 같다. 그리고 1843년에 비로소 좋은 절연 소재가 발견되었는데, 말레이 지방에서 자라는 한 나무의 수액을 통해 형성된 자연산 수지인 구타 페르카gutta-percha였다. 1850년에 존 브렛과 제이컵 브렛 형제John and Jacob Brett는 영불해협을 가로질러 케이블을 설치했다. 이때 사용한 케이블은 구타 페르카를 입힌 한 가닥의 구리전선이었다. 그런데 설치가 되고 난 지 몇 시간 만에 한 어부의 닻 때문에 끊어져 버렸다. 다음 해에 다른 케이블이 첫 경로를 따라 놓여졌다. 이번에는 네 가닥의 구리전선에 구타 페르카로

---

1) Bernard S. Finn, *Submarine Telegraphy: The Great Victorian Technology* (Margate, 1971), 다음의 자료들도 보라. Frank James Brown, *The Cable and Wireless Communications of the World; a Survey of Present Day Means of International Communication by Cable and Wireless, Containing Chapters on Cable and Wireless Finance* (London and New York, 1927); E. A. Benians, "Finance, Trade and Communications, 1870-1895," and Gerald S. Graham, "Imperial Finance, Trade and Communications, 1895-1914," in E. A. Benians, James Butler and C. E. Carrington. eds., *Cambridge History of the British Empire*, vol. 3: *The Empire-Commonwealth 1870-1919* (Cambridge, 1959), chs. 6 and 12, respectively: August Röper, *Die Unterseekabel* (Leipzig, 1910); and Willoughby Smith, *The Rise and Extension of Submarine Telegraphy* (London, 1891). 인도까지의 케이블에 대해서는 다음의 자료를 보라. Halford Lancaster Hoskins, *British Routes to India* (London, 1928), pp. 373-97.

절연시키고, 철선을 덮고 황마黃麻로 싸고 마지막에는 역청(타르)을 입혔다. 이렇게 보호를 한 케이블은 다음 세기까지도 잘 지탱되었다. 2년 뒤인 1852년에는 영국과 아일랜드가 케이블로 연결되었다. 해저 전신의 시대가 시작된 것이다.

골드러시와 철도 붐에 쉽게 흥분했던 일반 투자자들은 지나치게 열광적으로 이 신기술을 받아들였다. 영불해협에 케이블을 깔 수 있다면 같은 케이블을 좀 더 길게 하면 대서양에도 확실히 가능할 것이라고 투기꾼들은 생각했다. 1857년과 1858년에 두 척의 증기선이 영국에서 미국까지 케이블을 깔았다. 이 케이블을 이용해서 메시지가 몇 통 오갔는데 그 중 하나는 영국 정부가 캐나다에서 인도로 두 연대 규모의 병사들을 보내라고 했던 명령을 취소하는 것도 있었고, 이를 통해 영국 정부는 5만 파운드를 절약할 수 있었다. 그러고 나서 이 케이블은 죽었다.

인도까지 깔린 첫 번째 해저 케이블도 동일한 운명을 맞았다. 영국과 인도를 연결할 계획을 공식적으로 처음 밝힌 곳은 유럽 및 인도 접합 전신 주식회사European and Indian Junction Telegraph Co. Ltd였다. 이 회사는 1856년에 페르시아 만까지는 육상 전신선을 설치하고 카라치까지는 해저 케이블을 설치할 목적으로 설립되었다. 1857년의 인도인들의 대항쟁 때 4천500마일의 육상 전신선 덕분에 영국군은 빠르게 움직일 수 있었고 대항쟁을 몇 달 만에 진압할 수 있었다. 그렇기 때문에 인도를 전신선으로 영국과 연결하는 것은 중요한 문제였고, 영국 하원과 파머스턴의 관심의 대상이었다. 1856년에 콘스탄티노플과 알렉산드리아, 수에즈와 아덴과 카라치를 연결하기 위해 홍해와 인도 텔레그래프사Red Sea and India Telegraph Co가 설립되었다. 그리고 1859년에는 처음으로 홍해 케이블이 놓여졌다. 이때 사용된 케이블은 하나의 구리선에 구타 페르카를 입혀 대마大麻로 싼 것으로

마일당 무게가 1톤이었다. 수중에서 가장 높은 곳들 사이에 전신선이 팽팽하게 연결되도록 잡아당기는 초보적인 기계를 이용해서 케이블을 놓았다. 벌레가 절연물을 먹어치우는 곳들도 있었고, 다른 곳에서는 케이블의 표면에 붙어 자라나는 것들이 너무 많아서 케이블이 무거워져 끊어지기도 했다. 그 결과 인도까지 놓였던 첫 케이블은 80만 파운드의 비용이 들었지만, 단 하나의 메시지도 전달하지 못했다.

대서양과 홍해의 케이블 설치가 실패함에 따라 영국 정부가 행동을 취하게 되었다. 영국 상무부Board of Trade와 아틀란틱 텔레그래프 사Atlantic Telegraph Co가 해저 전신 기술을 연구할 합동 위원회를 만들었다. 나중에 켈빈 경으로 불리게 되는 윌리엄 톰슨William Thomson이 위원회에 대서양 케이블 프로젝트에 대해 조언을 하고, 메시지의 송신과 수신을 하는 기구를 설계했으며 심해의 깊이를 재는 방법도 알아냈다. 위원회는 케이블을 만드는 방법과 설치하는 방법도 연구했다. 1860년 9월 합동 위원회가 일을 끝냈을 때, 케이블의 제조와 설치, 전송에 관한 기본 기술이 완벽해졌다. 드디어 전신이 바다와 대양을 가로지를 수 있게 된 것이다.

그리고 이어서 해저 케이블 설치 붐이 일었다. 1861년 프랑스는 남프랑스의 뽀르-방드르Port-Vendre에서 알제까지 해저 케이블을 설치하고, 영국은 말타에서 알렉산드리아까지 해저 케이블을 설치했는데, 둘 다 명확하게 식민지 관리의 목적을 가진 것이었다. 1862~1864년 사이에는 새로운 해저 케이블이 카라치와 페르시아 만을 연결했다. 이때 사용된 해저 케이블의 무게는 그 앞에 사용된 케이블 무게의 네 배나 되었지만 잘 작동했다. 이 해저 케이블은 페르시아 만에서는 육상 전신선과 연결되어 페르시아와 오토만 제국의 땅을 거쳐서 콘스탄티노플까지 연결되었다. 그리고 콘스탄티노플에서는 몇 개 라인의 육상 전신선이 유럽까지 퍼져 나갔다. 아메리카까지 케이블이 놓이기 한 해 전인 1865년에는 영국과 인도 간 전신선이 연결되었다.

이로써 영국인들에게 인도가 얼마나 중요했는지 드러났지만, 이 전신선의 성능은 대영제국의 용도에 훨씬 못 미치는 것이었다. 런던과 콘스탄티노플 사이의 전신선은 여러 국가를 가로질러야 했는데 이 국가들은 자신들의 공적인 전보가 외국인들의 메시지보다 우선적으로 취급되었다. 또 전보가 대륙의 관리들에 의해 몰래 파악되고 내용이 바뀌거나 늦어질 수도 있다는 점이 영국인들의 신경을 날카롭게 했다. 더 나빴던 점은 콘스탄티노플 너머에서의 전보의 운명이었다. 그 지역의 관리가 잘 되지 않는 곳은 긴 전신선들이 자주 끊어지고, 구리선이 도난당하기도 했다. 영어가 완벽하지 못한 터키와 페르시아의 전신 직원들은 전보를 받아 기록하고 다시 보내는 여러 중계국에 메시지의 내용을 틀리게 전송했다. 그 결과 영국과 인도 사이의 전보가 목적지에 닿는 데 종종 일주일, 때로는 한 달이나 그 이상 걸렸다.

제국에 관련된 모든 위기와 마찬가지로 영국 하원은 1866년에 "영국과 동인도 사이의 전신·우편 조직의 실제를 연구할" 또 다른 특별위원회를 만들었다. 그리고 인도와의 사이에 두 개의 새로운 라인이 놓였다. 그 중 하나는 영국이 소유한 인도-유럽 전신회사 소유의 육상 전신선으로 벨기에, 독일, 러시아, 페르시아를 거쳐 페르시아 만에서 영국의 해저 케이블에 연결되는 것이었다. 다른 하나는 지브롤터, 말타, 알렉산드리아까지, 그리고 수에즈에서 아덴과 봄베이까지 이어지는 영국이 소유한 해저 케이블이었다. 알렉산드리아에서 수에즈까지는 육상 전신선이었는데 이곳의 교환원은 영국인들이었다. 드디어 1870년에 영국과 인도는 전신선을 효율적으로 연결했고, 일반적으로 메시지의 전달에는 5시간가량 걸렸다.

1870년대에 아메리카와 인도에 케이블을 성공적으로 설치하고 나서는 해저 케이블 산업이 매우 발달했다. 해저 케이블 산업은 관련 기술의 발달과 영국 정부의 적극적인 정책의 도움으로 전 세계에 걸쳐 해저 케이블을 설치했다. 1861년에 특허를 받은 커브 트랜스미션 curb transmission은 주 펄스 뒤에 곧바로 역 펄스를 보내 신호signal를 선명하게 해 주었다. 1870년대 중반에 도입된 이중 전신duplex telegraphy은 같은 선에서 동시에 역방향으로 메시지를 보내는 것이 가능해져서 선의 용량은 두 배가 되었다. 사이펀 리코더와 다른 자동 기계들 덕분에 사람의 손으로 하던 일을 천공 테이프가 하게 되었다. 이런저런 기술의 발달로 전보의 속도는 빨라지고 비용도 줄었다. 처음 인도에 전보를 보내던 때는 20단어의 메시지 비용이 101실링이었고 며칠이 지나 전달되었지만, 19세기 말에 그런 메시지는 4실링밖에 들지 않았고 시간은 30분밖에 걸리지 않았다. 이렇게 되자 사람들이 반응을 보였다. 1870년에는 수십 통의 전보밖에 보내지 않았는데 1895년에는 2백만 통의 전보가 보내졌다. 새로운 매체는 살아남았을 뿐 아니라, 영국과 인도 사이의 일상적인 과정에 침투하고 변화시키기까지 했다.

곧 수십 회선의 다른 케이블이 바다와 대양에 놓였다. 1871년에는 인도와 페낭, 사이공, 홍콩, 상하이 사이에 케이블이 놓였고 싱가포르에서 자바와 포트다윈Port Darwin까지 케이블이 연결되었다. 유럽은 이제 동남아시아, 중국, 호주와 연결되었다. 2년 뒤에는 유럽과 브라질, 아르헨티나가 케이블로 연결되었으며 1875년에는 케이블이 남아메리카의 서해안까지 도달했다. 1876년에는 호주까지의 케이블 연장선이 뉴질랜드에 도달했으며, 1879년에는 아프리카의 동쪽 해안을 따라 아덴에서 잔지바르, 모잠비크까지 놓고 남아프리카에 도달했다. 마침내 1885년에는 아프리카 서쪽 해안을 따라서 놓인 두 회선의 케이블이 유럽을 서부 아프리카와 남부 아프리카로 연결해주었다. 그동안 수요가 증가하면서 북해, 대서양, 지중해에 놓였던 초기의 케이블 경로를 따라 새로운 케이블이 더해졌다. 예를 들어, 1900년에 프랑스와 알제리 사이에는 7개의 케이블 회선이 있었다.

최초의 케이블들은 많은 기업가나 급하게 만들어진 회사들이 놓았다. 그러나 1870년대에 들어와서 이 집단은 하나의 거대한 독점기업으로 바뀌게 되었다. 1864년 맨체스터의 상인 존 펜더John Pender는 구타 페르카 회사Gutta Percha Co와 글래스 엘리옷 회사Glass Elliott and Co를 합해 건설 및 유지 보수 공동 텔레그래프(Telegraph Construction and Maintenance Co 또는 T C and M이라고도 한다)로 만들었다. 1866년에 그는 T C and M이 제조한 케이블로 미국까지 해저 케이블을 놓은 아틀란틱 텔레그래프의 주식을 사들였다.

1870년에 이르면, 펜더는 영국 인도 해저 전신회사British Indian Submarine Telegraph Co의 사장이 된다. 2년 뒤에는 동방 전신회사 Eastern Telegraph Co를 설립했고, 이 회사는 얼마 후에 동방 전신 그룹 Eastern and Associated Companies, 다른 이름으로는 "엘렉트라 하우스 그룹"이 되는데, 이 그룹은 펜더 가문에 의해 관리되었다. 몇몇 비영국계 저자들이 푸념조로 지적하듯이 1900년에 전 세계에 깔렸던 약 19만 마일의 케이블 가운데 72퍼센트가 영국 소유였는데, 대부분이 동방 전신 그룹 소유였다.[2]

1870년대의 케이블망은 그 소유가 개인 투자가들이었다고 하더라도 결코 자유기업의 업적이 아니라 정부의 아낌없는 지원을 받았기 때문이다. 처음으로 돈을 푼 것은 1870년, 영국 정부가 국내 전

─────────

2) 다음의 자료들을 보라. Ambroise Victor Charles Colin, *La navigation commerciale au XIXe siècle* (Paris, 1901), p.147; and Röper, p. 85.

신회사들을 국유화하면서 해저 케이블에 투자할 자본을 풀어준 때였다.3) 영국 정부는 이후에 매년 나누어 주던 아니면 한꺼번에 주던 케이블회사들에 보조금을 지급했다. 예를 들어 동남 아프리카 전신회사Eastern and South African Telegraph Co에는 아덴-남아프리카 케이블을 설치하도록 110만 파운드를, 아프리카 직통 전신회사Africa Direct Telegraph Co에는 이 회사 소유의 서부 아프리카 회선을 위해 매년 1만 9천 파운드를 주었다. 우편물 운송 계약 덕분에 반도-동방회사Peninsular and Oriental와 커너드 정기선 회사가 경기에 상관없이 번창할 수 있었던 것처럼 케이블회사들도 영국 정부의 보조금을 지원받을 수 있었다. 동방 전신 그룹의 경우 1873년에서 1901년까지 이익이 6.75퍼센트 아래였던 때가 없었다.

1870년대의 케이블망은 경제적인 케이블, 다시 말해 기업가나 개인 고객들에게 유용한 회선들로 구성되어 있었다. 그러나 1880년 이후에 그런 기회는 사라지고 새로운 시대가 시작되었다. 해군성, 식민성, 전쟁, 그리고 외무성이 전보 통신에 익숙해졌고 대영제국 전역으로 전보 통신 가능성을 확장시키기를 원했기 때문이다. 전쟁의 기운이 강해지면서 영국의 전보가 영국의 영역이 아닌 곳을 통과하는 것이 점점 신경 쓰이게 되었다. 그래서 더 멀고 경제적 가치가 없는 곳에도 정치적인 이유로 케이블이 놓였다. 그 한 예가 수에즈-수아킨Suakin 라인으로 1882년 이집트 침공 과정의 일부로 놓였었다. 또 다른 예는 1899~1901년까지 영국에서 희망봉까지 놓았던 직통선으로 보어전쟁 때 이용되었다. 이 선은 해군성의 압력으로 1901~1902

---

3) 역주: 구체적으로 1870년의 전신법Telegraph Act을 가리킨다. 영국 정부는 이 법에 따라 전신 회사들을 국유화를 하면서 주식을 시장 시세보다 훨씬 높게 계산해서 구입했다. 영국 정부가 그 과정에서 주주들에게 지불한 총액은 시중 주가의 160배가 되었다.-위키피디아

년 사이에 모리셔스까지 연장되었고, 모리셔스에서는 실론, 싱가포르, 호주까지 연장되었다. 이 라인은 동방 전신 그룹의 선들과 같이 나가는 것이었지만 이집트나 홍해를 통과하지는 않았다. 그렇게 하는 것이 전략적으로 안전하다고 생각했던 것이다.

전략 케이블의 전형은 "대영제국 루트All-Red Route"4)로, 전 지구를 대영제국에 속한 지역만 통과하는 케이블로 두르고자 한 계획에서 나온 것이다. 1890년대에 이르면 (영국에서) 캐나다와 호주까지는 몇 케이블 회선이 있었다. 그런데 브리티시 컬럼비아에서 뉴질랜드까지 가는 케이블은 빠졌다. 동방 전신 그룹같이 애국적인 회사조차도 이윤이 없을 것이 뻔한 사업에는 손을 대려고 하지 않았기 때문에 그 계획은 영국, 캐나다, 뉴질랜드, 호주 정부의 컨소시엄인 태평양 케이블 위원회Pacific Cable Board에 넘겨졌다. 1902년에 이 루트는 완성되었고, 대영제국의 모든 지역은 태양이 결코 지지 않는 케이블망으로 통신을 할 수 있게 되었다.5)

케이블은 신제국주의의 필수적인 부분이었다. 세계에서 가장 고립된 지역에 있는 외딴 곳들—어센션Ascension, 세인트 헬레나, 노퍽 Norfolk, 로드리게스Rodriguez, 패닝Fanning, 코코스Cocos— 몇 곳이 케이블 때문에 중요하게 되었다. 이 섬들은 미국에게 있어서 괌이나 미드웨이처럼 영국을 위한 중계국이 되었다. 몇몇 경우에는 케이블 때문에 제국이 팽창할 수 있었다. 남부 아프리카는 1879년과 1901년에, 이집트는 1882년에, 서부 아프리카는 1885년에 영국의 지배하에

---

4) 역주: 영국의 식민지는 대부분의 지도에 빨간색으로 표시된 데서 이 말이 나왔다.

5) 케이블의 전략적 가치에 대해서는 다음의 자료를 보라. P. M. Kennedy, "Imperial Cable Communications and Strategy, 1870-1914," *English Historical Review* 86(1971):728-52.

들어갔다. 그러나 더 중요한 점은 케이블 때문에 유럽 제국들이 하나로 묶일 수 있었다는 것이다. 평화 시에는 점점 더 팽창하는 기업 통신의 생명선으로서 제국주의 국가와 전 세계에 흩어진 식민지들을 연결해 주었다. 그리고 위기 시에는 케이블이 외교의 중요한 도구였다. 1898년 파쇼다에서 영국과 프랑스가 대치했을 때 키치너는 나일 강에 깔린 수중 전신 케이블을 통해 런던과 연락할 수 있었던 데 반해 그의 상대였던 마르샹은 파리와 연락할 수 없었다.[6] 그리고 전시戰時에 케이블은 안보 그 자체였다. 1차 세계대전에서 대영제국과 프랑스 제국은 전신으로 연결되어 있었기 때문에 그들의 대도시에 병력, 식량, 원자재를 공급할 수 있었다. 그리고 독일 제국은 1914년 8월 그들의 케이블이 끊어지고 나서야 세계가 영국의 묵인하에 통신을 하고 있었다는 것을 알았다.

---

6) Richard Hill, *Egypt in the Sudan 1820-1881* (London, 1959); and Kennedy, p. 728.

|12장|

전 지구적 제해권制海權

수에즈 운하와 해저 케이블의 설치는 세계 통신망에 있어서 극적 전환점이기는 했지만, 세계 통신망은 조선과 해운업의 점진적인 발달로부터 도움을 받았다. 이 점을 공학 측면에서 보면 강철 선체steel hull와 3단 팽창 엔진의 도입은 중요한 발전이었다. 해운업 측면에서도 해운업이 경제성을 띠면서 점점 더 크고 특수화된 선박, 항구와 다른 항해 기반 시설의 발달은 그것을 가장 효과적으로 사용하기 위한 조직들을 필요로 하게 되었다.

조선에 강철을 사용하게 된 것은 재료가 목재에서 쇠로 변화된 뒤에 나타난 자연적 결과였기 때문에 초기의 이행과정에서 있었던 정신적 사회적 거리감을 전혀 유발시키지 않았다. 강철은 연철보다 강했기 때문에 강철선은 같은 힘과 크기의 철선보다 15퍼센트 가볍게 건조할 수 있었다. 더 가벼워서 속력도 더 높고 연료소비도 적었다.

처음 강철 선체를 가진 배는 강에서 사용한 작은 증기선 마 로버츠Ma Roberts 호로, 레어드가 1858년의 잠베지 강 탐험을 위해서 건조한 것이었다. 그러나 불행하게도 이 배는 성능이 좋지 않았다. 선체는 녹이 슬었고 엔진은 너무 약했다. 그리고 마침내 잠베지 강 둑에서 난파되었다.[1] 다음은 미국 남북전쟁에서 해상 봉쇄를 뚫는데 사용된 배였던 반시Banshee 호와 다른 강철 전함들이 있었는데, 이 배들은 경제성보다는 속도를 위해 설계된 배들이었다. 1870년대 말이 되어서야 강철 가격이 연철 가격에 비해 경쟁력을 가지게 되자 상선 건조에 있어서 강철이 철을 대체하게 되었다.[2] 대형 원양 정기선에 처음으로 강철을 사용한 것이 1천777톤의 로토마하나Rotomahana 호였는데, 이 배는 1879년에 뉴질랜드의 유니온 증기선 회사Union Steamship Co를 위해 건조되었다. P&O도 자신들이 소유한 강철 선체의 라벤나Ravenna 호가 철제 선체의 배들보다 성능이 더 좋다는 것을 알게 된 뒤에는 철제 선체 배의 발주를 중지했다. 1885년에 이르면 새 증기선 가운데 48퍼센트가 강철로 만들어졌고 1900년에는 95퍼센트가 강철로 만들어졌다.[3]

---

1) George Gibbard Jackson, *The Ship Under Steam* (New York, 1928), p. 149; W. A. Baker, *From Paddle-Steamer to Nuclear Ship: A History of the Engine-Powered Vessel* (London, 1965), p. 57.

2) A. Fraser-Macdonald, *Our Ocean Railways;or, the Rise, Progress, and Development of Ocean Steam Navigation* (London, 1893), p. 228은 베세머법(Bessemer process)이 결정적 요소였다고 하는데 반해, Bernard Brodie, *Sea Power in the Machine Age: Major Naval Inventions and their Consequences on International Politics* (London, 1943), p. 164는 지멘스-마틴법(Siemens-Martin method)이 결정적 요소였다고 강조하고 있다.

3) 강철선(鋼鐵船)에 대해서는 다음의 자료들을 보라. Brodie, p. 164; Ambroise Victor Charles Colin, *La navigation commerciale au ⅩⅨe siècle* (Paris, 1901), pp. 57-58; Fraser-Macdonald, p. 228; Duncan Haws, *Ships and the Sea: A Chronological Review* (New York, 1975), pp. 163-64; Carl E. McDowell and Helen M. Gibbs, *Ocean*

강철이 철의 자리를 자연스럽게 차지했듯이 3단 팽창 엔진은 복합 엔진의 자리를 차지했다. 보일러, 파이프, 엔진 부속을 제조할 때 강철을 사용하게 되어 엔지니어들은 증기압을 1860년대의 60psi(1제곱인치당 파운드)에서 1870년대 말에는 150psi로, 1890년대에는 200psi로 올릴 수 있게 되었다. 이렇게 높은 압력에서 증기는 두 번째 실린더를 지나고서도 팽창력을 잃지 않았다. 이 남아있는 에너지를 흡수하려고 엔지니어들은 세 번째 실린더를 더했다.

그 결과 엔진은 같은 힘의 복합 엔진보다 적은 연료로 훨씬 더 빠르고 부드럽게 움직였다. 1860년대와 1870년대의 정기선들은 시간당 1마력을 얻는데 1.75~2.50파운드의 석탄을 태웠다. 애버딘Aberdeen호는 처음으로 3단 팽창 엔진이 사용된 대형 선박으로 단지 1.25파운드의 석탄만 태웠다. 특별히 장기 항해 루트에 적합했던 이 배는 플리머스Plymouth에서 멜버른Melbourne까지 42일 만에 항해하는 기록을 세웠다. 이후에 나온 3단 팽창 엔진들은 시간당 1마력을 얻는 데 드는 석탄을 1파운드까지 낮추었다. 다른 말로 하면, 종이 한 장에 들어있는 에너지가 그런 기관에 사용되면 1톤의 화물 1마일을 움직일 수 있게 된다고 할 수 있다. 3단 팽창 엔진은 (몇몇 4단 팽창 엔진과 함께) 19세기의 혁명을 가져왔던 뉴코멘-와트 식의 증기를 이용한 왕복운동 엔진의 최종판이자 가장 완벽한 발전 단계가 되었다. 그러나 1차 세계대전 무렵에 새롭게 나타난 두 개의 엔진, 증기터빈과 디젤엔진이 이들을 밀어내기 시작하고 있었다. 해양 기술의 발전 속도는 이처럼 빨랐다.[4]

Transportation (New York, 1954), p. 29; "Ship," in *Encyclopedia Britannica* (Chicago, 1973), 20:409–10; and René Augustin Verneaux, *L'industrie des transports maritimes au XIXe siècle et au commencement du XXe siècle*, 2 vols. (Paris, 1903), 2:10.

늘 효율성을 극대화할 방법을 찾던 해운업자들은 브루넬이 발견했던 사실, 즉 (다른 조건들이 같다면) 큰 배 한 척으로 화물을 운반하는 것이 작은 배 여러 척으로 운송하는 것보다 비용이 적게 든다는 사실을 잊지 않고 있었다. 1850년대에 브루넬은 그레이트 이스턴 호에 대한 세계의 수요를 잘못 계산했었지만, 1890년대에는 그런 큰 배들을 받아들일 준비가 되어 있었다. 가장 큰 배인 대서양 정기선들은 원양의 별들로, 그들의 이야기는 이 책에서 자주 언급했다. 그러나 그보다 규모가 작은 업계에서도 10년마다 큰 배들이 보였다. 1850년대에는 2천 톤의 증기선은 큰 배로 간주되었다. 1890년대 무렵에는 6천~천 톤의 배들도 흔했다. 1860년대의 P&O의 평균적인 정기선은 배수량排水量이 1천490톤이었고, 가장 큰 배의 배수량은 2천283톤이었다. 그러나 1897년에는 평균 배수량이 4천896톤이었고, 가장 큰 배는 8천 톤이었다. 1914년에 이르면 2만 톤이나 그 이상의 증기선도 드물지 않았다.[5]

증기선은 크기만 아니라 수도 많아졌다. 해양사학자 아담 커콜디 Adam Kirkaldy가 제공한 세계의 증기선의 총 톤수이다.[6]

---

4) 3단 팽창 엔진에 대해서는 다음의 자료들을 보라. Colin, p. 51; Harold James Dyos and Derek Howard Aldcroft, *British Transport* (Leicester, 1969), p. 242; Fraser-Macdonald, pp. 201-20; Adam W. Kirkaldy, *British Shipping: Its History, Organization and Importance* (London and New York, 1914), pp. 130-37; Thomas Main (M. E.), *The Progress of Marine Engineering from the Time of Watt until the Present Day* (New York, 1893), p. 70; Auguste Toussaint, *History of the Indian Ocean*, trans. June Guicharnaud (Chicago, 1966), p. 212; Verneaux, 2:39; and W. Woodruff, *Impact of Western Man: A Study of Europe's Role in the World Economy 1750-1960* (London, 1966), p. 239.

5) Colin, pp. 53 and 74-77; and Dyos and Aldcroft, p. 243.

6) Kirkaldy, appendix XVII.

1850	70만 톤
1860	150만 톤
1870	270만 톤
1880	550만 톤
1890	1천20만 톤
1900	1천620만 톤
1910	2천620만 톤

증기선의 효율성이 증가하고 선박의 수가 크게 늘어나면서 경쟁이 생기고 수에즈 운하로 인해 거리는 단축되는 등의 이유로 이 시기에 화물 운송료는 상당히 떨어졌다. 해양사학자 프레이저 맥도널드A. Fraser-Macdonald에 따르면 봄베이에서 영국까지 1톤의 화물을 보내는 비용이 1869년에는 10내지 12스털링이었는데, 1893년에는 20내지 30실링으로 90퍼센트가 내렸다. 거리가 더 먼 경우에는 비용이 훨씬 더 떨어졌다.[7] 다른 저자들이 인용하는 운송료 인하는 이보다는 덜 파격적이지만, 적어도 운송료가 60퍼센트는 떨어졌고 그 이유의 대부분은 안전하고 믿을 수 있는 증기선으로 운송되는 상품에 대해서 보험료와 취급 비용이 낮아졌던 데 있다는 점에는 모두가 동의하고 있다.[8]

배의 크기가 커지고 수가 늘어나면서 무역량도 크게 팽창했다. 1860년~1910년 사이에 영국과 인도의 무역량은 3천860만 파운드에서 1억 1천610만 파운드로 세 배나 늘었고, 호주에 대한 무역량은 1천710만 파운드에서 6천만 파운드로, 남아프리카에 대한 무역량은

---

7) Fraser-Macdonald, p. 102.

8) Dyos and Aldcroft, pp. 244–45; Halford Lancaster Hoskins, *British Routes to India* (London, 1928), p. 219; Woodruff, pp. 239–40; and Paul Bairoch, *Révolution industrielle et sous-développement*, 4th ed. (Paris, 1974), pp. 177–78.

390만 파운드에서 2천990만 파운드로 늘었는데, 모두 상품 가격이 점차 떨어지던 시기의 일이었다.9) 수에즈 운하는 원래 설계 당시에 예상했던 배의 크기보다 평균 세 배나 큰 배들을 받아야 했기 때문에 운하의 깊이를 더 깊게 하고 폭을 넓히고 나서야 대형 배들이 동시에 지나갈 수 있었다. 1914년경에는 세계의 모든 주요 항구들은 부두에서의 최저 깊이는 36피트가 되었다. 새로운 배들을 받아들일 만큼 충분히 깊고 넓게 더욱 넓히고 콘크리트 방파제로 보호했다. 수에즈 운하 완공 이후에 매우 중요하게 된 곳으로는 카라치, 몸바사, 싱가포르, 포트사이드, 아덴 같이 새롭게 태어난 식민지 도시들이었다. 상해나 봄베이같이 오래된 도시들도 다시 알아볼 수 없을 만큼 큰 변화를 겪었다. 영국이 아편전쟁으로 중국에서 빼앗은 작은 섬 홍콩은 1892년경에 이르면 리버풀보다 많은 선박들이 런던 수준으로 출항하는 곳이 되었다.10)

세계의 모든 항구에서 지나가는 증기선에 석탄을 팔았지만, 그 중에서 몇몇 곳은 다른 역할은 거의 없이 석탄을 공급하는 기항지의 역할을 했다. 포트사이드, 모리셔스, 아친Acheen, 라스팔마스, 세인트 빈센트, 파페에테Papeete가 그런 곳이다. 그리고 아덴, 지부티, 싱가포르, 호놀룰루 같은 곳은 중요한 해군 기지가 되었다.11)

9) Kirkaldy, p. 343 and appendix ⅩⅣ.

10) E. A. Benians "Finance, Trade and Communications, 1970-1895," in E. A. Benians, James Butler and C. E. Carrington, eds, *Cambridge History of the British Empire*, vol. 3: The Empire Commonwealth 1870-1919 (Cambridge, 1959), p. 201; Gerald S. Graham, "Imperial Finance, Trade and Communications 1895-1914," in *Cambridge History of the British Empire*, 3:457; Hoskins, p. 472; Toussaint, p 213; and Verneaux, 1:314-15.

11) Kirkaldy의 책에 나오는 지도를 보라. 또 다음의 글도 보라. W. E.

증기선이 바다를 정복한 것은 범선의 도움이 있었기 때문이고, 범선이 사라진 것도 아니었다. 초기 원양 정기선 시대는 범선에게도 좋은 시대였다. 범선도 증기선과 경쟁하면서 더할 나위 없는 수준이 되었기 때문이다. 자연의 힘과의 조화를 통한 속도를 추구하면서 19세기 중반의 조선 기사들은 미와 기술의 승리요, 바다의 대성당인 쾌속 범선China clippers[12]을 만들어냈다.[13] 1840년대와 1850년대에는 해상 무역이 크게 증가했기 때문에 두 가지 형태의 배 모두 필요했고, 그 역할도 점점 커졌다. 증기선이 북대서양의 승객 수송과 인도까지의 우편을 맡았고, 범선은 다른 바다에서의 일반 화물 운송을 맡았다.

수에즈 운하로 인하여 쾌속 범선의 시대가 끝나게 되었지만, 그렇다고 세계의 대양에서 범선이 완전히 사라진 것은 아니다. 범선은 19세기 말까지 두 종류의 무역에서 자리를 지키고 있었다. 그 중 하나는 세계적인 석탄 광산과 가장 먼 지역들의 부피가 큰 화물을 실어 나르는 것이었다. 호주의 양모와 밀, 인도의 쌀과 황마, 미국 서부 해안의 곡물, 칠레의 질산염nitrate이 그것들이었다. 그리고 두 번째는 사실 앞의 일보다 더 중요한 것으로, 세계의 모든 대양에 떠 있는 증기선들의 연료 부족 문제를 해결해 주는 일이었다. 이 일을 위해 범선은 석탄을 싣고 바다로 나갔다. 인도, 남아프리카, 일본, 그리고 다른 지역에서 석탄이 발견된 뒤에도 사람들은 더 높은 품질의 웨일스산 무연탄은 프리미엄까지 지불하면서 샀다. 1879년에 영

Minchinton, "British Ports of Call in the Nineteenth Century," in *Mariner's Mirror* 62 (May 1976):145-57.

12) 역주: 동인도회사에서 중국을 다니던 쾌속 범선을 차이나 클리퍼라 불렀다.

13) 다음의 논문을 보라. Gerald S. Graham, "The Ascendancy of the Sailing Ship 1850-85," *Economic History Review* 9(1956):74-88.

국은 1천170만 3천 톤, 1895년에는 3천310만 1천 톤의 석탄을 수출
했는데, 그 대부분은 범선을 이용했다.

그러나 세기가 바뀌면서 범선의 시대는 끝이 났다. 1875년에는 로
이드 선급협회에 등록된 6만 1천902척 중에 5만 6천537척의 배가
범선이었다(91퍼센트). 그리고 전 세계 배의 총 톤수의 72퍼센트를 차
지했다. 그때 영국에서 건조하는 배들은 총 톤수에 있어서 범선보다
증기선이 더 많은 비율을 차지하고 있었다. 1899~1900년에는 모든
배 가운데 60퍼센트(3만 8천180척 가운데 2만 2천856척)가 바람의 힘으
로 가는 배들이었지만, 이들이 총 톤수에서 차지하는 비중은 세계
전체의 4분의 1밖에 되지 않았다(2천767만 3천528톤 가운데 679만 5천
782톤).14)

1880년대 이후 두 가지 변화가 범선의 쇠퇴를 몰고 왔다. 그 중
하나는 증기선이 그 크기와 3단 팽창 엔진 때문에 연료 효율성이 좋
아진 점이었다. 이제 증기선은 훨씬 더 멀리 항해할 수 있게 되었고,
석탄을 증기선으로도 싼 값에 운송할 수 있게 되었다. 다른 변화는
경제 문제 이상의 것으로, 사람들이 시간에 대해 새로운 태도를 가
지게 된 것이다. 세상의 운명을 지배한다는 의식을 가지고 있던 산
업 엘리트들은 인간 세계에 일어나는 일에 대해 속도와 예측 가능성
모두를 요구했다. 범선 중에서 속도만 놓고 볼 때 쾌속 범선만이 증
기선의 경쟁 상대가 되었고, 그래서 유명하게 되었다. 그러나 쾌속

---

14) Colin, pp 4-5. 범선의 몰락에 대해서는 다음의 자료들도 보라.
Benians, p. 203; Charles Ernest Fayle, *A Short History of the World's
Shipping Industry* (London, 1933), pp. 244-46; Kirkaldy, p. 318;
McDowell and Gibbs, p. 251; Toussaint, p. 211; Verneaux, 2:13-14; and
Woodruff, pp. 242-43.

범선조차도 정해진 일정을 맞추지 못했다. 그런데 사람들이 철도를 이용하게 되면서 어떤 일은 어느 시간에 해야 한다는 생각이 사람들에게 생기기 시작했고, 그렇게 생각하는 것이 정당한 것이라는 생각도 사람들의 마음속에 뿌리내리기 시작하자 화물이나 사람이 예상 가능한 시간에 도착하지 못할 수 있다는 생각은 점점 참을 수 없는 것이 되었다. 망망대해의 불안감, 무풍 상태, 바람의 방향 전환은 자신의 달력과 시계에 종속되어 살아가는 산업시대의 인간에게는 적이 되었다.15)

해운업계에서 배의 일정표를 만드는 것은 해운 회사가 생기면서 구체적인 것이 되었다. 1875년에 한 척의 증기선이 정기적인 일정日程으로 다니는 것은 연간 수송 능력으로 볼 때 동등한 톤수를 가진 세 척의 범선이 수송하는 것과 같았다. 1900년에 이르면 이 비율은 4척 대 1척의 비율로까지 올라갔다.16) 비싸면서도 시간이 조금만 지나면 구식이 되어 버리는 증기선에 엄청난 돈을 들인 증기선 소유주들은 어떻게 해서라도 증기선을 최대한 이용하고자 했다. 그들은 일정표를 짜놓고 고객들이 따르도록 했는데, 고객들도 기꺼이 협조할 준비가 되어 있었다. 이동 중에 있는 상품은 자본이 묶여있는 것이기 때문이다.

초기 정기 증기선은 정부로부터 보조금도 많이 받았지만 규제도 많았다. 예를 들어, P&O는 인도와 중국 노선에 대해서 1845년부터 매년 16만 파운드의 보조금을 받았다. 영국 정부는 1860년경에 우편

---

15) 일정표 만드는 데 광적인 모습을 보여주는 가장 좋은 예는 1914년 이전에 독일군 참모본부가 가지고 있던 생각, 다시 말해 자신들이 순간의 시간 차이로 자신들보다 더 강한 연합군을 이길 수 있다고 생각한 것이다. 자신의 행운의 별을 믿었던 나폴레옹도 이것보다는 온전해 보인다.

16) Colin, pp 4-5.

물 운송 계약을 한 증기선 회사에 매년 100만 파운드 이상을 지급하고 있었고, 그들 중 몇몇 회사는 "왕립 우편 서비스Royal Mail"라는 이름을 사용하기도 했다.17)

정부와 계약한 증기선 회사들은 우편물만 운송한 것이 아니었고, 전시에는 전쟁용 수송선의 역할도 했다. 실제로 이런 용도로 쓰인 증기선들은 건조할 때부터 해군성이 제시한 규격을 따라야 했다. 그리고 건조된 뒤에는 수송선의 역할을 했다. P&O의 정기선들은 1852년의 버마와의 전쟁, 1857년의 인도인들의 대항쟁과 1884년의 수단 원정 시에 징발되었다. 콜카타 버마 증기선 항해 회사Calcutta and Burmah Steam Navigation Co의 배들은 1857년에, 그리고 1863년의 아비시니아 전투 때에 이용되었고 커너드 정기선 회사의 정기선들은 1878년에 키프로스에서, 1882년에 이집트에서, 그리고 1884~85년에 수단에서 이용되었다.18)

아프리카 노선들도 P&O와 브리티시 인디아처럼 정부의 우편물 운송 보조금을 받으며 시작되었다. 예를 들어, 남아프리카로 가던 유니언 캐슬 라인Union Castle Line은 유니언 증기 석탄선 회사Union Steam Collier Co로 시작했었다. 유니언 증기 석탄선 회사는 후에 유니언 증기선 회사Union Steam Ship Co로 이름을 바꾸었는데, 이 회사는 1857년에 케이프타운까지의 우편물 운송 계약을 따냈다. 영국과 서부 아프리카를 연결하는 개척 노선을 운영한 회사는 아프리카 증기선 회사 African Steamship Co이었다. 이 회사는 1851년 리버풀 상인 토머스 스

---

17) 예를 들어, 커너드 정기선은 영국-북아메리카 왕립 우편 서비스 정기선 회사(the British and North American Royal Mail Steam Packet Co.)의 별명이었다. 이에 대해서는 다음의 자료들을 보라. Roland Hobhouse Thornton, *British Shipping* (London, 1939), p. 40; Haws, pp. 119 and 133; and Fraser-Macdonald, p. 94.

18) Fraser-Macdonald, pp. 103, 112 and 121.

털링Thomas Sterling과 지치지 않는 맥그리거 레어드에 의해 설립되었다. 설립 목적은 레어드가 계획하던 니제르 강 증기선 사업을 통해서 영국과 니제르 분지를 연결하고, 이것을 통해서 서부 아프리카 내지의 야자유와 다른 생산품을 생산자 가격으로 유럽에 공급하는 것이었다. 이렇게 하면 이중의 이익이 있기 때문이다. 첫 번째는 터무니없는 이윤을 붙여 협조적인 통상을 막았던 아프리카와 유럽 양쪽의 중간 상인들을 피할 수 있다는 점이었고, 두 번째는 범선을 수주일이나 지체하게 하던 서부 아프리카의 악명 높은 적도 무풍지대를 피할 수 있다는 점이었다. 적도 무풍지대를 피하면 부패하기 쉬운 야자유를 좀 더 신선한 상태에서 유럽에 공급할 수 있기 때문이다. 그런데 이 새로운 회사는 증기선 노선 사업을 시작하기 위해서 보조금이 필요했고, 1852년에 레어드는 한 달에 한 번 영국과 서부 아프리카 사이에 우편물을 운송하고 일 년에 2만 1천250파운드를 받기로 계약했다.

그러나 우편물 서비스와 영국 정부의 후한 보조금에도 한계는 있었고, 증기선은 안전하고 신뢰할 만하고 빠른 화물 운송 수단이라는 그 자체의 장점을 통해 바다를 정복했다. 이러한 일이 영국과 서부 아프리카의 무역에서 일어난 것은 1860년대였다. 이때는 영국-아프리카 증기선 항해 회사가 아프리카 증기선 회사와 경쟁을 시작하던 때였다. 1880년대에 이르면 범선보다 총 톤수에 있어서는 여섯 배나 많고 숫자는 세 배나 되는 증기선이 라고스에 들어갔다. 나중에 두 회사는 서로 합쳐 엘더 뎀스터 라인Elder Dempster Line이 되었고, 이 회사는 아직도 서부 아프리카 해안에서 사업을 하고 있다.[19]

---

19) 다음의 자료들을 보라. P. N. Davies, *The Trade Makers: Elder Dempster in West Africa, 1852-1972* (London, n. d.), ch. 1; 그리고 같은 저자의 "The African Steam Ship Company," in John Raymond Harris,

인도양에 보조금을 받지 않는 해운 노선이 나타나게 된 때는 앞에서 말한 세 가지 기술적 진보, 즉 복식 기관, 수에즈 운하, 해저 케이블이 등장한 시기와 같다. 해저 케이블이 다른 두 진보만큼이나 중요한 것은, 케이블을 통해서 해운 회사들이 본사에서 배와 하주荷主들과 접촉하고, 일정표와 고객의 요구에 따라 선적을 조정할 수 있었기 때문이다. 해저 케이블은 부정기 화물선不定期貨物船에도 도움을 주었는데, 케이블을 통해서 세계 상품 시장의 가장 최근 시세에 따라 부정기 화물선들을 급하게 보내는 일을 할 수 있었기 때문이다. 다른 말로 하면, 가장 싸게 물건을 살 수 있는 곳에서 배를 불러서 가장 비싸게 팔 수 있는 곳으로 보낼 수 있었다는 것이다. 이제 한 배의 경제적인 성공은 더 이상 맹목적인 운運과 선장의 사업적 안목에 달리지 않았다. 모든 선단船團을 지구 반 바퀴 저쪽에 있는 본사에서 통제하는 시대가 된 것이다.

1880년대에 이르면 인도양과 극동 지역의 바다에서도 영국인 소유의 정기 증기선들이 많이 활동하고 있었다. 그 첫 번째가 P&O이기는 했지만, 정기 증기선의 첫 개척자는 P&O의 라이벌이었던 브리티시 인디아였다. 이 회사의 설립자는 신앙심 깊고 활동적이었던 스코틀랜드인 윌리엄 매키넌William Mackinnon이었다. 1823년 아길셔

---

ed., *Liverpool and Merseyside: Essays in the Economic and Social History of the Port and its Hinterland* (Liverpool, 1969), pp. 212-38. 다음의 자료들도 보라. Sir Alan Cuthbert Burns, *History of Nigeria*, 6th ed. (New York, 1963), pp. 263-64; Anthony G. Hopkins, *An Economic History of West Africa* (New York, 1973), pp. 149-50; Christopher Lloyd, *The Search for the Niger* (London, 1973), p. 189; Murray, p. 29; H. Moyse-Bartlett, *A History of the Merchant Navy* (London, 1937), p. 235.(역주 : 이 책이 출판된 1981년에는 엘더 뎀스터 라인이 서부 아프리카 노선 사업을 하고 있었으나, 1989년에 프랑스 회사에 합병되었고 2000년에 최종적으로 청산되어서 지금은 없다.

Argyleshire의 캠벨타운에서 태어났던 매키넌은 글래스고의 한 회사에서 일을 시작했다. 1847년 돈을 벌기 위해 인도에 가서 당시 인도의 유명한 무역회사 가운데 하나였던 스미스 메켄지Smith, Mackenzie and Co에 들어가 높은 지위까지 오른다. 당시는 콜카타의 인도 거주 영국인들은 한 달 간격의 P&O의 노선에 점점 불만을 느끼던 때였다. 그들은 세계의 다른 지역과 더 나은 교통을 원하고 있었다. 매키넌과 그의 몇몇 동료들은 기회가 왔다고 생각하고 1856년에 세 척의 증기선으로 콜카타 버마 증기선 항해 회사를 차렸다. 다음 해에 이들은 콜카타-양곤 사이의 우편물 계약을 따냈고, 1862년에는 회사 이름을 브리티시 인디아 증기선 항해 회사British India Steam Navigation Co로 바꿨다. 매키넌은 이 회사의 이사이자 최대주주였다.

매키넌의 회사는 곧 복식 기관을 설치한 배를 인도양에 투입했고, 나중에는 수에즈 운하를 가장 먼저 이용한 회사가 되었다. 매키넌은 빠르게 성장하고 있던 시장을 이용해서 자기 회사의 사업 노선을 페르시아 만, 싱가포르, 말라카, 네덜란드령 동인도제도, 영국, 호주, 그리고 중국까지 확장했다. 1869년에 이르면 그의 선단은 50척의 배로 이루어져 있었고, 이 배들 중에는 가장 최신 증기선들도 있었다. P&O가 장거리 여객, 우편물 운송 사업에 집중했다면 브리티시 인디아는 동방의 바다에서 중요한 화물 노선이었다. 4세기 전에 이미 포르투갈인 선장들이 안 것처럼 동방의 항구들 사이에 화물을 운반하는 일은 유럽을 오가며 화물을 운반하는 일만큼 이익이 나는 일이었다. 따라서 1893년에 이르면 110척인 브리티시 인디아 라인의 노선은 P&O의 사업 노선보다 두 배의 거리를 운항했다.

매키넌은 해운업계에서 성공한 거물 이상의 사람이었다. 『타임스*Times*』에 따르면, 그는 세상적인 일, 정신적인 일 모두 최선을 다해야 한다는 캘빈주의 도덕에 따라 사는 "오래된 스코틀랜드 장로교 기독교인의 완벽한 전형" 이었다. 그는 1870년대에 아프리카의 노예무역 폐지에 열정적인 잔지바르의 영국 영사 존 커크 경Sir John Kirk과 친구가 되었다. 또 벨기에의 왕 레오폴드 2세와 "차이니즈" 고든 장군과도 친하게 되었다. 1872년 브리티시 인디아 라인은 아덴, 잔지바르, 나탈Natal에 우편물 운송의 계약을 따냈다. 이 일은 매키넌이 아프리카 문제에 깊이 관여하게 되는 시작점이 되었다. 1880년대에 이르러 사업에 흥미를 잃기 시작한 매키넌은 아프리카의 개발에 열광적으로 집착하게 된다. 그는 진보와 기독교 정신을 신뢰하고 있었기 때문에 영국의 통치는 덜 행복했던 사람들에게 문명과 구원의 축복을 가져다 줄 것이라고 믿었다. 그런 신념으로 그는 임페리얼 브리티시 동부 아프리카 회사Imperial British East Africa Co를 설립하고, 대영제국을 동부 아프리카까지 확장할 수 있도록 승인을 받았다. 매키넌은 앞서의 맥그리거 레어드처럼 십자군의 동기와 산업혁명의 수단을 결합했던 인물이었다.[20]

얼마 지나지 않아 다른 나라들도 새로운 선박으로 본국과 식민지를 연결하기 시작했다. 1840년대에는 마르세유에서 알렉산드리아까지 항해한 프랑스 증기선들이 빠르고 고급스러웠기 때문에 많은 영국인 여행객들도 선호했고, 영국 회사 P&O의 증기선은 수에즈 운하 동쪽에서만 탔다. 프랑스의 제국 해양우편 회사Compagnie des Services Maritimes des Messageries Impériales(나중에 해양우편 회사Messageries

---

[20] 동부 아프리카에서의 제국주의자로서의 매키넌의 생애에 대해서는 다음의 자료를 보라. John S. Galbraith, *Mackinnon and East Africa 1878-1895; a Study in the 'New Imperialism'* (Cambridge, 1972). 매키넌의 해운업에서의 이력에 대해서는 다음의 자료들을 보라. Galbraith, pp. 1-45; Fraser-Macdonald, pp. 106-10; Haws, p. 149; Hoskins, pp. 412-20; and "Mackinnon, Sir William," in *Dictionary of National Biography*, 22:999.

Maritimes로 이름을 바꾸었다)는 1860년대에 지중해에서 인도양까지 사업을 확대했다. P&O처럼 정부의 보조금을 받았던 이 회사는 프랑스 깃발 아래 처음 알제리로, 다음에는 인도차이나와 중국으로 나아갔다. 일과 속도에 있어서 이 회사는 P&O의 경쟁 상대였고 인도, 싱가포르, 호주까지 나가면서 영국 쪽 고객도 많이 유치했다. 이 회사는 1875년에는 프랑스 소유의 증기선 총 톤수의 3분의 2 가까이를 소유했다.[21]

프랑스 우편선들은 대부분 프랑스의 아프리카 식민지는 무시했었다. 1856년에 처음으로 소형 외륜선이었던 귀엔Guyenne 호가 남아메리카를 오갈 때 다카르Dakar에 들렀다. 아프리카로 정기적인 노선 항해가 시작된 것은 해양우편 회사들보다는 작은 모렐 에 피롬Maurel et Prom(보르도-세네갈), 파브르 프래시네Fabre-Fraissinet(마르세이유-서부 아프리카) 같은 회사들이 나서면서부터였다. 또 1880년대에는 벨기에의 정기선 회사 월포드Walford et Cie가 벨기에와 콩고를 연결했고, 독일의 첫 증기선 노선들—보어만, 아틀라스, 슬로만—도 아프리카 항구에 나타났다. 프랑스, 벨기에, 독일이 영국에 뒤졌던 것은 영국보다 산업화가 늦었기 때문에 아니라 이들이 아프리카를 정복하는 데서 영국보다 늦었기 때문이고, 19세기에는 아프리카는 인도와 비교해 경제적으로 덜 중요했기 때문으로 봐야 한다.[22]

---

21) Colin, pp 168-69; Hoskins, pp. 263, 412-13, and 436; Toussaint, pp. 206-07; and Verneaux, 2:47-49.

22) 아프리카로 간 프랑스와 벨기에의 정기선들에 대해서는 다음의 자료들을 보라. Emile Baillet, "Le rôle de la marine de commerce dans l'implantation de la France en A. O. F.," *Revue Maritime* 135(July 19570:832-40; D. K. Fieldhouse, *Economics and Empire 1830-1914* (Ithaca, N. Y,, 1973), p. 287; Hopkins, pp. 130 and 149; Roger Pasquier, "Le commerce de la Côte Occidentale d'Afrique de 1850 à 1870," in

제국들 중에서 가장 특별한 것이 해상제국이다. 미노아인들, 그리스인, 페니키아인, 바이킹족들은 모두 자기 주변의 바다를 한 동안 지배했다. 그러나 자신의 함대와 상선으로 세계의 거의 모든 바다를 지배했던 국가, 다시 말해 진정으로 전 지구적 제해권制海權을 가졌던 나라는 단 한 나라만 있었다. 19세기의 대영제국이었다.

어떤 사람들은 이러한 영국의 힘이 영국인들의 국민성의 독특한 강점이나 신의 은총에서 왔다고 주장했다. 또 다른 사람들—대부분 외국인들이다—은 영국인들의 신뢰할 수 없는 성격과 탐욕 때문이라고도 했다. 한 아랍인 족장은 체스니의 유프라테스 탐험대 대원에게 이런 말을 했다. "영국인들은 개미 같지요. 한 사람이 고기 한 점을 발견하면, 백 명이 따라붙지요." 23) 그러나 지구상의 바다를 휘어잡는 데는 신의 은총이나 신뢰할 수 없는 성격과는 다른 것이 필요하다. 우수한 기술과 그 기술을 지지해줄 경제력이 필요하다. 영국인들이 어렵게 획득한 해상 패권은 19세기 초 미국의 조선造船 붐에 의해 위협을 받았다. 미국인들의 조선 붐은 값싼 목재를 무한정 공급받을 수 있었던 데서 온 것이었다. 그러나 쇠로 배를 만들게 되면서 영국인들의 우위는 보호되었다. 영국은 1840년에 세계 선박 총 톤수의 4분의 1을 소유하고 있던 데서 1850년에는 42.7퍼센트로 늘었고, 1차 세계대전까지 40퍼센트에서 50퍼센트 사이를 유지했다. 24) 1890년~1914년 사이에는 세계의 해상 무역의 반이 영국인 소유의 배에 의해

Michel Mollat. ed., *Les origines de la navigation à vapeur* (Paris, 1970), pp. 122-24; Verneaux, 1:322-33; and André Lederer, *Histoire de la navigation au Congo* (Trevuren, Belgium, 1965), p 127.

23) W. F. Ainsworth, *Personal Narrative of the Euphrates Expedition*, 2 vols, (London, 1888), 2:179, Hoskins, p. 193에서 재인용.

24) 이 수치는 Kirkaldy (appendix ⅩⅦ)에서 가져온 것인데, 범선 4톤과 증기선 1톤을 같이 본 것이다.

이루어졌고, 영국은 세계의 새로운 선박의 3분의 2를 건조했다.25)

영국이 증기 엔진과 금속 선체 산업에서 선두를 유지하는 데 또 하나의 요인이 있었다. 영국은 그들의 영향권 내에 있는 해안들에서 몇 마일 안 되는 곳에 세계적으로 가장 질 좋은 증기선용 석탄이 풍부하게 매장된 곳을 가지고 있었다. 편리한 석탄 공급항의 경우처럼 나중에 인도양 주변—나탈, 벵갈, 보르네오—에서 발견된 석탄의 대부분도 영국의 식민지에서 나온 것이다. 영국은 세계의 해저 케이블망을 지배했던 것과 마찬가지로 세계의 해상 석탄 공급도 실제로 독점했다.26) (이 요소들이 얼마나 중요한지는 20세기의 석유, 무선 통신과 비교하면 잘 드러난다. 석유, 무선 통신 가운데 어느 것도 그것을 소유한 나라에 석탄과 해저 케이블을 통해 영국이 누렸던 정도의 우위를 제공하지는 못했다.)

영국의 해상 지배의 그늘 아래 영국보다 약한 지배력을 누렸던 나라들도 제국의 자격을 요구할 수 있었다. 프랑스와 독일 같은 몇몇 나라들은 유럽 내에서는 실제 강대국이었다. 프랑스는 1871년의 패배27) 후에 그들의 지위에 대한 확신이 없었기 때문에 영국보다 더 많은 땅을 소유한 것으로 위로했지만 독일인들은 뒤늦게 획득한 몇 안 되는 외곽의 식민지들에 대해 반은 자긍심, 반은 부끄러움을 느꼈다. 유럽인들의 기준에서 작고 약한 국가들—이탈리아, 포르투갈, 벨기에, 네덜란드—은 식민지를 이용해서 제국으로서의 지위를 얻었다. 모두 합하면 세계의 절반이 해외의 유럽이었고, 정교한 증기선 노선과 케이블망으로 묶인 제해권 내의 제국들이었다고 할 수 있다.28)

---

25) Dyos and Aldcroft, pp. 23-32; and Woodruff, p. 238.

26) Brodie, pp. 113-15; Minchinton, p. 151.

27) 역주: 프러시아와의 전쟁에서의 패배를 의미한다.

19세기에 해운업과 통신이 크게 팽창했던 것은 세계의 경제에 관련해서 일어났던 그보다 훨씬 더 큰 변화의 일부분이었다. 모든 역사시대를 지나서 19세기까지 오면서 동양과 서양 사이의 교역에는 두 가지 특징이 있었다. 하나는 중동을 통하든 아프리카를 돌든 운송비가 매우 비쌌기 때문에 차, 자기磁器, 향신료, 인디고, 비단, 진주, 보석, 금괴나 은괴 같이 아주 귀한 물건들만 교역할 가치가 있었다. 다른 하나는 교역의 본질상 균형이 맞지 않았다는 점이다. 동양은 유럽인들이 탐내는 상품들 공급했지만 유럽인들은 금괴나 은괴, 그리고 나중에는 아편 외에 줄 것이 거의 없었다. 이런 오래된 시스템을 깬 것이 증기선이었고, 서로 부피 큰 상품들을 저가의 운임으로 교환하는 새로운 경제 관계를 촉진시켰다. 유럽은 산업 생산품—면, 기계류, 철, 석탄—을 동양의 값싼 농업 생산품과 원자재—밀, 쌀, 황마, 고무, 구타 페르카, 주석— 및 다른 생산품과 교환했다.[29]

증기, 케이블, 수에즈 운하는 그보다 500년 전의 대발견大發見[30]보다 더 동서양의 관계를 혁명적으로 변화시켰다. 포르투갈의 소형 범선과 스페인의 갤리온선船은 바다 때문에 떨어져 있던 사람들을 접촉하게 함으로써 전 지구적 에쿠메네ecumene로 완성했다. 그리고 19세기의 새로운 기술로 인해 상품과 사람과 사상이 끊임없는 흐름으로 바뀌었다. 제한적인 교역 관계를 가지고 고립되어 있던 자급자족 경제가 19세기의 새로운 기술로 인하여 기본적인 상품을 취급하는 단

---

28) 제해권(thalassocracy)이라는 개념(idea)에 대해서는 다음의 논문을 보라. Herbert Lüthy, "Colonization and the Making of Mankind," *Journal of Economic History* 21(1961):483-95.

29) 식민 교역의 경제학에 대해서는 위에서 인용이 된 Fieldhouse와 Hopkins의 책들을 보아라.

30) 역주: 1492년 콜럼버스의 신대륙 발견을 전후한 시대의 기술적 '발견' 과 지리상의 발견을 의미한다.

일 세계 시장의 부분이 되었다. 그들의 전통적인 교역, 기술, 정치 관계는 약해지고 서양의 기술에 기초를 둔 새로운 전 지구적 문명의 기초가 놓이게 되었다.

13장

인도의 철도

그러나 법, 도로, 다리, 심지어 교육보다도 더 효과적으로 힌두인들을 무기력 상태로부터 일으켜 세울 수 있는 것이 있었다. 증기 엔진을…… 촉진하면서 편견을 뒤엎고, 관습의 뿌리를 뽑았으며 생명처럼 애지중지하던 풍습도 바뀌었다. ― 벵갈 정부의 철도 자문 엔지니어, 대위 에드워드 데이비슨[1]

……결국 진정한 사업이란, 힌두인들이 철도를 놓도록 하고 나서야 이익의 많은 부분을 우리가 취하는 것이 가능할 것이다. ―인도 철도를 위한 로비스트였던 하이드 클락[2]

인도는 중세 이래 제국을 꿈꾸는 유럽인들을 유혹해왔다. 인도는

---

1) Edward Davidson (Capt, R E.), *The Railways of India: With an Account of their Rise, Progress and Construction, Written with the Aid of the Records of the India Office* (London, 1868), p. 3.

2) Daniel Thorner, *Investment in Empire: British Railway and Steam Shipping Enterprise in India, 1825-1849* (Philadelphia, 1950), p. 12.에서 재인용.

콜럼버스가 찾기 위해 애썼으며, 바스코 다 가마가 찾고 나서는 포르투갈, 네덜란드, 프랑스, 영국이 수차례에 걸쳐서 그 소유권을 놓고 싸운 귀중한 곳이었다. 그러나 다 가마 이후 3세기가 지나도록 인도에서 유럽인들의 영향력이 미친 곳은 대부분 해안 지역에 불과했으며 봄베이, 마드라스, 콜카타, 그 외 다른 항구의 안쪽으로 들어갈수록 영향력은 약해졌다. 내륙 교통의 어려움이 유럽인들의 진출을 크게 가로막고 있었다.

인도에는 아프리카에서의 질병疾病의 장벽과 비길 정도로 침투를 막는 강력한 장애물은 없었다. 데칸고원은 벵골만 쪽으로는 경사가 완만하고 서쪽 가장자리는 넓은 고원지대이다. 갠지스 평원도 마찬가지로 접근이 가능한 지역이다. 그렇지만 내륙으로의 진출을 막는 장애물이 몇 가지 있었다. 건기乾期 동안에는 비포장도로를 걷든지 우마차를 타든지 동물에게 짐을 싣고 갈 수 있었다. 그러나 비 오는 여름의 몬순 기간에 이 도로들은 통행이 불가능한 곳이 되었다. 인도의 강들은 갠지스 강을 빼고는 건기에는 항행을 할 수 없었다. 증기가 들어오기 이전에 인도의 자연 발생적 오솔길들은 천천히 여행하고 소통을 하는 데는 적당했다. 그러나 화물을 경제적으로 운송하는 데는 맞지 않았다. 곡물은 우마차로 50마일 이상을 운반할 수 없었다. 50마일 이상이 되면 사료의 양이 실어 나르는 양보다 더 많았기 때문이다. 봄베이로 운반되는 면화는 먼지가 묻어 너무 더러워지거나 비에 젖어 거의 쓸모가 없게 되었다. 아편, 인디고, 셸락shellac 같은 값비싼 물건들만 장거리 운송료를 내고 운반할 수 있었다. 인도는 고립된 마을들로 구성되어 있고 자급자족 농업이 이루어지던 땅이었다.

서양에서는 1840년대 철도 건설 붐이 일었는데, 그 대부분이 영국에서였다. 철도에 열광한 사람들은 전 지구를 철도 레일과 증기를 뿜으면서 덜걱거리며 나아가는 기차로 뒤덮게 되기를 꿈꾸었다. 그리고 영국의 소중한 식민지 인도보다도 이 새로운 발명품이 절실히 필요한 지역은 없어 보였다. 인도에 철도망을 건설한 것은 식민지 시기의 가장 기념비적인 사업으로 이 일을 위해 19세기의 가장 큰 국제 자본이 흘러 들어갔고, 그 결과 미국, 캐나다, 러시아에 이어 지구상에서 네 번째로 긴 철도망이 만들어졌다. 너무 가난해서 일반 대중들은 자동차를 사거나 비행기로 여행을 할 수 없는 오늘날의 인도는 세계에서 철도 의존도가 가장 높은 나라이다. 그러나 이렇게 명백하게 유용한 점이 있음에도 불구하고 이 철도망은 역사가들 사이에 논란거리로 남아있다. 인도의 철도망은 식민지 경영의 거대한 규모와 고통을 증명하기 때문이다.

인도의 철도는 서로 다른 몇 가지 이해관계가 함께 모여 만들어졌다. 이상주의자, 철도 사업 후원자, 언론인들이 철도를 원했는데 이들의 논리는 종종 애매하기도 했다. 한 예로, 그레이트 인디언 페닌술라 철도의 후원자였던 존 챕맨John Chapman은 1850년에 "철도 건설은 두 가지 희망을 줍니다. 하나는 명예로운 능력을 획득하는 것이고, 두 번째는 인도에 사는 우리 동포들에게 현대의 가장 위대한 발명품이 가진 장점을 알게 하는 것입니다" 라고 썼다.[3] 『이코노미스트Economist』는 1857년에 인도에서의 철도는 "영국의 예술, 영국 사람, 영국의 견해"를 퍼트릴 것이라고 썼고, 엔지니어 데이비슨은 "영국 통치의 확고하고 변하지 않는 기념물"로 보았다.[4]

---

3) J. Chapman, "Letter to the Shareholders of the G I. P. R." (London, 1850), W. J. Macpherson, "Investment in Indian Railways, 1845-72," *Economic History Review* 2nd series no. 7 (1955):182에서 재인용.

4) Macpherson, p. 177; Davidson, p. 4.

다른 사람들은 철도에 직접적인 금전적 이해관계가 있기도 했다. 인도 거주 영국 상인들과 런던의 동인도 관련 무역회사들은 철도는 자신들의 사업을 인도 내륙의 도시로 확장시킬 수 있는 수단으로 보았다. P&O는 새로 인도에 들어가게 되면서 콜카타 북서쪽의 라니간즈Raniganj의 석탄광산으로 가는 철도에 큰 관심을 가지고 있었다. 칼, 포크, 부엌 용품, 화기, 여러 가지 금속제 상품 제조업자들은 인도 아대륙의 내륙에서 큰 시장의 가능성을 보았다. 그러나 그 중에서도 가장 크게 인도 철도 프로젝트를 지지한 사람들이 랭커셔의 면산업을 이끄는 대기업 집단이었다. 그들은 인도의 대중들에게 자신들의 상품을 팔고, 미국보다 더 신뢰할 수 있는 면화 공급지라는 이중의 목적을 가지고 지지했다. 1846년 미국 면화의 대흉작으로 인해서 봄베이에서 면화 생산지까지 철도를 놓자는 주장에 큰 힘이 실리게 되었다. 1848년 랭커셔의 상인들은 인도의 봄베이에서 면화 생산지까지의 철도를 "맨체스터에서 리버풀까지 자신들의 철도를 연장하는 것 정도로 생각하고 있다고" 챕맨은 평했다.[5]

마지막으로는 군사적인 동기이다. 철도가 가진 전략적 장점은 독일, 러시아, 미국 서부 역사의 익숙한 주제인데, 인도에서도 철도는 강력한 동기이다. 인도 총독이었던 댈하우지Dalhousie는 1853년 "(동인도회사) 이사회에 보내는 문서"에서 철도를 놓게 된다면 "어떤 일이든지 그 일에 대한 완전한 정보가 지금보다 다섯 배는 빨리 정부에 전달될 것이며, 어느 곳이든 군사력을 집중시키는 것도 지금은 수개월이 걸리지만, 철도를 놓게 되면 며칠이면 될 것"이라고 썼다.[6] 댈하우지의 예언은 1857년 인도인들의 대항쟁 때 실현이 되었

---

5) Thorner, p. 96에 인용되어 있다; Thorner, pp. 8, 18-23, and 112-13, Macpherson, pp. 182-85도 보라.

6) Davidson, p. 87에 인용되어 있다.

고, 이로 인해 1858년과 1859년에 철도 건설 붐이 일어났다.[7]

인도의 철도망 건설을 이끈 사람은 롤런드 맥도널드 스티븐슨 Rowland Macdonald Stephenson이었는데, 철도 엔지니어로 유럽에서 인도와 중국까지 철로를 놓는 것을 꿈꾸었던 이상주의자이기도 했다. 그가 했던 노력들은 많은 점에서 증기선의 왕래를 시작하고자 했던 것들과 닮았는데, 1842년에 P&O가 영국과 인도 사이의 증기선 왕래를 위한 계약을 따내서 열매를 맺었다. 스티븐슨은 1841년 동인도회사의 이사회에 인도의 철도에 대해 보조금을 청했으나 거절당했다. 스티븐슨은 청원운동을 하기로 했다. 『잉글리쉬맨The Englishman』이라는 신문에 콜카타에서 외부로 뻗어나가는 철도망에 대한 자신의 계획을 싣고, 사업과 안보의 논리로 그 계획에 대한 정당성을 부여했다. 그의 계획은 벵갈 정부와 콜카타 상인들의 전폭적인 지지를 받았다. 그러고 나서 스티븐슨은 런던의 몇몇 사업가의 지지를 등에 업고 동인도회사 이사회에 새로운 철도회사를 위한 제안서를 제출했다. 이때 이익의 4퍼센트는 자신에게 주겠다는 보증을 대담하게 요청했다. 동인도회사는 그 제안서를 받아들이지 않았음에도 불구하고, 1845년 3월에 동인도 철도회사East Indian Railway Co를 설립했다. 그즈음에 존 챕맨이 이끄는 또 다른 집단은 그레이트 인디언 페닌슐라 철도회사를 설립했고, 봄베이에서 방사상으로 뻗어나가는 철도를 놓을 계획이었다. 그해 말 스티븐슨은 콜카타에서 델리까지의 구간을 측량하기 위해 인도에 갔고, 이 회사의 주주들에게 호의적으로 보고했다. 그 사이에 챕맨은 인도 서부 반쪽을 측량하기 위해 엔지니어 클락G. T. Clark과 봄베이로 갔다.

동인도회사는 이익을 보증하면서 승인할 일만 남았다. 그래서 지

---

7) Macpherson, p. 179.

지자들은 강력한 선전전宣傳戰을 조직하고 『타임스』, 『이코노미스트』와 많은 은행가, 사업가, 철도 엔지니어, 랭커셔와 영국 중부지방 출신 의회 의원들의 지지를 끌어냈다. 그러한 로비의 결과 동인도회사는 1847년 그 일을 추진해 온 사람들에게 이익의 5퍼센트를 보장하고 땅과 다른 시설들을 무료로 주기로 했다. 1849년 챕맨의 그레이트 인디언 페닌슐라 철도회사는 봄베이에서부터 34마일 떨어진 칼리안Kalyan까지 철도를 건설하도록 승인을 받았다. 1852년 2월에 공사가 시작이 되어 1853년 4월에 첫 구간 타나Thana까지 24마일의 기차 운행이 시작되었다.

금융 문제와 정치적 장애물이 제거되자 몇몇 회사들이 추가로 생겼는데, 마드라스 개런티드Madras Guaranteed가 1852년에, 봄베이, 바로다Baroda, 센트럴 인디아는 1855년, 신드, 펀잡, 그리고 델리는 1856년, 1858년에는 이스턴 벵갈과 그레이트 서던 오브 인디아Great Southern of India가, 콜카타와 사우스-이스턴Calcutta and South-Eastern은 1859년에 추가된 회사들이었다. 이 회사들은 모두 이익의 4.5퍼센트나 5퍼센트를 보장받았고, 손해를 볼 경우에는 인도 재무성이 보상을 하고 잉여금은 철도회사와 인도 재무성이 똑같이 나눈다는 보장도 함께 받았다.8)

비판의 대상이 되어 온 것은 철도 자체가 아니라 이 이익보장 정책으로, 특히 인도 역사가들이 그 부분을 비판했다. 비판자들은 이익보장 정책 때문에 대부분 부유한 영국인들이었던 인도 철도회사의

---

8) 첫 인도 철도의 조직과 금융에 대해서는 다음의 자료들을 보라. Thorner, pp. 44-61, 126, 140-47, 169, and 177; Roland Chunder Dutt, *The Economic History of India in the Victorian Age*, 3rd ed,(London, 1908), pp 174-75; M. A. Rao, *Indian Railways* (New Delhi, 1975), pp. 14-20; and J. N. Westwood, *Railways of India* (Newton Abbot and North Pomfret, Vt., 1974), pp. 12-17.

주주들은 회사가 사업을 잘 못하더라도 인도의 납세자들이 낸 세금으로 그 손실을 보상 받을 수 있었기 때문에 "어떻게 하든 손해를 보지 않는 게임"이었다고 비판했다. 게다가 이익보장 정책은 부패, 낭비, 사치를 조장했다면서 한 비판자는, "투자가에게는 자신이 빌린 자금이 후글리 강에 던져지든지 그 돈이 벽돌과 회반죽이 되든지 중요하지 않았다"고 말하기도 했다.9)

반대로, 이익보장 정책을 지지하는 사람들은 인도 철도에 투자된 자본—1845년에서 1875년 사이에 약 9천500만 파운드가 투자되었다—은 이런 방식이 아니고는 결코 영국을 빠져나갈 수 없었을 돈이라고 주장했다. 이들은 위험이 따르는 철도 건설에 대한 투기가 이 돈 때문에 인도 정부의 지불 능력과 인도 정부의 인도인들에 대한 과세 능력을 높이는 투자로 바뀔 수 있었다고 주장한다. 그리고 이익보장 정책으로 인도의 철도회사들은 1870년 이전의 어떤 외국의 철도회사나 식민지 철도회사들보다도 저리에 자금을 조달할 수 있었다고도 주장한다. 인도 재무성이 철도회사들에게 초기에 보조금을 주어야 하기는 했지만, 보조금은 철도의 사회적 가치에 의해 정당화되었다. 철도의 사회적 가치는 보조금의 재정적 이익보다도 중요했다.10)

이익보장 문제를 접어두면 인도가 적당한 비용으로 잘 건설된 철도망을 소유하게 된 것은 사실이다. 인도 지역은 토지가 평탄하고 노동력이 풍부했기 때문에 건설은 대부분 쉬웠다. 그러나 두 종류의 지형이 엔지니어들을 힘들게 했다. 그 중 하나는 데칸고원 가장자리

---

9) 이익보장 정책에 반대하는 주장들에 대해서는 다음의 자료들을 보라. Dutt, pp. 353-56 and Rao, pp. 25-27.

10) 이것은 Macpherson, pp 177-81의 주장이다. Thorner (ch. 7)와 Westwood (pp. 13-15 and 37)은 좀 더 균형 있는 입장을 취한다.

에서 1천800에서 2천 피트 높이로 날카로운 절벽을 이루며 해안 평원으로 떨어지는 서西고츠산맥 지대였다. 그레이트 인디언 페닌슐라 철도회사의 책임 엔지니어였던 제임스 버클리James T Berkley는 이 절벽의 두 지점에서 대결하기로 했는데, 델리 쪽으로 툴고츠Thull Ghât 와 마드라스 쪽으로 보레고츠Bhore Ghât였다.11) 높이가 972피트인 곳이 9천326마일이나 되는 툴고츠에는 13개의 터널과 8개의 고가교高架橋가 필요했으며, 15.86마일을 1천831피트까지 올라가는 보레고츠에는 25개의 터널과 8개의 고가교가 필요했다. 가장 가파른 곳에는 Y자 모양의 스위치백12)을 이용했다. 이 방법은 가파른 곳에서 기차가 정거한 후 기관차의 방향을 뒤로 해서 다음 구간을 후진으로 오르는 방법이었다.

경사가 심한 곳에서의 철도 건설은 유례없는 노력이 요구되었다. 보레고츠에서는 한때 4만 2천 명의 노동자가 일하기도 했으며, 길을 내고 터널을 뚫는 작업을 위해 하루에 2.5톤의 화약이 필요했다. 보레고츠 철도 공사는 7년간의 혹독한 작업 뒤에 마침내 1863년에 끝이 났고, 툴고츠는 1865년에 끝이 났다.13)

또 다른 자연적 장애는 홍수로 자주 범람하는 인도의 큰 강들이었다. 이 강들 위에 철도를 건설하기 위해서 엔지니어들은 유럽과는

---

11) 역주: 봄베이와 마드라스를 잇고 콜카타와 델리를 잇기 위해서 필요했다.

12) 역주: 스위치백은 우리나라에서도 2012년 7월까지 강원도의 흥전역과 나한정역 사이에 운영되었던 방식이다. 그러나 현재는 2012년 6월 27일 솔안 터널이 개통이 되면서 사용하지 않는다.

13) 역주: 이 외에 다른 어려움으로 더위, 우기(雨期) 전염병(콜레라), 산사태, 파충류 등이 있었다. 한 예로 1859-60년의 우기에 창궐한 콜레라로 인해 작업인부 4만 명 중 30퍼센트가 죽기도 했다.-Paul Hastings, *Railroads: An International History* (London, 1972), p.85.

비교도 되지 않는 다리와 통로들을 건설해야 했다. 36개의 100피트 짜리 경간徑間으로 이루어진 크리슈나Krishna 강의 다리는 그 길이가 3천855피트였다. 줌나Jumna 강에는 두 개의 다리를 놓았는데 한 다리는 250피트짜리 경간이 10개, 다른 다리는 12개로 되어 있었다. 고츠와 강을 정복한 것은 철도 건설에서 가장 기념비적인 일인데, 인도인들의 노동과 영국 엔지니어들의 기술과 용기로 이룬 일이었다.

다른 곳에서는 큰 어려움이 없었다. 동인도 철도회사East India Railway는 1854년에 콜카타에서 출발해서 121마일 떨어진 갠지스 강가의 라니간지Raniganj까지 이르는 노선을 건설하는 것으로 시작해서 12년 뒤에는 1천130마일 떨어진 델리까지 나갔다. 그곳에서 1870년에 봄베이에서 출발한 그레이트 인디언 페닌슐라 철로의 철도와 만났다. 다음 해에는 봄베이와 마드라스가 철도로 연결되었다. 1872년에 이르면 인도는 총 5천 마일이 넘는 철도를 가지게 되었다.

첫 인도 철도 노선들은 엄격한 기술 기준에 따랐는데, 작업 감독을 인도군Indian Army[14]의 엔지니어들이 했기 때문이다. 또한 이 철도들은 세계에서 가장 넓은 궤간guage 가운데 하나였던 1.67미터(또는 5.5피트)로 건설되었는데, 인도 아대륙의 크기에 맞는 속도와 하중을 고려해서 나온 것이었다. 그리고 비용도 다른 모든 요소들을 고려하면 적당한 것이었다. 인도 정부의 지지 덕분에 철도회사들은 법률 비용이 필요가 없었고 땅도 무료였으며, 값싼 노동력을 이용할 수 있었다. 1868년까지 건설되었던 인도의 철도에 들어간 비용은 마일당 평균 1만 8천 파운드였다. 이에 비해 영국의 경우는 마일당 6만 2천 파운드로 인도의 경우와 비교가 된다.[15]

---

14) 역주: 독립 후의 인도 군대와 다른 식민지 군대.
15) 1871년까지의 인도 철도의 건설에 대해서는 다음의 자료들을 보라. Frederick Arthur Ambrose Talbot, *Cassell's Railways of the World*, 3

큰 줄기의 철도가 성공적으로 건설되었다고 해서 이익보장 제도에 대한 비판이 사라졌던 것은 아니었다. 1869년 로렌스 총독Lawrence은 이익보장 제도를 폐지하자고 제시했다. 그는 이익보장 제도란, "이익은 전부 회사들로 가고 손해는 모두 정부로 돌아오는 방식"이라고 말했다.16) 이런 이유로 인도 정부가 직접 철도 건설을 맡아 1869년부터 1880년까지 전체 철도망에 2천175마일을 더했다. 이 일에 동기를 부여한 것은 부분적으로는 기근 지역의 사람들에게 음식을 공급해야 하는 일이었다. 기근 시에는 황소들도 굶어 죽어 전통적인 음식 운반 수단이 사라졌기 때문이다. 비용을 절약하기 위해서 새로운 노선들은 협궤 철도로 만들어졌고17) 이로 인해 인도에는 두 개의 서로 다른 철도 규격이 존재하게 되었다. 이 두 철도를 연결하는 곳에서는 지연과 상품이 도난당하는 일도 일어나게 되었다. 그런 식으로 정부가 하는 건설은 비효율적이어서 1880년 인도 정부는 이익보장제를 다시 실시하고 기존의 사유 철도를 사들여서 이전의 철도 소유자들이 그들의 이전 노선을 관리하도록 계약을 맺었다.

1902년에 이르면 영국령 인도(오늘날의 인도, 파키스탄, 방글라데시, 미얀마)에는 총 2만 5천936마일의 철도가 있었는데, 이것은 나머지 아시아 전 지역의 철도보다도 긴 것이었고 아프리카의 세 배, 일본과 비교해도 총 길이나 1인당 철도 모두에서 더 긴 것이었다. 전체 길이의 3분의 1에 해당하는 주요 간선 철도는 정부 소유였다. 인도

vols. (London, 1924), 1:72-83 and 140-150; Davidson, pp. 231-78; Rao, pp 20-23; and Westwood, pp. 18-35.

16) Rao, pp. 27-28.

17) 역주: 일반적으로 철도의 폭은 1.435mm의 표준궤가 많이 사용되는데, 예전에는 여객이 많지 않은 곳이나 식민지에 폭 1,000mm정도의 협궤를 사용하기도 했다. 협궤의 경우는 노반을 조성할 때, 표준궤보다 비용이 덜 들었다.

철도의 역사를 살펴보면 19세기를 자유기업의 시대라고 하는 것이 위험한 일임을 알게 된다. 제국은 국가 자본주의와 사적 자본주의의 혼합 경제 위에 세워지고 유지되었고, 이 혼합 경제는 민간 부문의 효율성과 탐욕을 정부의 비효율성과 사회적 양심으로 완화하고자 하는 목적을 가지고 있었다.[18]

철도는 철로와 기차 이상의 것이다. 철도는 완전히 새로운 생활 방식이며 새로운 문명의 선구이다. 식민지 상황에서 인도에 철도가 건설된 것을 고려할 때 인도 사회에 미친 영향은 유럽에 철도가 미친 영향과는 매우 다르다. 철도가 인도 사회에 미친 영향에 대해 살펴보기로 하자.

19세기 중반의 많은 진보적 서양인들은 철도가 인도에 산업혁명을 일으킬 것이라고 믿었다. 철도 엔지니어였던 에드워드 데이비슨은 철도에 대해 이렇게 선언했다.

서양 세계의 여러 왕국에 개선되고 확장된 통신 수단이 도입되었을 때, 기업을 장려하여 생산이 증가하고, 잠재적인 부富를 발견하는 것과 사회 개발이 진행되는 특징이 나타나는 것을 보았다. 철도는 바로 그때와 같은 일을 제국 내에 확실하고 빠르게 일어나게 할 것이다.[19]

그리고 1853년에 칼 마르크스Karl Marx는 이렇게 예상했다.

나는 영국 공장주 지배집단millocracy이 인도에 철도를 건설하려는 이유

---

18) 1871년 이후의 인도 철도에 대해서는 다음의 자료들을 보라. Rao, pp. 13-14, 24-31, and 268-29; Macpherson, p. 177; Dutt, pp. 246-50; Westwood, pp. 42-58; Carl E. McDowell ad Helen M. Gibbs, *Ocean Transportation* (New York, 1954), pp. 37-38; and W. Woodruff, *Impact of Western Man: A Study of Europe's Role in the World Economy 1750-1960* (London, 1966), pp. 233 and 253.

19) Davidson, pp. 87-88.

가 자신들의 제조업에 필요한 면화와 다른 원자재를 적은 비용으로 빼앗으려는 목적 때문임을 알고 있다. 그러나 철과 석탄을 소유한 한 나라를 움직이는데, 기계류를 일단 도입하기만 하면 그 나라가 기계를 제조하는 것을 막을 수 없게 된다. 기차를 움직이는데 필요한 것들을 구비하기 위해서는 거기 필요한 모든 공업적 방법들을 도입해야 한다. 이 과정을 통해서 철도와 관련 없는 곳에도 기계를 사용해야 하는 일이 점점 많아지게 되어 있다. 그런 일을 원하지 않는다면 그 큰 나라에 철도망을 운영할 수 없다. 그렇기 때문에 철도망은 인도에 진정한 근대 공업의 선구자가 될 것이다.…… 철도망에서 나온 근대 공업은 인도의 발전과 인도의 세력 강화를 결정적으로 방해한 카스트 제도에 기초한 세습적 노동 분업을 해체하게 될 것이다.[20]

애석하게도 그런 일은 전혀 일어나지 않았다. 인도의 철도에 사용된 거의 모든 사적 자본은 영국에서 조성한 것으로, 1868년 인도 철도회사의 5만 명의 주주들 가운데 인도인은 400명뿐이었고 주식은 런던에서만 거래되었다. 철도회사들, 동인도회사, 그리고 영국 정부의 정책도 영국인 하청업체와 계약하고 인도인 기업은 저지하는 것이었다. 철도 건설을 위한 자본의 5분의 2는 영국에서 사용되었다. 숙련 노동자들, 현장 감독, 엔지니어들도 영국에서 데려왔고 이들에게는 영국 내 임금의 두 배와 오가는데 드는 비용, 의료비, 용돈까지 지원했다. 철도, 기관차, 차량, 그리고 다른 철제 상품들도 수입된 것이었다. 침목枕木으로 쓸 목재는 인도의 목재상들을 신뢰할 수 없었기 때문에 철도회사들은 발트 해 지역의 전나무를 사서 부패를 막기 위한 크레오소트 처리를 영국에서 한 다음, 인도로 가져왔다. 심지어 석탄도 값이 싼 인도산보다 영국산을 선호하는 경우가 있었다.[21]

20) Karl Marx, "The Future Results of British Rule in India." *New York Daily Tribune*, August 8, 1853, p. 5.

21) Westwood, pp. 31-37; Macpherson, p. 177; Rao, p. 14; Davidson, pp. 110-11; and John Bourne, C. E., *Indian River Navigation: A Report*

철도회사들은 인도에서는 화물 운송료를 상당히 낮추었는데, 이 점은 스티븐슨이 동인도회사 이사회에 편지를 썼을 때 그의 주요 주장 중에 있었다.

…… 인도 사람들은 가난합니다. 광대한 땅덩어리에 드문드문 흩어져 살고 있습니다. 그러나 인도에는 귀중한 생산품이 많습니다. 그런데 이 귀중한 생산품들은 싸고 빠른 운송 수단이 없어서 좋은 시장을 못 만나고 있습니다. 그렇기 때문에 철도 이용료는 현재로는 승객들이 아닌 상품의 운송에서 받아야 할 것 같습니다.[22]

우드러프Woodruff는 인도에서의 내륙 운송비용을 미국식 톤마일 short-ton mile[23]당 센트cents로 계산했다. 1830년대에는 12센트가 들었는데 1860년대에는 8센트, 1874년에는 2센트, 1900년에는 0.8센트로 하락했다.[24] 마찬가지로 폴 베이록Paul Bairoch도 주로 1860년에서 1880년 사이에 육상 운송비용이 대략 20대 1로 떨어졌음을 지적

Addressed to the Committee of Gentlemen Formed for the Establishment of Improved Steam Navigation upon the Rivers of India, Illustrating the Practicability of Opening up Some Thousands of Miles of River Navigation in India, by the Use of a New Kind of Steam Vessel, Adapted to the Navigation of Shallow and Shifting Rivers (London, 1849), pp. 26-27.

22) Horace Bell, Railway Policy in India (London, 1894), pp. 3-4에서 재인용.

23) 역주: 우리가 상식으로 알고 있는 1톤=1000kg은 국제 표준인 metric ton이다. 이에 대해 long ton으로 불리는 영국식 1톤=2,340파운드=1,016kg이고, short ton으로 불리는 미국식 1톤=2,000파운드=907kg이다. 이들과 구별하기 위해 국제 기준인 metric ton은 tonne으로 나타내기도 한다. '톤마일'은 1톤의 화물을 1마일 옮긴 것을 나타내는 단위이다. 여기에서는 미국식 톤마일이라고 했으니 907kg을 1마일 옮기는 데 미국의 화폐단위 센트로 얼마가 들었느냐를 기준으로 계산, 비교했다는 뜻이다.

24) Woodruff, p. 254.

했다.25) 이러한 운송비의 하락은 우드러프의 믿음처럼 인도의 산업화에 기여한 것이 아니라 인도가 영국 산업에 종속되도록 만들었다. 인도는 원면原綿, 황마, 곡물, 그리고 다른 농산품을 수출하고 면직물, 금속제품, 제조된 가공품을 영국으로부터 수입했다. 이 과정에서 인도의 전통 수공업이 많이 고사枯死하였다. 일자리를 잃은 전통 기능인들은 도시로 밀려들었지만, 그곳에도 일을 줄 새로운 산업체들은 거의 없었다.26) 1853년 마르크스는 "영국은 인도에 이중의 사명을 가지고 있는데, 하나는 파괴적인 것이고 다른 하나는 부흥시키는 것, 즉 오래된 아시아식 사회를 지우고 아시아에 서양 사회의 물질적 기초를 놓는 것이다"라고 예측했다.27) 이 프로그램에서 파괴하는 것은 완수되었지만, 다른 반쪽의 임무는 영국의 지배가 끝나기를 기다려야 했다.

스티븐슨의 예상과는 반대로 여객 운송 수입이 철도회사들의 주요 수입원이 되었다. 인간의 이동을 무한정 막아온 자연의 구속에서 자유로워진 인도인들은 도시와 순례지로 물밀듯이 밀려들었다. 브라만, 불가촉천민, 그리고 신분이 다른 사람들이 같이 앉지 않을 것이라고 예상했던 사람들의 추측도 틀린 것으로 드러났다. 철도회사들이 카스트 제도에 대해 유일하게 인정한 것은 식사 시간에 몇 분씩 정차한 것이었다. 승객들이 내려서 자신들의 전통적인 방식으로 식사할 수 있도록 해 준 것이다.28)

철도회사가 여러 신분과 지역을 하나로 묶어 주었다고 하더라도

---

25) Paul Bairoch, *Révolution industrielle et sous-dévelopement*, 4th ed. (Paris, 1974), p. 179.

26) Woodruff, p. 233; Bairoch, pp 173-97.

27) Marx, p. 5.

28) Westwood, pp. 23 and 71.

새로운 카스트 제도가 발생하게 했는데, 오래된 종교 규정에서 만들어진 것이 아니었다. 철도 노동자들은 인도인들이었으나 큰 역의 역장, 고속 기차의 기관사, 관리직 같은 최고의 자리는 영국인들이 차지하고 있었다. 철도회사들은 대부분 영국인들이었던 1등 칸 승객에게는 의도적으로 밑지는 영업을 하고, 그 손실을 가난한 인도인들로 꽉 찬 3등 칸을 통해서 보충했다. 그리고 역에는 1등 칸에 탈 승객용 대합실과 "숙녀 전용 대합실"의 혜택을 누릴 수 있었고, 3등 칸에 탈 승객들은 비바람도 제대로 막을 수 없는 대합실과 "여자용"의 대기실에서 기다려야 했다.[29] 사실상 철도는 "영국의 통치를 확실하고 변함없이 보여주는 기념물"이었다. 인도의 반영국 민족주의가 철도의 등장과 동시에 나타난 것이 우연의 일치였을까?[30]

---

29) Westwood, pp. 72-73 and 81-82.
30) 이 점에 대해서는 Westwood, pp. 38-40을 보라.

14장

아프리카의 교통 : 꿈과 현실

19세기 식민주의자들에게 아프리카는 적어도 인도만큼의 새로운 운송 체계를 필요로 했다. 그들은 사하라 사막 남쪽의 토착 운송 방식이 전혀 만족스럽지 못한 것을 발견했다. 강의 카누는 너무 작고 느렸다. 체체파리는 짐 나르는 동물을 방해했고, 그 때문에 물건과 백인이 이동하는데 사람이 동원되어 동물의 역할을 했다. 사람을 짐꾼으로 쓰는 일은 도덕적으로도 나쁜 일이었을 뿐 아니라(모든 유럽인들이 이 점을 나쁘게 생각한 것은 아니지만) 실제로도 나쁜 일이었다. 짐의 이동 경로에 있는 지역에서는 신체가 건장한 남성들이 고갈되었고, 강제로 데려다 싫어하는 일을 시키기도 했다. 다른 남성들은 짐꾼을 조달하는 사람들을 피해서 도망을 가기도 했다. 인구가 적은 지역에서는 짐꾼 행렬이 음식을 빼앗고, 음식을 만드는 사람을 데려갔기 때문에 그들이 가고 나면 영양실조에 걸렸다. 또 이 짐꾼 행렬은 지나가면서 매독, 수면병, 천연두, 그리고 다른 질병을 퍼뜨렸다. 결국, 인간을 이용한 화물의 운반은 비효율적이었고, 값비싼 것이었다.

그래서 인도에서와 마찬가지로 아프리카에서도 식민주의자들의 생각은 철도로 향했다. 1876년의 브뤼셀 회의Brussels Conference 보고서도 "사람을 통한 짐 운반을 경제적이고 빠른 운송 수단으로 대체하기 위해서는 철도를 건설할 것을" 권했다.[1] 철도 전문가 발저Balzer는 상황을 수치로 나타냈다. 그의 지적에 따르면 짐꾼들은 하루 평균 25~30킬로미터(15~20마일)의 거리를 가면서 25~30킬로그램(50~70파운드)을 나를 수 있었다. 그러나 기차는 평균적으로 한 시간에 20킬로미터(13마일)를 가면서 50톤의 화물을 실어 나를 수 있어서 짐꾼 1만 3천333명의 일을 할 수 있다고 했다.[2]

문제는 아프리카의 어느 곳이 1만 3천333명의 짐꾼이 일을 할 적재량이 있는 확실한 곳인가였다. 철도는 기반시설에 대한 막대한 투자를 필요로 하고, 수지가 맞으려면 상당한 수송량이 있어야 한다. 그러한 수송량은 도시처럼 승객들과 가공 상품, 또는 농산물과 광산 자원처럼 원자재일 수 있다.

열대 아프리카 지역에 건설된 철도의 대다수는 앞에서 두 번째로 말한 원자재를 취급했다. 서부 아프리카에는 땅콩과 야자유를 나르는 철도가 있었고, 카탕가Katanga와 로디지아에서 해안까지는 구리를 나르는 철도가 있었고, 수단과 우간다에는 면화를 나르는 철도가 있었다. 이 철도 노선들은 카탕가에서 남아프리카 노선처럼, 노선이 매우 긴 경우에도 근본적으로 한 가지 목적에 이용되는 노선으로, 아

---

1) André Lederer, Histoire de la navigation au Congo (Tervuren, Belgium, 1965), p. 129. 1889-90에도 동일한 권고가 있었다. 다음의 자료를 보라. Olufemi Omosini, "Railway Projects and British Attitudes Toward the Develoment of West Africa, 1872-1903," *Journal of the Historical Society of Nigeria* 5(1971): 502.

2) F. Balzer, *Die Kolonialbahnen mit besonderer Bericksichtigung Afrikas* (Berlin ad Leipzig, 1916), pp. 21-22.

프리카 지역에서 나온 산물들을 유럽으로 실어 나르는 해운회사를 위한 지선支線들이었다.

1914년 이전에는 또 다른 중요한 존재 이유라고 할 수 있는 인구의 중심지를 잇는 역할을 하는 철도가 아프리카에는 없었다. 아프리카 내륙에는 읍이라고 할 곳도 거의 없었고 도시도 없었다. 광산이나 플랜테이션 지역을 벗어난 곳에 철도가 건설된다면 그 철도는 스스로 수요를 만들어내야 했다. 많은 사람들이 철도 주변으로 모이게 하거나 예전에 마을이 흩어져 있던 곳에 도시가 생겨나게 해야 했다. 그랬기 때문에 아프리카에서의 식민주의자들은 자신들의 절박한 수송 요구와 철도의 경제성 사이에서 곤란을 겪었다. 그 결과 철도 건설 계획이 많기는 했지만 실제 완성된 것은 몇 안 되었다. 미래의 이익에 대한 꿈같은 생각이나 비경제적인 이유 때문이었다.

1873년 가넷 울즐리 경Sir Garnet Wolseley은 아샨티족과의 전투를 위해서 병력과 물자를 수송할 협궤 철도를 골드 코스트의 케이프 코스트에서 프라 강까지 놓자고 제안했다.3) 비록 이 노선은 건설되지 않았지만, 군사철도는 나중에 영국에 의해 수단에, 이탈리아에 의해 동부 아프리카에, 프랑스에 의해 세네갈에서 니제르 강 계곡 쪽으로 건설되었다. 노예무역을 서둘러 근절시키기 위해 우간다에 건설된 철도 노선과 프랑스가 내륙 교역에 손을 대지 못하도록 영국령 서부 아프리카에 건설된 철도 노선이 앞의 것들과 용도가 다른 철도 노선들이었다. 이 모든 경우에 철도는 발전의 주체agent, 그 당시의 전문적 용어로는 문명화의 주체로 간주되었다. 독일인 발저는 "식민지의 철도는 국가의 합리적인 식민 정책의 경제적, 정치적 목적을 달성하는 주요 수단이다"라고 썼으며, 프랑스인 라이온엘 비너Lionel

---

3) Omossini, p. 493.

Wiener는 "특별히 철도는 문명을 몰고 온다.……"라고 선언했다.4)

아프리카에서의 첫 철도는 인도까지의 홍해 루트의 일부로 1850년대에 건설되었던 알렉산드리아-카이로 노선이었다. 그리고 1850년대와 1860년대에 남아프리카에는 짧은 노선이 몇 개 건설되었고, 그리콸랜드 서쪽West Griqualand에서 다이아몬드가 발견되고 난 뒤인 1870년대와 요하네스버그에서 금이 발견된 1880년대에 남아프리카에서 대대적인 철도 건설 붐이 일었다. 19세기가 가기 전에 남아프리카는 알제리처럼 이미 상당한 철도망을 갖추게 되었다.5)

열대 아프리카 지역에서는 프랑스인들이 한 동안 가장 열심히 철도를 건설했다. 1879년에 수단 서부로의 진출을 시작한지 얼마 되지 않아 세네갈에서부터 내륙으로 철도를 건설할 계획을 세웠다. 그들의 첫 번째 노선은 1885년에 준공한 거리 163마일의 생-루이에서 다카르까지의 철도였다. 또 다른 노선인 세네갈 강변의 케스Kayes에서 니제르 강 상류의 쿨리코로Koulikoro까지의 철도는 1881년에 공사가 시작되어 1906년에 끝났다. 이 노선의 우선 목적은 비정복 지역을 관통하여 병력을 나르는 군사 철도였다. 프랑스령 기니의 코나크리Konakry와 니제르 강 상류를 연결했던 또 다른 노선은 1899년 공사가 시작되어 1914년에 완공되었는데, 주로 천연 고무를 수출하기 위한 것이었다. 이후 프랑스는 철도 공사를 비교적 적게 했다.6)

영국이 그 다음으로 아프리카에서 철도를 건설하게 되었다. 그들

---

4) Balzer, pp. 15-16; Lionel Wiener, *Les chemins de fer coloniaux de l'Afrique* (Brussels and Paris, 1931), p. 5.

5) Wiener, pp. 20-21 and 340-42.

6) Emile Baillet, "Le rôle de la marine de commerce dans l'implantation de la France en A. O. F.," *Revue Maritime* 135(July 1957):837; Wiener, pp. 82-93; and Jacques Mangolte, "Le chemin de fer de Konarky au Niger (1890-1914)," *Revue française d'histoire d'outre-mer* 55(1968):37-105.

은 1901년에 몸바사에서 케냐를 가로질러 빅토리아 호수까지 철도를 건설했다. 서부 아프리카에서 영국은 거대한 내륙의 땅을 차지하는 데 프랑스보다 늦었는데, 그들의 커다란 식민지 나이지리아에서는 강을 오가는 증기선의 도움을 받을 수 있었다. 서부 아프리카에서 영국이 프랑스보다 늦었던 데는 재정적인 이유도 있었다. 영국 정부는 인도에서 이미 이익보장 제도의 문제를 경험했기 때문에 서부 아프리카에서는 철도 투자에 대한 이익보장을 거절했다. 또 영국 본국 정부는 프랑스처럼 단순히 정치적인 이유로 식민지에 철도를 건설하는 것도 원하지 않았다. 그 결과 각 식민지는 세금, 관세, 대출을 통해서 철도 건설비용을 충당해야 했다. 조셉 체임벌린Joseph Chamberlain이 1895년에 식민성 장관이 되고 나서야 식민지 철도 건설이 본격적으로 시작되었다.[7]

독일도 식민지 철도 건설을 영국과 마찬가지로 늦게 시작했다. 독일이 건설한 첫 번째 식민지 철도는 남서아프리카[8]의 스바코프문트Swakopmund에서 빈트후크Windhoek까지의 철도(1897~1902)와 독일령 동아프리카[9]의 탕가Tanga에서 몸보Mombo까지의 철도(1894~1905)였다. 1904년 이후에는 앞의 두 식민지, 카메룬, 토고에서 철도를 건설하기 위해 전력을 기울였다.[10]

아프리카에서 독립을 유지했던 나라 에티오피아도 이 무렵 철도를 건설했다. 1894년에 메넬리크Menelik 황제는 에티오피아 제국회사Compagnie Impériale d'Ethiopie에 지부티에서 나일 강까지 철도 건설권을

---

7) Omosini, pp. 492-506.

8) 역주: Southwest Africa. 현재의 나미비아가 독일 식민지로 있을 때의 이름이다.

9) 역주: 오늘날의 부룬디, 루안다, 탄자니아 일부.

10) Balzer, pp. 27-29.

주었는데, 이 회사는 1907년에 파산했고 철도 건설은 프랑스 회사였던 지부티-아디스 아바바 간(間) 프랑스-에티오피아 철도회사Compagnie du Chemin de fer Franco-Ethiopien de Djibouti à Addis-Abéba가 이어 받아 1918년에 완공했다.11)

1914년에 이르면 아프리카는 이미 오늘날과 같은 형태의 철도를 가지게 된다. 아프리카 대륙의 북쪽과 남쪽에서는 상당히 완벽한 철도망이 주요 도시와 농업, 광업 지역들을 잇고 있었다. 1910~14년에 남아프리카는 7천586마일의 철도를 가지고 있었고, 그 뒤를 이어 알제리가 2천4마일, 이집트가 1천485마일, 남서아프리카가 1천474마일의 철도를 가지고 있었다.12) 1930년대의 통계를 보면 동일한 양상이 나타난다. 남아프리카는 1만 3천27마일, 알제리는 3천7마일, 이집트는 2천799마일, 벨기에령 콩고는 2천64마일, 남서아프리카는 1천680마일을 가지고 있었다.13) 사람 대비 비율로 보면 훨씬 더 강한 대조가 된다. 아프리카 전체로 보면 1만 명의 주민당 3.3마일의 철도가 있었다. 그러나 어떤 지역은 마일 수가 훨씬 더 짧았는데, 예를 들어 프랑스령 적도 아프리카는 1만 명당 단지 1.06마일, 프랑스령 서부 아프리카는 1.55마일, 그리고 이집트는 2.05마일이었다. 이에 비해 남아프리카는 18.4마일, 광산은 많았는데 인구는 얼마 되지 않았던 남서아프리카는 1만 명당 64.6마일의 철도가 있었다.14)

철도에 있어서 아프리카와 인도의 차이는 컸다. 인도는 철도 붐이

---

11) Wiener, pp. 134-37.

12) Balzer, pp. 98-99 and 463.

13) Col. J. Mornet, "L'outillage comparé des différents pays d'Afrique," *L'Afrique Française, Bulletin Mensuel du Comité de l'Afrique Française et du Comité du Maroc* 44 no. 10 (Oct.,.1934):580-84; Wiener, pp. 142 and 562-63도 보라.

14) Mornet, p. 581.

한창일 때 철도를 가지게 되었고, 식민지 상태를 벗어났을 때는 완벽하고 효율적인 철도가 있었다. 이에 반해 열대 아프리카 지역이 식민지 상태를 벗어났을 때는 유럽에 원자재를 공급하는 용도로만 사용되던 드문드문 흩어지고 연결되지 않는 철도만 있었다. 그리고 현재는 훨씬 더 적은 초기 비용을 들이고 트럭과 비행기로 철도가 했던 일을 똑같이 해내거나 더 잘 해내기 때문에 아프리카에 철도망을 개발하는 일은 긴 시간이 걸려야 할 것 같다.

아프리카에서의 근대적 운송 시스템에 대한 수요와 문제를 이해하기 위해서 콩고 강 유역이 열리는 과정을 보기로 하자. 콩고 강(자이르, 루알라바로도 불린다)과 그 지류들(우방기, 상가, 카사이 강과 다른 강들)은 세계적으로 항행이 가능한 강의 네트워크들 중에서도 가장 큰 것들 가운데 하나로 넓이가 서유럽만 하다. 이 콩고 강 유역에 들어갔던 유럽인들의 눈에는 이 강의 네트워크가 적도 아프리카의 중부를 개발해서 이익을 얻을 가능성이 커 보였다. 그러나 이 큰 강 유역은 바다에서 접근할 수 없었다. 강의 하구 수마일(킨샤샤와 마타디 사이)은 급류와 폭포로 인해 흐름이 끊어지기 때문이다. 니제르 강이 열리고 난 지 40년 정도가 지나서 이 강 유역이 탐험되었던 것도 바로 이런 이유 때문이었다.

헨리 스탠리는 1875~77년 사이에 횡단했던 이 지역에 필요한 기술이 무엇인지를 잘 알고 있었다. 그래서 그는 1882년에 "현재 상태에서는 콩고 강 유역은 2실링의 가치도 없다. 이익이 나올 상태로 만들기 위해서는 이 강의 하류와 상류에 철도를 놓아야 한다. 이 강에 접근이 가능할 때 그 가치도 나타날 것이다"라고 했다.15) 그 철

---

15) Henry Morton Stanley, *In Darkest Africa, or the Quest, Rescue, and Retreat of Emin, Governor of Equatoria*, 2 vols, (New York, 1890),

도를 놓는 데는 1890년에서 1898년까지 8년이 걸렸다. 그 공사는 이런 공사를 막던 가장 험난한 지형, 기후, 질병, 노동문제들 중에서 몇몇과 싸운 공사였다. 공사가 진행되는 동안 스탠리와 그를 고용한 벨기에 왕 레오폴드 2세는 콩고 강의 자원을 하루 빨리 개발하고자 했다. 결국 증기선을 부품 상태로 만들어 짐꾼들이 머리에 이고 마타디에서 상류의 스탠리 풀로 날랐다. 이렇게 옮겨서 조립한 첫 번째 증기선인 9톤의 작은 배 어나반트En Avant 호는 엄청난 문제를 야기했다. 거리로는 54마일밖에 안 되는 비비Vivi에서 이장길라Isangila 까지의 첫 폭포 주위로 길을 내는 데만 1880년 2월에서 1881년 2월까지 꼬박 일 년이 걸렸다. 1881년 12월에야 어나반트 호를 콩고 강 상류에 띄울 수 있었다. 일단 길을 내고 인부들을 모으게 되자 다른 증기선들도 빠르게 도착했다. 그 배들은 콩고 자유국의 벨기에 Belgique, 에스페란스Espérance, 아이아A. I. A, 로열Royal 호와 선교 증기선인 피스Peace 호, 헨리 리드Henry Read 호였다.16) 1887년에만도 짐꾼들은 마타디에서부터 스탠리 풀의 새로운 도시 레오폴드빌(오늘날의 킨샤샤)까지 6대의 증기선을 옮겼다. 그해 5월에서 10월까지 6만 명의 사람이 992톤의 짐을 옮겼는데 대부분 증기선 부분품이었다. 사실 증기선은 콩고 자유국의 중심이었다. 레오폴드도 1886년에 "우리 선박을 잘 보살펴라. 선박은 우리의 현재의 모든 통치권을 요약하는 것이다"라고 했다.17)

1898년 첫 기차가 레오폴드빌에 도착했을 때는 짐꾼들이 43척의 증기선, 총 865톤을 콩고 강 상류로 옮긴 뒤였다. 그 중에 21척은 콩고 자유국 소유였고, 6척은 벨기에의 무역회사 벨기에 콩고 강 상

1:463.

16) Lederer, pp. 39 and 56-58.

17) Lederer, p. 95.

류 무역회사Société Anonyme Belge pour le commerce du Haut Congo 소유였
으며 5척은 네덜란드 회사인 뉴 아프리카 헨델스베누체프Nieuwe
Afrikaansche Handelsvennootcschap의 소유, 3척은 프랑스령 콩고, 7척은
여러 선교 단체의 소유였다.18) 1878년에서 1898년 사이에 콩고 강
에 투자된 자본의 90퍼센트가 증기선과 철도에 들어갔다.19)

콩고 강 유역을 개발하는 데는 자본의 투자도 필요했을 뿐 아니라
기술 혁신도 필요했다. 1880년대에 이르면 미국의 발명품인 선미 외
륜기선船尾外輪汽船이 영국 스타일의 측면 외륜기선을 대체하기 시작했
다. 그리고 세기 말에 이르면 원양항해선에서는 이미 50년 이전에
외륜을 대체했던 스크류-프로펠러가 콩고 강 증기선에 처음으로 이
용되었다. 강에서 프로펠러를 사용하고자 할 때의 난관은 직경이 2
피트나 그 이상이 되는 프로펠러를 물속에 완전히 잠기게 하면서도
강의 수면에 몇 인치 이상을 넘어서 들어가지는 않게 하는 방법을
찾아야 하는 점이었다. 영국의 보트 제작자 알프레드 예로우Alfred
Yarrow가 찾아낸 방법은 배가 움직이기 시작하자마자 프로펠러를 물
이 채워질 터널 안에 넣어 배의 뒤편 밑에 두는 것이었다.20) 마지막
으로 예로우는 증기선 키트의 결합을 용이하게 하고 진수대進水臺를

---

18) Lederer, p. 130.

19) André Huybrechts, *Transports et structures de développement au
Congo, Étude du progrès économique de 1900 à 1970* (Paris, 1970), pp.
9-10.

20) 역주: '터널' 이라고 했는데, 사실 배 아래쪽 밑바닥에 아치 모양(터널
모양)의 홈을 파서 물이 깊지 않은 강에서도 큰 프로펠러가 들어갈 수 있게 하
는 것이다. 물이 깊지 않은 곳에서는 힘을 얻을 수 있는 큰 프로펠러를 설치할
수 없었던 단점을 보충하기 위한 것이었다. 예로우의 신기술은 1896-1898년
영국의 수단 재정복에도 중요하게 이용되어 키치너의 카르툼 함락에 결정적 기여
를 했다. (주 22번 Barnes의 책 pp.148-165)

만들지 않아도 되게 하기 위해서 물에서도 결합이 가능한 배의 부양 부분floating sections을 만들었다.21) 이렇게 만들어진 첫 번째 배가 1883년 콩고로 보내진 30톤의 스탠리Stanley 호였다.22)

1898년에 마타디-레오폴드빌 사이의 철도가 완성된 후로는 증기선을 운송하는 일이 비약적으로 늘었다. 새 철도에 실려서 온 첫 증기선 중에는 당시 콩고 강 상류에서 다니던 다른 증기선의 다섯 배에 해당하는 150톤의 크기에 식당, 욕실, 24명의 승객을 위한 객실까지 갖춘 브라반트Brabant 호도 있었다. 1901년에는 콩고 강에 103척의 증기선이 있었는데, 이 증기선들은 유럽인과 그들의 기계를 상류로, 천연 고무를 하류로 운반했다.23)

마타디-레오폴드빌 사이에 철도를 놓기 위해서는 증기선을 옮기는 일보다도 훨씬 더 크고 지속적인 노력이 필요했다. 스탠리와 레오폴드는 1878년 스탠리가 첫 콩고 강 탐험에서 돌아온 직후에 철도 건설 계획을 논의했다. 그 당시 콩고는 모든 분야의 사업이 열려 있었고, 처음 철도 건설을 시도하고 조직한 사람들 중에는 스탠리, 윌리엄 매키넌, 그리고 몇몇 영국의 기업이 있었다. 이 계획이 실패로 끝

21) 역주: 앞에서도 배를 조립하는 이야기가 많이 나왔지만 많은 경우 우리가 생각하듯이 작은 부속까지 분해해서 나중에 재결합한 것이 아닐 것이다. 적어도 예로우의 경우는 '큰 덩어리bulkhead'로 나누어서 운반을 하고 나중에 그 부분들을 결합하는 방식이었다. 그렇게 예로우는 이 기술을 더욱 발전시킨 것이다. 특히 수상에서의 조립 시에 수면을 통해 배로 들어오는 물을 제거하는 데 있어서도 효과적인 방법을 개발해냈다. (주 22번 Barnes의 책 pp.148-165)

22) Eleanor C. Barnes, *Alfred Yarrow: His Life and Work* (London, 1924, ch. 14 and p. 164; and Alfred F. Yarrow, "The Screw as a Means of Propulsion for Shallow Draught Vessels," *Transactions of the Institution of Naval Architects* 45(1903):106-17.

23) Lederer, pp. 111 and 134-37.

났을 때 주도권이 벨기에로 넘어갔다. 레오폴드 왕의 전속 부관이었던 알베트 티스Albert Thys 대위는 콩고 무역산업회사Compagnie du Congo pour le Commerce et l'Industrie, C.C.C.I를 설립했다. 이 회사는 2년 뒤 자회사로 콩고 철도회사 Compagnie du Chemin de Fer du Congo를 세워 철도 건설을 승인받았다.24)

마타디에서 레오폴드빌까지 철도를 놓을 거리는 241마일이었다. 공사는 8년을 끌었는데, 이 기간은 건설을 시작했던 사람들이 예상한 시간의 세 배였다. 마타디 주변 팔라바라 성채 위쪽의 지형은 매우 험해서 첫 $5\frac{1}{2}$마일 건설에 2년이 걸렸는데, 99개의 다리와 고가교高架橋 1천250개를 놓아야 했고 경사가 21도나 되었다. 호흡기 질병, 배고픔, 이질, 각기병脚氣病, 말라리아로 엄청난 수의 노동자들도 사망했다. 첫 27개월 동안 900명이 사망했고, 총 1천800명이 죽었다. 이 외에 유럽인 엔지니어들과 작업 감독 중에서도 132명이 사망했다. 작업 현장에서는 한때 6만 명의 노동자들이 일을 하기도 했다. 철도 건설현장 주변 지역의 인구가 많지 않았기 때문에 회사는 원거리에서 노동자들을 모집해야 했다. 2천 명 정도의 노동자를 서부 아프리카와 잔지바르에서 데려왔으나 많은 수가 도망가고, 파업하고, 또는 고향으로 보내줄 것을 요구했다. 결국 영국과 프랑스 정부는 철도회사가 아프리카 내에 있는 자국 보호령에서 더 이상 노동자를 모집하지 못하도록 했다. 그러자 벨기에는 300명의 바베이도스 사람과 마카오의 중국인 550명을 데려왔다. 바베이도스인들은 저항하다 많은 수가 총에 맞아 죽었으며, 다른 사람들은 질병으로 죽었다. 중

---

24) René-Jules Cornet, *La bataille du rail, La construction du chemin de fer de Matadi au Stanley Pool* (Brussels, 1947) pp. 29-81; Wiener, pp. 190-93; Frederick Arthur Ambrose Talbot, *Cassell's Railways of the World*, 3 vols. (London, 1924), 3:610-16.

국인들은 300명이 죽거나 첫 몇 주 안에 내륙으로 도망가서 나타나지 않았다.[25]

건설 과정은 참혹했음에도 불구하고 철도는 꽤 효과적인 것이었다. 식민주의자들은 철도를 통해 장비를 실어 날랐고, 처음에는 천연고무, 이후에는 카탕가의 구리를 수송할 수 있었다. 1898~99년에는 1만 4천92톤을 수송했고, 1913~14년에는 8만 7천82톤을 수송했다. 1919~20년에는 12만 3천458톤을 실어 날랐다. 이윤은 평균 9퍼센트였으며, 1912~13년에는 13퍼센트까지 되었다. 사실 수송 수요가 많아서 1차 세계대전 무렵에는 기존에 사용하던 철도가 부적합하게 되었다. 기존의 철도를 새롭고 더 곧게 만들고 전기의 힘을 이용하여 수송량을 기존 철도의 10배가 되도록 광궤 철도로 바꿀 계획을 세웠다.[26]

건설 방법은 어떤 식이든 마타디-레오폴드빌 사이의 철도는 필요하고 유용한 것이었다. 이에 비해 같은 시기의 다른 프로젝트들은 실용적인 사업이기보다는 이상에 속한 것들이었다. 프랑스는 특히 터무니없는 프로젝트를 계획했다는 비난을 받는다. 프랑스의 식민주의는 벨기에, 영국, 또는 네덜란드의 식민주의보다 덜 사업 중심이었다. 프랑스의 프로젝트 중에서는 사하라 사막 관련한 것들이 가장 낭비적이었을 것이다.

사하라 사막에 대한 관심은 프랑스-프러시아 전쟁이 끝나고 얼마 되지 않은 때에 일었다. 앙리 브륀스뷔크Henri Brunschwig의 지적에 따르면 사하라 사막 프로젝트를 처음 주창한 사람들은 제국주의자라기

25) Huybrechts, pp. 11-12; Wiener, pp. 195-97; Corner, *Bataille*, pp. 125-341.

26) Huybrechts, p. 71; Balzer, pp. 23-24; and Wiener, pp. 193-94.

보다는 수에즈 운하와 미국 유니언 퍼시픽 철도Union Pacific Railroad의 완공에 고무된 기술관료들이었다. 그는 "그들의 관심을 크게 끈 것은 중상주의重商主義도 민족주의도 아니고 발명가나 건설가의 창조적인 연구였다" 라고 했다.[27] 1874년 루데르Roudaire 대위는 지중해의 물을 사막으로 끌어오는 운하를 파서 튀니지 남쪽의 쇼트chotts[28]에 내해內海를 만들 계획을 발표했다. 이 생각에 고무된 파리의 지리학회와 과학 아카데미는 이에 대해 토론을 벌였고, 1874년과 1876년, 두 번 답사를 다녀오기도 했다.[29]

사하라 횡단 철도를 처음 제안한 사람은 탐험가 폴 솔레이에Paul Soleillet와 엔지니어 아돌프 뒤퐁셀Adolphe Duponchel이었다. 솔레이에는 1873년 알제 상공회의소의 자금 지원으로 투아트 오아시스Tuat Oasis까지 탐험대를 이끌고 갔다. 3년 뒤에는 뒤퐁셀과 함께 알제리와 니제르 강을 연결할 철도 아이디어를 홍보했다. 뒤퐁셀은 철도가 놓이면 마법과 같은 효과가 있을 것이라고 했다. 실제로 그는 "그 철도가 놓이면 광대한 식민제국이 생길 것이고, 부富와 성공에 있어서 영국에 맞먹는 프랑스의 인도가 될 것이다" 라고 했다.[30] 이러한 홍보

27) Hernri Brunschwig, "Note sur les technocrates de l'impérialisme français en Afrique noire," *Revue française d'histoire d'outre-mer* 54(1967):171-73.

28) 역주: '염수호' 라고 번역이 되기도 하는 '쇼트' 는 사하라 사막의 호수를 가리킨다. 쇼트는 여름철에는 바싹 말라 있다가 겨울에 어느 정도의 물이 있다.

29) Captain E, Roudaire, "Une mer intérieure en Algérie," Revue des Deux Mondes 3(May 1874):323-50; Agnes Murphy, *The Ideology of French Imperialism 1871-1881*(Washington, 1948), pp. 70-75; and Brunschwig, "Note," pp. 173-75.

30) Adolphe Duponchel, *Le Chemin de fer transsaharien, jonction coloniale entre l'Algérie et le Soudan* (Montpellier, 1878), p 218

때문에 해군 식민성 장관[31]이었던 조레기베리Jauréguiberry 제독과 세네갈 총독 브리에르 드 릴Brière de l'Isle은 세네갈에서 니제르 강 계곡 쪽으로 철도 건설을 시작하게 되었고, 공사는 1906년에 끝이 났다.[32]

사하라 횡단 철도 아이디어는 공공 공사성省 장관이었던 샤를 드 프레시네Charles de Freycinet에게도 호소력이 있었다. 샤를은 에꼴 폴리테크니크École Polytechnique[33]의 졸업생이며 해외 팽창을 열렬히 지지했다. 그는 1879년 대통령 쥘 그레비Jules Grévy에게 보낸 보고서에 자신이 이 철도 프로젝트를 지지하는 몇 가지 이유를 밝혔다. 그 이유란, 프랑스는 대부분의 유럽 국가보다 아프리카에 더 가깝고, 프랑스의 위대함 때문에 아프리카 정복 운동의 선두에 서야 하며, 미국이 뉴욕에서 샌프란시스코까지 철도를 놓은 것을 보면 이 프로젝트는 실현 가능하다는 것이다.[34] 프레시네는 그 후 바로 페르디낭 드 레셉스의 주관 아래 "알제리와 세네갈을 수단[35]과 철도로 연결하는

-Alexander S. Kanya-Forstner, *The Conquest of the Western Sudan: A Study in French Military Imperialism* (Cambridge. 1969), p. 61에서 재인용.

31) 역주: 당시 프랑스는 해군과 식민지 관리를 해군 식민성에서 했다.

32) Omosini, p. 499; Archives Nationales Section Outre-Mer (Paris), Afrique XII, Dossier 2a: 세네갈-니제르 간의 철도에 대한 다양한 서류가 담겨 있다; and Kanya-Forstner, pp. 64-69.

33) 역주: 1794년 프랑스 혁명기에 만들어진 프랑스의 으뜸 이공대학. 19세기 초에 수에즈 운하 건설 계획을 세웠던 생시몽주의자 앙팡탱(Enfantin)도 이 학교 출신이다.

34) Archives Nationales Section Outre-Mer (Paris): Afrique XII, Dossier 22 no. 455, July 12, 1879.

35) 역주: 앞에서도 설명했듯이 여기서의 수단은 아프리카 동부 나일 강 쪽의 수단이 아니라 북위 10도와 20도 사이 아프리카 서부의 프랑스령 수단을 가리킨다. 이런 때는 영국령 Sudan과의 구별을 위해 Soudan이라고 쓰기도 한

데 따르는 문제를 연구할" 위원회를 만들었다. 프랑스 하원은 예비조사비용으로 처음 20만 프랑, 나중에 60만 프랑의 지출을 승인했다. 1880년 플라떼Flatters 대령이 이끄는 탐험대가 알제리를 떠나 차드 호湖 방향으로 나갔지만, 탐험대는 투르크의 부추김을 받은 투아렉족에게 학살당했다. 이 일로 비정복 지역을 지나는 철도를 건설하는 것은 불가능할 수도 있음이 알려졌고 프로젝트는 10년 동안 보류되었다.36)

사하라 횡단 철도 아이디어는 프랑스가 세네갈에서 니제르 강으로 진출하고, 가봉에서 콩고 강으로 진출한 뒤인 1888~90년에 다시 떠올랐다. 시간이 흐르면서 프로젝트들은 더욱 정교해지고 환상적인 것이 되었다. 두 철도 노선이 제안되었는데, 하나는 알제리와 차드 호를 연결하고, 다른 하나는 세네갈이나 다호메이를 연결하는 것이었다. 다른 프로젝트들 중에는 알제에서 지부티까지의 철도, 차드 호에서 요하네스버그까지의 철도도 있었는데 이것은 영국인 여행자들을 위해 급히 계획된 것이었다.37) 한 은퇴한 기병대 장교는 니제르 강가의 팀북투에서 카나리아 제도 근처의 대서양까지 운하를 파자고도 했다.38) 그리고 한 철도 전문가는 1910년경 글을 쓰면서 훨씬 더

다.-Henri Brunschwig, *French Colonialism 1871-1914: Myths and Realities* (1966), p.47.

36) Archives, Dossier 2b; Kanya-Forstner, pp. 62-67; Murphy, pp. 85-90; and Brunschwig, "Note," pp. 176-78.

37) Brunschwig, "Note," pp. 176-83. 역주: 영국 역사가 Ronald Hyam은 이것을 영국의 아프리카 종단 정책의 상징인 세실 로즈의 '카이로-케이프 타운'에 대한 프랑스의 받아치기 같은 것이라고 했다.-Roland Hyam, *Understanding the British Empire* (New York, 2010), p.122.

38) Archives Nationales Section Outre-Mer (Paris): Afrique XII, Dossier 4: "Project Levasseur de Tombouctou à la Mer," and Travaux Publics, A. O. F., Carton 47, Dossier 3: "Canal maritime de Tombouctou à la mer. Proposition

웅장한 미래를 그리고 있었다.

1925년경에 이르면 우리는 북쪽 끝에서 남쪽 끝까지 이르는 완전하면
서 꽤 곧은 사하라 횡단 철도를 가지게 될 것을 확신한다. 그리고 서쪽에서 동
쪽으로는 좀 구불구불한 여러 길로 여행하게 될 것이다.[39]

그러나 이 프로젝트들은 모두 같은 장애를 만났다. 건설비용이 모
든 프로젝트를 가로막았을 것이다. 프랑스령 아프리카는 또 다른 인
도도 아니었으며, 사하라 횡단 철도를 건설하더라도 그 비용을 회수
할 어떤 것도 없었기 때문이다.

오늘날 사하라 사막 내부로는 철도 노선 하나가 160마일을 들어간
꼴롱 베샤르[40]까지 가지만, 트럭은 경적을 울리며 줄지어 사막을 횡
단하고 비행기는 사하라 사막을 날고 있다.[41]

Levasseur 1896."

39) Ernest Protheroe, *The Railways of the World* (London, n.d.), p.
652.

40) 역주: 알제리에 속한 사하라 사막의 도시. 꼴롱 베샤르는 식민지 시대의
이름이고, 오늘날은 베샤르(Béchar)라고 한다.

41) 이후의 프로젝트들에 대해서는 다음의 자료들을 보라. Paul Leroy-Beaulieu, *Le
Sahara, le Soudan et les chemins de fer transsahariens* (Paris, 1904);
Commandant Roumens, *L'impérialisme français et les chemins de fer
transafricains* (Paris, 1914); and Brunschwig, "Note," pp. 184-86.

|15장|

기술 제국주의의 유산

　19세기 유럽 제국주의의 역사는 여전히 많은 모순을 안고 있는데, 이는 과학 기술의 도움으로 이해될 수 있다. 그리고 이 모순들 중의 하나는 19세기 중반 영국의 영토 확장이다. 세계적 강대국인 영국이 더 이상 제국의 책무를 원하지 않는다면서 "다른 데 정신이 팔린 상태로"42) 마지못해 영토를 차지한 일이다. 이 일이 정말 필드하우스의 말대로 "식민지라는 꼬리에 끌려 다니는 식민모국이라는 개"라고 할 수 있는가? 이보다 더 적절한 비유는 맥그리거 레어드가 『스팩테이터*Spectator*』에 사용한 필명으로 머리가 많이 달린 개를 뜻하는 케르베로스Cerberus였다.

　제국 건설의 추진력은 단지 하나의 기원起源에서만 나타난 것이 아니다. 제국의 전초 기지들—그 대부분이 콜카타와 봄베이에 있었다—에는 모험을 좋아하고 어찌하든지 땅을 얻고자 하는 의욕적인 제

---

　42) 역주: 영국 역사가 J. R. Seely가 케임브리지 대학에서 한 강의를 담은 *The Expansion of England*에 나오는 유명한 구절이다.

국주의자들이 있었다. 그러나 그들에게는 정복의 도구를 제조할 산업이 없었다. 그들의 야망에 필요한 도구를 만들 수만 있었다면, 그들은 북아메리카의 13개 식민지의 정착민들처럼 자신들의 힘으로 정복할 수 있었을 것이다. 그렇지만 그들은 버마, 중국, 중동, 그리고 아프리카에 맞서기 위해 영국의 기술을 필요로 했다.

또 영국 본토의 정치가들은 때때로 이들을 돕는 것을 꺼렸는데, 이집트 점령을 오래 지연한 것이 그 하나의 예가 된다. 그러나 제국의 도구를 만든 사람들—피콕, 레어드 가문, 무기 제작자들 같이—은 주변부의 제국주의자들이 요구하던 장비를 제국에 제공하고 있었다. 그 결과로 나타난 것이 2차 제국주의로, 실제 일이 이루어진 뒤에 런던의 승인을 받았던 영국령 인도의 확장과 같은 것이다.

19세기 중반의 제국주의는 무엇보다도 영국의 촉수가 인도에서 버마, 중국, 말레이 반도, 아프가니스탄, 메소포타미아, 그리고 홍해로 뻗어나간 것이다. 영토 면에서는 이보다도 훨씬 더 인상적으로 신제국주의를 표출한 것이 있는데, 그것은 19세기 말의 몇십 년 동안 아프리카를 서로 가지려고 한 것이다. 그러나 아프리카의 분할이 이윤획득의 측면에서는 이해할 수 없는 일이라는 것이 역사가들의 공통된 시각이다. 이런 점은 과학 기술의 도움으로 설명할 수 있는 것이다.

발명품 하나하나를 기술과 당시의 사회경제적 배경에 비추어 보면 가장 쉽게 설명할 수 있다. 그러나 기술 혁신의 내적인 논리에 따라 설명하는 방식 때문에 시간적으로 동시에 일어나는 패턴을 보지 못해서는 안 된다. 어느 시대에나 기술의 진보는 있었지만 아프리카 분할에 참여한 제국주의자들에게 유용했던 혁신 기술들은 1860년에서 1880년의 20년 동안에 특히 많이 나타나 그 첫 효과를 발휘했다.

바로 이 20년은 키니네 예방법으로 아프리카가 유럽인들에게 안전한 곳이 되고, 제국의 변경에 주둔하던 군인들 사이에서는 속사의 후장식 총이 전장식 총을 대체하던 때였고, 복식 기관, 수에즈 운하, 해저 케이블로 인해 증기선이 정부 보조금을 받는 우편물 루트만이 아니라 원양의 보통 화물 사업에서도 범선에 대해 경쟁력을 갖추게 된 기간이었다. 1880년에 새로운 땅을 정복하기 위해 떠났던 유럽인들은 그들보다 20년 먼저 떠났던 사람들보다 자연에 대해서 또 자신들이 마주치는 사람들에 대해서 훨씬 우세한 지배력을 가지게 되었고, 더 안전하고 편하게 임무를 달성할 수 있었다.

19세기 제국의 진로에 영향을 끼친 발명품들 중에서 절대적인 것은 아주 적은 수였다. 키니네 예방법이 가장 좋은 예로, 많은 유럽인들은 키니네 예방법이 없었다면 아프리카에 위험을 감수하면서 가지 않았을 것이다. 프랑스인들이 압델 카데르와 싸울 때 사용했던 전장식 총은 다른 비서구인들도 패배시킬 수 있었다. 그렇지만 어떤 유럽 국가도 프랑스인들이 알제리를 위해 희생했던 것만큼 버마, 수단, 또는 콩고를 위해서 희생을 하지는 않았을 것이다.

오늘날 우리는 컴퓨터, 제트 비행기, 위성, 무기 시스템 같이 너무 복잡하기 때문에 강대국 정부만 연구 개발비를 댈 수 있고, 또 일반적으로도 강대국 정부들만 적극적으로 연구 개발하려는 주요 기술 혁신에 익숙해 있다. 19세기 유럽 국가의 정부들은 제국주의 외에도 신경 써야 할 다른 문제들을 많이 가지고 있었다. 산업화, 사회 갈등, 국제적 긴장, 군사 준비태세, 그리고 예산의 균형을 위한 노력 같은 모든 문제들이었다. 영국, 프랑스, 벨기에, 그리고 독일의 지배 집단 내부에서는 식민지가 필요한가와 제국주의의 비용에 대한 뜨거운 논쟁이 있었다.

후장식 총, 기관총, 증기보트, 증기선, 키니네 예방법과 다른 기술 혁신의 결과물들은 침투, 정복, 새 영토를 개발하는 데 드는 비용을 재정적인 면과 인간의 조건, 모두에서 낮추어준 것이다. 이 기술들 때문에 제국주의의 비용 효과가 커져서 정부만이 아니라 작은 집단들도 제국주의에서 한 역할을 하게 되었다. 봄베이 관구는 홍해 루트를 열었고, 왕립 니제르 회사는 소코토의 칼리프령을 정복했다. 심지어 맥그리거 레어드, 윌리엄 매키넌, 헨리 스탠리, 세실 로즈 같은 개인조차 문제를 일으켰고, 나중에 제국의 일부가 되는 방대한 지역에 대해 소유권을 주장할 수 있었다. 19세기에 새로운 기술들이 나타나 제국주의의 비용이 적게 들었기 때문에 유럽인들과 유럽의 정부들이 제국주의를 받아들이게 되었고, 국가들은 제국이 되었다. 이러한 사실도 역사가들이 강조해온 정치, 외교, 기업적 동기만큼이나 아프리카의 분할에서 중요한 요소가 아니겠는가.

이 모든 것은 더 깊은 의문을 감추고 있을 뿐이다. 기술 혁신은 어떻게 나타나게 되었으며, 제국주의자들에게 쓸모 있는 것으로 밝혀진 것을 왜 실제로 적용하게 되었을까 하는 것이다. 19세기의 기술 혁신은 언제나 산업혁명이라는 맥락에서 설명이 된다. 예를 들어 철제선박을 건조하게 된 것은 엔지니어링의 모든 영역에서 철을 점점 더 많이 사용하면서 가능하게 된 것이고, 해저 케이블을 놓게 된 것은 기업이 원하고 전기 산업이 발전했기 때문으로 설명을 한다. 그러나 특정한 새로운 기술의 발명과 그에 따른 물품 제조는 전체 산업화 과정이라는 맥락에서 설명을 할 수 있고, 또 분명히 그렇게 해야 하지만 그것만으로는 이 기술들을 아시아와 아프리카에 실제로 적용한 것을 설명하기에는 충분하지 않다. 새로운 기술의 확산을 이해하기 위해서는 19세기 서양인들과 비서구인들 사이의 정보의 흐름을 고려해야만 한다.

아프리카의 어떤 지역에서는 사람의 목소리를 흉내 낸 "토킹 드럼talking drums"43)을 이용해서 소통할 수 있다. 유럽인들은 이것을 부풀려서 거대한 신화로 만들고, 아프리카인들은 밤에 북의 진동을 이용해서 대륙을 가로질러 서로에게 말할 수 있다고 주장한 것이다. 물론 이 신화는 서양인들이 장거리 통신에 얼마나 집착해 있었는지를 말하는 것이다. 실제로는 19세기의 아프리카인들과 아시아인들은 서로 고립되어 있었고 세계의 다른 지역에서 어떤 일이 일어나는지 모르고 있었다. 아편전쟁 이전 중국의 조정은 광저우에서 일어나는 일들에 대해서 틀린 정보를 가지고 있었고, 영국, 버마, 나이지리아에서 일어나는 불길한 개발을 모르고 있었다. 니제르 강 주변에 살고 있던 사람들도 그 강이 어디서 와서 어디로 흘러가는지 모르고 있었다. 스탠리는 콩고에서 화기나 백인에 대해 전혀 들어보지 못했던 사람들을 만났다. 아프리카 전역에서 전사들은 자신들의 경험을 통해서만 배웠고, 이웃의 경험을 통해서는 배울 수 없었다.

물론 아프리카인들이나 아시아인들이 새로운 기술을 채택한 경우들이 분명히 있기는 하다. 인도의 토호土豪들은 유럽인들을 고용해서 병력을 훈련시켰다. 에티오피아의 베즈비즈 카사는 영국군 병장에게 캐논포를 만들게 했고, 사모리 뚜레는 프랑스에서 총포술을 배워오도록 대장장이를 보내기도 했다. 메흐메트 알리는 나라를 근대화하려는 속성 프로그램을 시행하면서 자신의 주변에 유럽인 엔지니어들과 관리를 두었다. 그러나 이런 시도들은 그 자체가 매우 드문 일들이었고, 대부분 불충분했다는 점이다. 19세기에 서양의 기술 발전을 따라갈 수 있었던 나라는 일본뿐이었다.

---

43) 역주: 우리나라 장구처럼 생긴 북으로, 주로 서부 아프리카에서 사용되었다. 연주자가 독특한 북채를 이용해서 사람들이 내는 소리와 비슷한 높낮이와 리듬이 있는 소리를 만들어낼 수 있었다고 한다. 그러나 뒤에도 나오듯이 그 효과가 과장되어 있다고 한다.

그러나 대조적으로 서양인들은—유럽인들이든 다른 대륙에 정착한 유럽인들의 후손들이든— 기술적인 것만이 아니라 다른 면에 있어서도 다른 곳에서 일어나는 사건에 매우 깊은 관심을 기울였다. 아프리카에 있던 서양 의사들은 자신들이 발견한 것을 프랑스와 영국에서 발표했으며, 미국의 대포 제작자들은 자신들의 제품을 런던에 전시했다. 영국 전문가들은 대포 제조 기술을 배우러 미국까지 갔고, 울즐리 장군은 제안을 하기 위해 미국의 발명가 히람 맥심을 방문했다. 맥그리거 레어드는 니제르 강에서 일어난 일에 대해 듣고 고무되어 새로운 종류의 배 만들기를 시험하게 되었다. 네덜란드와 영국 식물학자들은 아시아에서 기를 식물을 얻기 위해 남아메리카까지 갔고, 인도네시아에 있던 서양 과학자들은 세계의 독자들을 위해 프랑스어와 독일어로 논문을 발표했다. 가장 최신형 라이플은 각국에서 모방되어 시험을 위해 식민지로 보내졌다. 우편과 전신에 의해 전 세계의 산물産物, 가격, 상품의 양에 대한 최신 정보가 전 세계로부터 유럽의 금융 중심지로 들어가기도 하고, 소식이 전해기도 했다. 그리고 주요 신문—특히 런던의 『타임스』—은 해외에 특파원을 보내면 땅에서 일어나는 사건들에 대해 자세한 기사를 실었다. 지금이나 그때나 서양의 사람들은 가장 최근의 뉴스에 굶주렸으며 유용한 기술 혁신에 관심을 가지고 있었다. 그랬기 때문에 그것이 철이든 강을 오르내리는 증기선이든 키니네 예방법이든 기관총이든 복식 기관이든 한 곳에서 효과가 있는 것으로 보이는 것은 그 존재가 다른 곳들에 빠르게 알려지고 실제로도 이용되었다. 세계의 모든 지역에서 토착민들이 자신들의 이웃에 대해 알고 있는 것보다 유럽인들이 다른 대륙에서 일어나는 사건들에 대해 알고 있는 것이 더 많았다. 이것이 유럽인들이 가진 "토킹 드럼"이었다.

　　19세기의 유럽 제국들은 새로운 기술의 이점을 이용해서 싼 값에 획득한 경제 제국들이었고, 한 세기 뒤에 유지비용이 상승하자 재빠르게 포기했다. 그 과정에서 그들은 국제 관계의 균형을 깨고, 옛 생활 방식을 뒤엎어 새로운 전 지구적 문명에의 길을 열었다.

이러한 기술에 기초를 둔 제국주의에 참여했던 유럽 국가들이 몰고 온 영향에 대해서는 여전히 열띤 논의가 있다. 19세기 말과 20세기 초는 지나친 국가적 자부심의 시기요, 광적이고, 종종 흥겨웠던 전쟁 준비의 시기였다. 제국의 변경에서는 비용을 크게 들이지 않고 승리를 얻을 수 있고, 자연과 모든 왕국과 민족을 그처럼 갑자기 강력하게 지배할 수 있게 된 것은 민감한 유럽인이 원하는 균형을 신중하게 절충하고 조화시키기에는 어려운 것이었다.

신제국주의 시대는 또한 민족주의가 정점에 달했던 시대이기도 하다. 한때는 몇몇 비서구 세계의 민족들—특히 중국인들—을 존중했던 유럽인들이 기술 수준은 바로 전체적 문화 수준이라고 혼동하기 시작했으며, 마침내 생물학적 능력이라고까지 혼동하기 시작했다. 다른 민족을 쉽게 정복을 할 수 있었던 사실이 과학계 엘리트들의 판단력까지 왜곡시켜 놓았다.

아프리카인들과 아시아인들에게 제국주의의 유산은 자신들을 정복했던 문명의 진정한 가치를 평가하는데도 영향을 주고 있다. 기독교는 아시아에서 전혀 영향을 끼치지 못하고 있고, 아프리카에서는 이슬람의 전파보다 약하다. 서양 문명의 전제가 된 자본주의는 대부분의 3세계 국가에서는 뿌리를 내리는데 실패했다. 자유와 법의 지배에 대한 유럽인들의 개념은 훨씬 더 실패했다. 서양의 기술적인 힘은 맥그리거 레어드가 바랐던 것처럼 "지금 야만으로 가득 차 있는 암흑의 지역으로 '인간을 향한 평화와 선한 의지'의 기쁜 소식"을 가져다주지 못했다.

제국을 건설하기 위해 제국주의자들이 사용했던 기술적 수단은 제국 건설의 동기가 되었던 사상이 남긴 흔적보다도 훨씬 어두운 흔적을 남겨 놓았다. 유럽인들은 짧은 지배 기간 동안 아시아와 아프리카인들도 기계류와 기술 혁신에 매료되도록 만들었다. 이것이야말로 제국주의의 진정한 유산이었다.

참고문헌

이 책에 실린 정보들은 수백의 자료들로부터 나온 것들이며, 그 대
부분은 각주에 있다. 출판 자료들 중에서 수십 권의 자료들은 특별히
도움이 되었다. 그래서 어떤 문제들에 대해서는 더 자세히 알고자 하
는 독자를 위해서 그 자료들을 추천한다. 이 책의 주제에 대한 일반적
인 소개로는 Daniel Headrick, "The Tools of Imperialism: Technology
and the Expansion of European Colonial Empires in the Nineteenth
Century," *Journal of Modern History* 51 no. 2 (June 1979):231-63
을 보라.

1부 : 증기선과 키니네, 침투의 도구

아시아에서의 증기선(steamboat)의 초기 역사에 대해서는 Henry T.
Bernstein, Steamboats on te Ganges: An Exploration in the History of
India's Modernization through Science and Technology (Bombay, 1960)
가 기술의 사회사에 대한 모델이 되는 논문집이라고 할 수 있다. 그리고 H.
A. Gibson-Hill, "The Steamers Employed in Asian Waters, 1819-39,"
The Journal of the Royal Asiatic Society, Malayan Branch 27 pt. 1
(May 1954):127-61; Gerald Graham, Great Britain in the Indian
Ocean: A Study of Maritime Enterprise, 1810-1850 (Oxford, 1968)이 있
다.

아편전쟁에 대해서 가장 읽을 만한 책으로 최근에 나온 것으로는 Peter Ward Fay, The Opium War, 1840–42: Barbarians in the Celestial Empire in the Early Part of the Nineteenth Century and the War by Which They Forced Her Gates Ajar (Chapel Hill, N. C., 1975)가 있다.

아편전쟁에서 사용된 증기선에 대해서는 William Dallas Bernard, Narrative of the Voyages and Services of the Nemesis from 1840 to 1843, 2 vols. (London, 1844)가 있는데 이 책은 2판(London, 1845)도 나오고 3판은 Captain William H. Hall (R. N.) and William Dallas Bernard, The Nemesis in China, Comprising a History of the Late War in That Country, with a Complete Account of the Colony of Hong Kong (London, 1846)으로 나왔음을 알아야 한다. 그리고 Gerald S. Graham, The China Station: War and Diplomacy 1830–1860 (Oxford, 1978)도 보라.

유럽인들이 아프리카로 침투해 들어가는 과정에서 사용된 증기선에 대해서는 다음의 저작들에서 가장 잘 설명되어 있다. Macgregor Laird and R. A. K. Oldfield, Narrative of an Expedition into the Interior of Africa, by the River Niger, in the Steam-Vessels Quorra and Alburkah, in 1832, 1833, and 1834, 2 vols. (London, 1837); Christopher Lloyd, The Search for the Niger (London, 1973); André Lederer, Histoire de la navigation au Congo (Tervuren, Belgium, 1965).

피콕에 대한 가장 좋은 전기(傳記)는 여전히 Carl Van Doren, The Life of Thomas Love Peacock (London and New York, 1911)이다.

아프리카로 침투해 들어가는 과정에서의 말라리아와 키니네 예방법에 대해서는 Philip D. Curtin, The Image of Africa: British Ideas and Actions, 1780–1850 (Madison, Wis., 1964)이 다루었는데 이 책은 아주 빛나는 역사

연구서이다. 그러나 Michael Gelfand, Rivers of Death in Africa (London, 1964)도 보라.

2부 : 총포(guns)와 정복

총포와 라이플에 대해서는 너무 다양한 책들이 많이 나와 있어서 혼란스러울 정도이다. 그래도 나에게 가장 유용했던 책은 다음의 책들이다. William Young Carman, A History of Firearms from Earliest Times to 1914 (London, 1955); William Wellington Greener, The Gun and Its Development; with Notes on Shooting, 9th ed. (London, 1910); Graham Seton Hutchison, Machine Guns, Their History and Tactical Employment (Being Also a History of the Machine Gun Corps, 1916-1922) (London, 1938); H. Ommundsen and Ernest H. Robinson, Rifles and Ammunition (London, 1915).

19세기 특히 아프리카에서의 식민지 전쟁에서의 화기 사용에 대해서는 Journal of African History vols. 12(1971) and 13(1972)에 일련의 흥미 있는 논문들이 실려 있다. 그리고 다음 책들에도 흥미 있는 논문들이 있다. Brian Bond, ed., Victorian Military Campaign (London, 1967); Col. Charles E. Callwell, Small Wars: Their Principles and Practice, 3rd ed. (London, 1906); Michael Crowder, ed,, West African Resistance: The Military Response to Colonial Occupation (London, 1971).

3부 : 커뮤니케이션(communications) 혁명

19세기 증기선과 해운의 역사는 화기의 역사만큼이나 많은 관심을 받아왔다. 내게는 다음의 저작들이 가장 큰 도움을 주었다. Ambroise Victor Charles Colin, La navigation commerciale au XIXe siècle (Paris, 1901); A. Fraser—Macdonald, Our Ocean Railways; or, the Rise, Progress, and Development of Ocean Steam Navigation (London, 1893); Adam W. Kirkaldy, British Shipping: Its History, Organization and Importance (London and New York, 1914); Carl E, McDowell and Helen M. Gibbs, Ocean Transportation (New York, 1954); Michel Mollat, ed., Les origines de la navigation à vapeur (Paris, 1970); Roland Hobhouse Thornton, British Shipping (London, 1939); René Augustin Verneaux, L'industrie des transports maritimes au XIXe siècle et au commencement du XXe siècle, 2vols. (Paris, 1903).

해외 식민지들과의 통신에 대해서는 다음의 자료들을 보라. Frank James Brown, The Cable and Wireless Communications of the World; a Survey of Present Day Means of International Communication by Cable and Wireless, Containing Chapters on Cable and Wireless Finance (London and New York, 1927); Bernard S. Finn, Submarine Telegraphy: The Grand Victorian Technology (Margate, 1973); Halford, Lancaster Hoskins, British Routes to India (London, 1928, reprinted, 1966)은 이 주제에 대해서는 가장 결정적인 연구서이다; P. M. Kennedy, "Imperial Cable Communications and Strategy, 1870–1914," English Historical Review 86(1971):728–52; John Marlowe, World Ditch: The Making of the Suez Canal (New York, 1964); René Augustin Verneaux, L'industrie des transports maritimes au XIXe siècle et au commencement du XXe siècle (Paris, 1903).

인도와 아프리카의 철도에 대해서는 다음의 저작들을 보라. M. A. Rao,

Indian Railways (New Delhi, 1975); Daniel Thorner, Investment in Empire: British Railway and Steam Shipping Enterprise in India, 1825–1849 (Philadelphia, 1950); J. N. Westwood, Railways of India (Newton Abbot and North Pomfret, Vt., 1974); Lionel Wiener, Les chemins de fer coloniaux de l'Afrique (Brussels and Paris, 1931).

과학기술과 제국주의
증기선 · 키니네 · 기관총

펴낸날 초판 1쇄 2013년 11월 20일

지은이 대니얼 R. 헤드릭
옮긴이 김우민
펴낸이 양미자
펴낸곳 도서출판 모티브북

등록번호 제313-2004-00084호
주소 전북 전주시 덕진구 동부대로 787, 4-1204
전화 063-904-1707, 팩스 063-242-1707
이메일 motivebook@naver.com

ISBN 978-89-91195-54-7 93900

<u>MEMO</u>